FACULTÉ DE DROIT DE CAEN

DU

TRANSPORT DES VOYAGEURS

PAR CHEMINS DE FER

THÈSE POUR LE DOCTORAT

PAR

Edmond DE LA GORCE

PARIS

Librairie Nouvelle de Droit et de Jurisprudence

ARTHUR ROUSSEAU, ÉDITEUR

14, RUE SOUFFLOT ET RUE TOULLIER, 13

1895

THÈSE

POUR LE DOCTORAT

DU
TRANSPORT DES VOYAGEURS
PAR CHEMINS DE FER

THÈSE POUR LE DOCTORAT

L'ACTE PUBLIC SUR LES MATIÈRES CI-APRÈS

Sera soutenu le Mardi 25 Juin 1895, à 3 heures 1/2.

PAR

Edmond de la GORCE

Président : M. DANJON.

Suffragants : { MM. Edmond VILLEY, *professeur. Doyen.*
Ambroise COLIN, *agrégé.*

PARIS

Librairie Nouvelle de Droit et de Jurisprudence

ARTHUR ROUSSEAU, ÉDITEUR

14, RUE SOUFFLOT ET RUE TOULLIER, 13

1895

A MON PÈRE

A MA MÈRE

DU

TRANSPORT DES VOYAGEURS

PAR CHEMINS DE FER

———

Nous n'avons pas la prétention d'aborder, dans ces quelques pages, les innombrables questions que soulève le transport des personnes par chemins de fer ; fut-ce même en nous imposant comme limite l'étude des rapports juridiques qui se forment entre la Compagnie et le voyageur, abstraction faite des bagages que celui-ci emporte dans la plupart des cas. Nous nous efforcerons uniquement de donner une solution aux problèmes les plus saillants et les plus usuels de ce contrat aussi universel que journalier.

PREMIÈRE PARTIE

CHAPITRE PREMIER

LE CONTRAT.

SECTION I. — Nature du contrat.

Afin de correspondre plus fidèlement au plan que nous nous sommes tracé, afin surtout de jeter plus de lumière et de précision sur le sujet tout entier, nous nous proposons, en premier lieu, d'esquisser, à grands traits, les contours du contrat lui-même.

§ 1. — La notion du contrat de transport des Voyageurs par Chemins de fer.

Contrat, le transport des voyageurs par chemins de fer l'est bien en effet (1). Le voyageur et la Compagnie

(1) Voir sur la nature du contrat : Bédarride, *Des chemins de fer*, t. 1, n° 238 ; Bravard-Veyrières, *Traité de Droit Commercial*, t. II, p. 325 ; Jacqmin, *Des obligations et de la responsabilité des Compagnies de chemins de fer*, p. 1 ; Lanckmann, *Traité des transports par chemin de fer en Belgique*, n°s 1 et 2 ; Verne de Bachelard, *De la responsabilité du chemin de fer en matière de transport*, p. 1 ; Sainctelette, *De la responsabilité et de la garantie*, p. 88, 89, 90, 91, 98.

qui le transporte n'existent point à côté l'un de l'autre comme deux personnalités juridiques qui s'ignorent. Il a fallu, pour que l'une devienne voyageur, et l'autre voiturier à son égard, que toutes deux consentent à se trouver l'une vis-à-vis de l'autre dans cette situation juridique respective ; — il a fallu qu'elles s'entendent sur les obligations naissant de l'accord intervenu entre elles ; — en un mot, il a fallu qu'elles forment un contrat.

Le voyageur, en se présentant au guichet ouvert par la Compagnie pour la distribution des billets, a projeté de se rendre à une destination où l'appelaient ses intérêts ; et il s'adresse, pour réaliser son désir, au commissionnaire de transports le plus apte à le satisfaire rapidement. Celui-ci s'y engage dans des conditions déterminées que nous étudierons ultérieurement, qui toutes gravitent autour de l'obligation essentielle : celle de transport ; en retour de laquelle, le voyageur consent, principalement à acquitter le prix du transport, et subsidiairement à obtempérer aux prescriptions de la Compagnie. Le vœu de l'article 1102 du Code civil se réalise donc : obligation réciproque des contractants les uns envers les autres, et, par conséquent, le contrat est *synallagmatique* (1).

Il y a bien aussi contrat *commutatif*, puisque dans le chapitre que nous consacrerons à l'étude des Tarifs, nous verrons entrer en ligne de compte du prix ré-

(1) Lyon-Caen et Renault, *Traité de Droit Commercial*, 2ᵉ édition, t. III, nᵒ 559 et 701.

clamé aux voyageurs le coût du transport effectué par
la Compagnie. Dès lors, l'équivalence des obligations
est conforme aux conditions exigées par l'article 1104
du Code civil.

Ces rapides explications suffisent à le prouver, et
d'ailleurs tout commentaire serait superflu devant le
texte de l'article 1106 du Code civil : le contrat est de
plus à *titre onéreux*.

Autre question : La convention intervenue entre une
Compagnie de chemins de fer et le voyageur, est-elle
commerciale ou civile ? Les faits parlent clairement à l'é-
gard de la Compagnie. Chacun de nous, par la fréquence
même des voyages qu'il a effectués, n'hésiterait pas à
reconnaître dans l'une de nos sept grandes Compagnies (1) une véritable entreprise de transports ; et, par

(1) C'est avec intention que nous avons indiqué ce chiffre, assimi-
lant ainsi le réseau de l'Etat au réseau des six Compagnies particulières. Dans la situation actuelle des chemins de fer Français, l'Etat,
n'ayant point le monopole des voies ferrées, mais concourant au
transport des voyageurs et des marchandises au même titre qu'une
quelconque des Sociétés commerciales, revêt le même caractère que
chacune d'elles. — Que les Compagnies de chemins de fer soient des
Sociétés commerciales, l'article 632-2° du Code de commerce le disait
implicitement ; deux arrêts de la Cour de cassation du 26 mars 1857
(D. 1857.1.246) et du 30 décembre 1857 (D. 1858, 1.395) ne laissent
aucun doute à cet égard. — Pour le réseau de l'Etat, voici également
des décisions de Jurisprudence, l'une émanant de la Cour de cassation, Chambre des requêtes, 8 juillet 1889 (D. 1889. 1.353 ; S. 1890.1.473 ;
P. 1890. 1.1124 ; *Gaz. Pal.*, 1889.2.523), et l'autre du Conseil d'Etat à
la date du 22 juin 1889 (D. 1891.3.1.). Nous pourrions arguer avec
plus d'autorité des termes d'un Rapport du Ministre des Travaux Publics sur le décret du 25 mai 1878. Le décret lui-même est encore plus
significatif, puisque son article 8 décide que l'exploitation provisoire

conséquent, en vertu de l'article 632-2⁰ du Code de commerce, à réputer actes de commerce tous les contrats qu'elle passe (1). — Pour le voyageur, le contrat est civil. Mais il deviendra commercial, si la personne voyage pour les besoins de son commerce, l'acte qu'elle exécute devant être considéré comme un des accessoires de ce commerce (2), et, par conséquent, en garder l'empreinte.

Ceci pour les généralités. Un article du Code, par son seul énoncé, nous permettra de spécialiser. « Il y a trois espèces principales de *louage d'ouvrages et d'industrie* », dit l'article 1779 du Code civil ; et le second qu'il énumère, est « celui des voituriers tant par terre que par eau qui se chargent du transport des personnes et des marchandises (3) ».

§ 2. — Différences entre le contrat de transport des personnes et celui des marchandises.

De ce que le législateur ait rangé dans une même ca-

---

par l'Etat s'effectuera en conformité des Lois et Règlements. Pour compléter l'assimilation avec les Compagnies particulières, « la Compagnie du réseau d'Etat », expression caractéristique employée par un Ministre des Travaux Publics, est régie par le Cahier des charges type, annexé à la loi du 4 décembre 1875, accordant la concession de la ligne d'Alais au Rhône. *Sic* : Lyon-Caen et Renault, *op. cit.*, t. I, n⁰ 210, t. III, n⁰ 705. Aucoc, *Conférences sur l'administration et le droit administratif*, 2ᵉ édition, t. III, n⁰ 1440.

(1) Lyon-Caen et Renault, *op. cit.*, t. I, n⁰ 139, t. III, n⁰ˢ 561 et 704.

(2) Lyon-Caen et Renault, *op. cit.*, t. I, n⁰ˢ 171 et suiv.

(3) Lyon-Caen et Renault, *op. cit.*, t. III, n⁰ 701 ; Goldschmidt, *System des Handelsrechts*, § 124, p. 124.

tégorie le transport des personnes et celui des marchandises, il ne s'ensuit pas, pour cela, que ces deux contrats présentent une ressemblance complète.

D'un côté comme de l'autre, nous rencontrons, il est vrai, une *obligation de faire*. Voyageur ou colis, la Compagnie de chemins de fer s'est engagée à les transporter de la gare de départ à la gare d'arrivée. Pour les uns comme pour les autres, les mêmes devoirs s'imposent à elle, découlant de la fonction qu'elle s'est impartie : faire parvenir de l'endroit de leur situation à celui de leur destination les personnes ou les marchandises qui se sont confiées à elle ou lui ont été remises dans ce but. Voilà bien un devoir commun : un *louage de services*.

I

Mais combien seront différents les moyens d'exécution, et, par conséquent, les obligations qui en dérivent. Pour les marchandises, le contrat de transport entraîne forcément un *dépôt* entre les mains du voiturier (1). Pour les voyageurs, sans même qu'il soit nécessaire de recourir aux textes législatifs, un rapide examen démontre qu'il n'y a pas de convention de ce genre. Nous ne faisons qu'indiquer cette différence, nous réservant d'y insister, en exposant la question de la responsabilité des Compagnies de chemins de fer, au cas d'accidents.

(1) Lyon-Caen et Renault, *op. cit.*, t. III, n° 560.

II

Différence essentielle et fondamentale, sans aucun doute. Mais si le caractère mixte échappe de ce côté, certains auteurs ont cru le ressaisir par ailleurs.

Le transport des marchandises ne constitue un contrat de *louage de choses* que dans l'hypothèse de la clause de voiture complète « avec chargement et déchargement par les expéditeurs et destinataires ». Seul, dans les autres cas, le caractère de contrat de louage de services apparaît, enveloppe et domine toutes les obligations de la Compagnie.

La même situation se rencontre-t-elle dans le transport des voyageurs ? Ou bien peut-on considérer ceux-ci comme louant la gare dans laquelle ils se trouvent, la voie sur laquelle ils circulent, en échange du prix de péage qui constitue la part représentative de leur établissement et de leur entretien ?

La rémunération très légitime que perçoit la Compagnie, par l'intermédiaire du droit de péage, n'établit en aucune façon le louage de choses. Rien ne s'oppose, en effet, à ce qu'elle la perçoive à titre de bailleur de services ; sa qualité de commissionnaire de transports, par voies ferrées, entraînant comme conséquence : la nécessité de construire des gares pour y installer ses services et y abriter ses passagers, celle toute évidente d'établir une ligne de chemin de fer.

Le voyageur, il est vrai, en jouira, ajoutons même à l'exclusion de toute autre personne, pendant tout le temps de son contrat. Mais sera-ce à titre de preneur à bail, ou à titre de personne transportée? En a-t-il la jouissance complète, peut-il librement circuler dans les gares ou le long des voies, ce qui serait la reconnaissance de son droit de bail? Ou bien, n'en jouit-il que dans la mesure où ces moyens lui sont accordés comme accessoires du contrat de transport, pour la commodité et la rapidité du trajet? La réponse n'est pas douteuse. Les conditions, imposées au voyageur dans l'exercice de ses droits, contredisent la notion même de louage de choses, en tant qu'elle s'applique à la voie, aux gares et à ses dépendances ; pour ne laisser apparaître que celle de louage de services complétée, pour la réalisation de son but, des accessoires de locomotion nécessités par le transport par voies ferrées.

Des motifs identiques nous font estimer que le transport des voyageurs par chemins de fer ne se double point d'un louage de choses visant le matériel roulant qui compose le train, et plus spécialement la voiture dans laquelle monte le voyageur. Tout ceci est encore du contrat de transport. Quel intérêt juridique peut, en effet, rattacher la personne transportée avec la voiture dans laquelle elle voyage et dont elle n'occupe qu'une place, sur les trente ou cinquante qu'elle contient ? Quel lien peut exister entre vous et la locomotive qui vous en-

traîne dans l'espace ? Vous importe-t-il d'être conduit
par la machine n° 2.32, ou de voyager dans le compartiment n° 695 ; et, le désireriez-vous même, quel droit
avez-vous d'exiger de la Compagnie la conformité à vos
préférences ? Je m'étais engagée, vous répondra-t-elle,
à vous transporter dans des conditions de temps et de
sécurité déterminées, sans spécification aucune du matériel et du mode de locomotion ; je le fais par des
moyens qui me regardent, moi seule. La locomotive, le
mode d'attache, la voiture, les essieux, les roues, etc.,
tout cela c'est le contrat de transport ; ce n'est donc
point encore ici que nous trouvons un louage de choses.

Ne le rencontrerons-nous pas lorsque le voyageur
aura, par un acte volontaire, fait choix d'une place dans
un compartiment, en ce qui concerne spécialement cette
place ? M. Troplong (1) opine pour l'affirmative dans
l'hypothèse des transports par diligence, par malle-pos-
te, par bateau à vapeur, en un mot, dans les entreprises
où l'on peut retenir, à l'avance, une place déterminée.
« A côté de l'entreprise principale, qui est une entreprise
de transports, c'est-à-dire un louage de services, il se
trouve un louage d'une chose employée comme moyen
pour rendre plus commode le transport de la personne ».
M. Sourdat (2) adopte l'idée générale développée dans
ce texte.

(1) Troplong, *De l'échange et du louage*, t. III, n° 905, p. 143.
(2) Sourdat, *Traité général de la responsabilité ou de l'action en dommages-intérêts en dehors des contrats,* 3ᵉ édition, t. II, n° 976.

Nous pensons que le fait d'avoir retenu sa place à
l'avance n'est point essentiel pour établir le louage de
choses ; d'autant plus qu'on ne pourrait prétendre loca-
taires de leur place les voyageurs qui avaient pu prévoir
leur voyage longtemps à l'avance, et refuser cette qualité à ceux qui accourraient au moment du départ du
coche, sans avoir pu prendre cette précaution. Dans le
même ordre d'idées, nous croyons qu'on ne peut exiger
que les places soient numérotées, pour attacher à cette
particularité le caractère du contrat de louage. Sans
doute, elle le consacre d'une façon plus évidente, ou
plutôt, elle évitera les contestations et facilitera la
preuve de la location et de l'occupation. Mais peut-
on la considérer comme une condition essentielle du
louage de choses ? Nous ne le pensons pas.

Et, dès lors, il découle de ces explications que le
contrat de transport des personnes se double d'un louage
de choses, en ce qui concerne la place occupée par le
voyageur. Sans doute, celui-ci ne peut la retenir au
moment où il prend son billet ; mais, dès cet instant, il
acquiert un droit à une place quelconque, et il fixe son
droit, quand, ayant fait choix d'une de celles qui restent
vacantes, il vient l'occuper. Désormais, elle lui appartient.

Ce qui vient corroborer notre constatation, c'est la
différence flagrante qui sépare, à ce point de vue spécial,
la situation du voyageur de celle de la marchandise. Ce
n'est point, en effet, à l'expéditeur qu'a été commis le

soin deplacer sa marchandise dans une voiture, ce n'est
point au destinataire de venir l'en retirer ; pourvu que
celle-ci arrive à destination, sans aucune avarie, les parties n'ont pas à examiner si elle a voyagé dans telle ou
telle voiture. Tandis que le voyageur choisit sa place,
la conserve jusqu'à la fin du trajet, sans que personne
puisse la lui faire quitter.

SECTION II. — Les personnes parties au contrat.

Nous pourrions citer également, parmi les différences qui distinguent le contrat de transport des voyageurs de celui des marchandises, le nombre des personnes parties au contrat ; ceci nous amène à en parler.

Dans la plupart des transports de marchandises, trois
personnes se trouvent en jeu : la Compagnie de chemins de fer, l'expéditeur qui contracte directement avec
le voiturier et le destinataire implicitement engagé par
le consentement de l'expéditeur, et dont les droits et les
intérêts sont connexes. Ces deux derniers rôles sont
concentrés sur la tête des voyageurs, dans le transport
des personnes.

SECTION III. — Comment se forme et se dissout le contrat.

§ 1. — Comment il se forme.

Continuons le parallèle.

Le transport des marchandises est un contrat réel, ainsi le décide l'opinion générale. En est-il de même du transport des personnes ? On n'a jamais osé le dire, car ce qui constitue l'essence du contrat réel : l'obligation pour le débiteur de restituer la chose, objet du contrat, ne se rencontre évidemment pas ici.

Mais pour contester à la convention dont s'agit le caractère consensuel, on serait tenté de regarder le paiement du prix par le voyageur comme une des conditions essentielles de sa formation. Peut-être le serait-on davantage, après la lecture de l'article 4 du Tarif Général G. V. Ce texte est ainsi conçu : « Le transport des voyageurs est effectué moyennant le paiement préalable du prix de la place. Le paiement est constaté par la délivrance du billet. » Nous expliquerons cette formalité du versement du prix antérieur à la délivrance du billet par la Compagnie, c'est-à-dire à la constatation du contrat, par un de ces nombreux effets de la méfiance humaine, mise en éveil par l'absence de tout recours juridique ultérieur. Relativement à notre question actuelle, constatons que rien dans les termes de l'article cité ne prescrit au voyageur d'acquitter le prix de sa place, pour qu'en retour le contrat se forme. De la convention

en elle-même, le texte ne dit rien, et ce n'est point à
elle qu'il se réfère lorsqu'il édicte une formalité préalable. L'article 4 ne considère que le fait du voyage, et, à
ce titre, il exprime, en termes différents, l'obligation
pour le voyageur de se munir d'un billet, avant de prendre le train.

Voici, d'ailleurs, comment nous concevons cette opération juridique. Par le fait que les guichets d'une gare
sont ouverts, et les Tarifs affichés ou connus, la Compagnie offre ses services à toute personne qui les désire,
et pour toutes les stations auxquelles les Règlements lui
permettent d'accéder. Il y a, de sa part, pollicitation
générale et indéfinie. Mais, du moment où une personne
se présente et demande un billet pour une destination
spécifiée, le contrat se forme particulier et déterminé :
du côté du voyageur, par la formule même de son désir ;
du côté de la Compagnie, par un acquiescement, peut-
être tacite, le plus souvent manifesté par l'indication
que fait l'employé du prix que le voyageur doit verser.

Puis viendront : pour le voyageur, le paiement de ce
prix ; pour la Compagnie, la remise du billet, formalités
complètement indépendantes de la conclusion du contrat, qui lui sont postérieures, à titre de simple manifestation des obligations des parties contractantes.

§ 2. — Comment le contrat se dissout.

Le contrat se dissout au moment où le voyageur sort
de la gare à laquelle il voulait se rendre. La conclusion

du contrat se manifeste d'ordinaire par la remise du billet. Cette règle ne se vérifie pas pour le porteur d'un billet d'aller et retour parvenu à sa première destination. A l'égard de ce voyageur, le contrat persiste jusqu'au moment du retour effectué dans les délais prescrits. La même règle subit une exception en faveur du titulaire d'une carte d'abonnement, pour lequel cette formalité est remplacée par la simple présentation de sa carte (1).

Un événement de force majeure, un cas fortuit interrompant la circulation sur la ligne que doit suivre le voyageur, pour se rendre à son but, pourraient entraîner la résiliation du contrat. Cette éventualité semble bien chimérique par suite de l'extrême développement des voies ferrées (2), et des moyens perfectionnés dont l'industrie moderne dispose pour réparer promptement les accidents. La seule conséquence d'une pareille éventualité ne sera généralement qu'un retard plus ou moins considérable.

Cette hypothèse mise à part, nous pouvons nous résumer, en disant que le contrat de transport se forme au moment où le voyageur se présente au guichet de la gare de départ, ce qu'en langage usuel on appelle : prendre son billet ; — jusqu'à celui où il sort de la gare de

----

(1) Dans ces deux cas, s'il est vrai que la convention de transport persiste au delà du fait même du transport, les obligations des parties ne se manifestent que lorsqu'il y a véritablement voyage.

(2) En France, au 31 décembre 1894, la longueur des lignes de chemin de fer d'intérêt général exploitées était de 36.469 kilomètres ; celle des lignes d'intérêt local de 3.730 kilomètres.

destination. C'est pendant ce laps de temps que le contrat produit tous ses effets, que les parties contractantes
doivent se soumettre aux prescriptions qui leur sont
imposées, et exiger respectivement l'une de l'autre l'accomplissement de leurs obligations réciproques. En
dehors de ces deux termes extrêmes, il n'existe plus
entre elles de rapports contractuels ; elles s'ignorent et
retombent sous l'empire du droit commun.

SECTION IV. — La législation du contrat.

§ 1. — Législation civile.

I. — *Textes du Code.*

A. — Il est peu de contrats dont le Code se soit moins
occupé ; il en est peu qui aient enrichi nos recueils de
Lois d'une collection aussi complète. Ce double phénomène s'explique aisément. D'une part, au commencement du siècle, le nombre des voyages était excessivement restreint. De plus, nos Codes furent rédigés en
1809 et 1810, et quelques années s'écouleront encore
avant de voir surgir les inventions qui bouleverseront
l'industrie des transports. Ce n'est qu'en 1820 que
Birkinshaw réalise un rail de fer laminé d'une grande
longueur ; un lustre s'accomplira avant que Séguin ait
imaginé la chaudière tubulaire ; et la première locomotive véritablement digne de ce nom, création de Ste-
phenson, n'apparaîtra victorieuse qu'en 1829. Ajoutons
encore qu'en France, on commença assez tard à construire des lignes de chemins de fer. Les premières
constructions furent destinées à relier entre elles des
mines, des carrières, des usines ; et il faudra attendre
jusqu'en 1835, pour inaugurer la ligne de Paris à St-
Germain-en-Laye et, en 1837, la ligne de Paris à Versailles.

D'autre part, et dès le début, les chemins de fer firent présager tous les inconvénients qui auraient été la conséquence de l'indifférence du législateur. Il était, en effet, facile de prévoir le jour où l'émulation rivale des Lafitte et Gaillard disparaîtrait à tout jamais devant le monopole autoritaire des Compagnies de chemins de fer. Monopole d'autant plus à redouter, qu'à la différence de tout autre monopole de droit, celui-ci était de pur fait (1) ; et tandis que la loi, en établissant le premier, pouvait sauvegarder les intérêts individuels, ne devait-on pas craindre de les voir sacrifiés devant une situation qu'elle n'avait pu prévenir.

L'intérêt général arguait également de ce fait que les Compagnies de chemins de fer exploitant une voie du domaine public, il était de toute nécessité que l'État contrôlât leur exploitation dans un but d'utilité et de sauvegarde universelles.

D'autant plus, que la ligne qui leur était ainsi remise à bail, les Compagnies la tenaient de l'autorité de la loi. N'était-il pas juste qu'en retour le même pouvoir mit quelques conditions à la concession qu'il leur accordait.

B. — Que de motifs pour expliquer le double phé-

----

(1) On pourrait soutenir que les Compagnies ne jouissent pas d'un monopole absolu à l'égard du transport des marchandises, ayant à subir la concurrence de la batellerie sur une grande partie du territoire Français ; mais il est difficile de ne le point reconnaître, dans l'état actuel, pour le transport des personnes.

nomène que nous avions signalé. Pour nous en convaincre, feuilletons le Code.

L'article 1779 du Code civil est le seul qui ait men-
tionné expressément le transport des voyageurs. Il faudrait donc, pour résoudre les nombreux et difficiles
problèmes que soulève l'étude de ce contrat, s'en référer
aux principes mal définis du louage d'ouvrages et d'industrie. Mais, du moins, les textes qui règlent les rapports des parties contractantes dans notre convention
de transport, pourront-ils s'appliquer à notre situation
particulière ? Attente vaine !

Le Code civil dans son livre III, titre VIII, chapitre III,
section II, malgré les termes généraux de son intitulé ;
le Code de commerce, dans les articles 96 à 108 qui déterminent les devoirs et les droits des voituriers par
terre et par eau, n'envisagent pas la situation des voyageurs. Bien plus, les discussions qui eurent lieu à l'époque de la confection du Code témoignent de l'oubli
complet du législateur à l'égard de cette classe si nom-
breuse de contractants (1). Et pourtant, serait-il logique
de leur appliquer les principes juridiques mis en vigueur
pour les marchandises ?

---

(1) Les discussions qui eurent lieu au Conseil d'État, les 14 et 28 nivôse an XII, démontrent bien l'oubli complet dans lequel on laissa la
question des transports des voyageurs. La comparaison entre la situation du voiturier et celle de l'aubergiste ; les formalités d'enregistrement des colis, leur nécessité et leurs avantages ; la place que
l'on devait assigner à nos articles dans le Code absorbèrent l'attention
des Conseillers, et plus tard, celle du Tribunat.

II. — *Actes du pouvoir réglementaire à l'égard des voituriers
en général.*

Cette lacune, le législateur de 1809 l'avait pressentie,
aussi avait-il tenté d'y remédier, en rédigeant l'article 1786 du Code civil, qui est ainsi conçu : « Les entrepreneurs et directeurs de voitures et roulages publics,
les maîtres de barques et navires sont, en outre, assu-
jettis à des Règlements particuliers, qui font la loi entre
eux et les autres citoyens ». Ce texte très sage, puisqu'il
autorise les actes de Gouvernement. et qu'il n'oblige
pas, chaque fois qu'il en est besoin, de recourir à une Loi,
se réfère aussi bien au transport des personnes, qu'au
transport des marchandises. L'esprit qui l'a dicté, la
généralité de ses termes permettent d'en étendre l'application aux Compagnies de chemins de fer.

Comment un doute pourrait-il subsister à cet égard,
après l'autorisation formelle ou implicite que les articles 9 de la loi du 11 juin 1842, 21 de la loi du 15 juillet
1845 et 79 de l'ordonnance du 15 novembre 1846 reconnaissent au Ministre des Travaux Publics et aux Préfets
d'exercer leur pouvoir réglementaire sur les matières
relatives à la police, la sûreté et l'exploitation des chemins de fer. Par conséquent, chaque fois qu'un litige
éclate entre une Compagnie de chemins de fer et un voyageur, il est nécessaire, autant que légitime, de se référer
aux Décrets, Arrêtés, Circulaires ministérielles, Arrêtés
préfectoraux pourvus de l'approbation du Ministre,

liste parfois assez longue de documents qui auraient trait au point spécialement débattu entre les parties au procès.

III. — *Lois de concession des chemins de fer.*

La loi du 11 juin 1842, « relative à l'établissement de grandes lignes de chemins de fer » ; puis, à des dates échelonnées, les Lois ou Décrets (1) qui accordent des concessions nouvelles, sont autant de documents qu'il sera nécessaire de consulter, pour se rendre un compte parfait des obligations des Compagnies (2).

IV. — *Cahiers des charges.*

A. — A cet égard, les Cahiers des charges annexés à chacune de ces Lois, en vertu de l'article 6 de la loi du 11 juin 1842, constituent une source plus précieuse encore de renseignements (3). Le souci de la simplification et de l'unité dans une matière qui intéresse le pays entier, a fait étudier et adopter, comme type, un Cahier

---

(1) La forme des actes de concession a varié avec les lois sur l'expropriation publique. Acte du pouvoir législatif sous l'empire des lois des 7 juillet 1833, 3 mai 1841 (sauf pour les lignes ou embranchements inférieurs ou égaux à 20 kilomètres; auxquels cas une Ordonnance royale sera suffisante). — Acte du pouvoir exécutif sous celui du Sénatus-Consulte du 25 décembre 1852 (une Loi n'est nécessaire que lorsqu'il y a lieu de mettre certaines charges au compte du Trésor) — et retour à l'état de choses antérieur, par suite de la loi du 27 juillet 1870 (l'Ordonnance royale seule requise pour les embranchements de 20 kilomètres est remplacée par un Décret rendu en Conseil d'Etat).

(2-3) *Dictionnaire des Arts et Manufactures*, t. I, Vᵒ *Chemin de fer.*

des charges qui fut annexé à la loi de concession du chemin de fer d'Alais au Rhône, promulguée le 4 décembre 1874, et qui fut ensuite étendu au réseau de l'État, par l'article 8 du décret du 25 mai 1878 (1).

C'est bien un véritable Code des voyages par chemins de fer que nous avons sous les yeux. Toutes les questions y sont envisagées : exploitation technique (titres I, II, III), questions financières dans les rapports des Compagnies avec l'État, en ce qui concerne la durée, le rachat et la déchéance de la concession (titre III) et dans ceux des Compagnies avec le public, relativement aux taxes à percevoir et aux conditions du transport (titres IV, V, VI), aux mesures de sécurité (titre II) et de police (titre IV).

B. — La multiplicité, la diversité des clauses des Cahiers des charges expliquent peut-être les hésitations qui se manifestent pour en spécifier le caractère et en déterminer les conséquences.

Avec MM. Aucoc (2), Féraud-Giraud (3), Picard (4), Lyon-Caen et Renault (5), contrairement à la tendance de la Jurisprudence (6), nous estimons que le Cahier

______

(1) Le type officiel du Cahier des charges pour les chemins de fer d'intérêt local est un décret du 6 août 1881 rédigé par le Conseil d'État.

(2) Aucoc, *op. cit.*, t. III, n°s 1273 et suiv.

(3) Féraud-Giraud, *Code des transports de marchandises et de voyageurs par chemin de fer*, 2e édition, t. I, n°s 19 et 20.

(4) Picard, *Traité des chemins de fer français*, t. II, p. 108.

(5) Lyon-Caen et Renault, *op. cit.*, tome III, n° 796.

(6) Tribunal des conflits, 3 janvier 1851, D. 1851. 3. 39 ; Cassation,

des charges est un véritable contrat. Notre opinion se fonde principalement sur le terme de « bail » dont se sert l'article 6 de la loi du 11 juin 1842, pour désigner l'acte que nous étudions. Qu'on veuille bien réfléchir, et l'on se convaincra que nulle autre expression ne pouvait mieux traduire cette opération juridique. La Compagnie de chemins de fer, en obtenant la concession d'une ligne à établir et exploiter pendant un certain laps de temps, ne se soumettait pas obligatoirement à un commandement impératif qui lui était dicté par l'autorité souveraine de l'État ; elle acceptait des conditions librement débattues avec lui, ce qui constitue la caractéristique déterminante des contrats.

L'intérêt que la Cour de cassation invoque de pouvoir appeler à sa barre, pour violation des actes de l'autorité publique, l'interprétation des clauses des Cahiers des charges, qui lui échapperaient, si les Cours d'appel les retenaient à la leur, en les jugeant en fait ; cet intérêt, disons-nous, ne peut souffrir la comparaison avec l'analyse raisonnée de l'établissement des Cahiers des charges.

Mais le caractère contractuel ne doit pas nous faire perdre de vue cet autre aspect que revêt le bail accordé à la Compagnie de chemins de fer, par suite de l'approba-

---

31 janvier 1859, D. 1859. 1. 218 ; 5 février 1861, D. 1863. 1. 364 ; 30 mars 1863, D. 1863. 1. 178 ; 31 décembre 1866, D. 1867. 1. 56. Nous ne pouvons opposer qu'un arrêt de la Cour de cassation, antérieur à ceux-ci : il est daté du 10 mai 1844, S. 1844. 1. 458.

tion qu'il doit recevoir d'une Loi ou d'un Décret (1).
Pourvu que l'autorité administrative agisse dans la
limite des pouvoirs et des attributions qui lui sont re-
connus, le contrat acquiert de ce chef une empreinte
législative ; et les conséquences ne seront pas pour nous
surprendre.

Votés avec une loi, annexés à cette loi, les Cahiers
des charges sont réputés connus de tous, et participent
du caractère obligatoire des actes de Gouvernement (2).
Voici qui va plus loin, mais qui n'est, en définitive,
qu'une manifestation juridique du monopole de fait des
chemins de fer, du service public qu'ils assurent, et des
abus qu'engendrerait la règle contraire, toute dérogation aux Cahiers des charges est interdite (3) ; d'où il
suit qu'elle est forcément nulle et ne peut lier aucune
partie, ni donner ouverture à une demande en dommages-intérêts.

C. — De ce que l'Etat intervienne dans la confection du Cahier des charges, s'ensuit-il que les contestations qui pourront en naître ressortiront toutes du
contentieux administratif? Non. Les actes d'administration ne sont pas forcément de la juridiction adminis-

---

(1) Cassation, 31 décembre 1866, D. 1867. 1.56.

(2) Féraud-Giraud, *op. cit* , t. III, n° 342 ; Cassation, 17 août 1864 ;
S. 1864.1.444 ; 13 février 1867 ; S. 1867.1.211 ; 1er décembre 1874 ; S.
1875.1.16 ; 15 mai 1876 ; S. 1877.1.16 ; 31 décembre 1879 ; S. 1880.1.314.

(3) Féraud-Giraud, *op. cit.*, t. I, n°s 20, 21, 22 ; t. III, n° 342 ; Cassation, 31 décembre 1879 ; D. 1880.1.176.

trative (1), surtout lorsque l'État, en exigeant un engagement du concessionnaire du chemin de fer, ne fait que stipuler pour les tiers. Ceux-ci, se prévalant de l'article 1121 du Code civil, pourront faire juger par les Tribunaux ordinaires, les effets de droit civil qu'engendrera le contrat administratif, et intenter une demande en dommages-intérêts basée sur l'inobservation des obligations qui avaient été imposées à la Compagnie par l'État représentant de la collectivité, et qui deviennent pour le voyageur comme autant de droits particuliers, par le fait de la convention qu'il a passée avec la Compagnie et en vertu de laquelle il voyage.

Nous pouvons ajouter un argument d'analogie tiré de la loi du 28 pluviôse an VIII qui n'attribue compétence aux Conseils de préfecture que pour les litiges s'élevant entre les entrepreneurs de Travaux Publics et l'administration (2).

Gardons-nous de tomber dans l'excès contraire et de décider que le Cahier des charges étant un acte législatif, ressortit forcément des Tribunaux judiciaires, pour les débats dont il est le motif. A ceux qui professeraient trop haut pareille prétention, on pourrait tenter une timide objection et leur demander la juridiction qu'ils assigneraient pour les instances judiciaires engagées à l'occasion des Cahiers des charges émanant du pouvoir exécutif. Mais nous croyons avoir une réponse plus di-

(1) Aucoc, *op. cit.*, t. I, n° 277.
(2) Picard, *op. cit.*, t. II, p. 108.

recte et plus péremptoire : il faut distinguer, croyons-nous, parmi les actes du pouvoir législatif, les Lois qui posent des règles de conduite particulière ou sociale, qui établissent des charges pécuniaires dans l'intérêt général, qui édictent des peines — et les Lois qu'on pourrait appeler lois d'affaires, qui sont plutôt, à vrai dire, des actes d'administration que le législateur s'est réservés (1).

Et comme nous reconnaissons ce dernier caractère aux Lois accordant des concessions de chemin de fer, nous croyons pouvoir établir une distinction basée sur la nature de l'acte et sur la qualité des parties, et assigner la juridiction civile dans les différends pendants entre les tiers et la Compagnie en tant que concessionnaire, et la juridiction administrative à ceux engagés entre cette même partie au procès et l'administration.

D. — Un mot encore en ce qui concerne les Cahiers des charges. Quelle sanction entraînera pour la Compagnie l'inobservation de l'une des clauses qu'il renferme. Une réparation pécuniaire pour le dommage ainsi causé à autrui, tout d'abord. — Une sanction pénale, peut-être ; nous examinerons cette question, dans un instant. — Enfin, la plus rigoureuse de toutes, la déchéance de la concession, dans les conditions déterminées par l'article 39 du Cahier des charges.

____

(1) Aucoc, *op. cit.*, t. III, n°s 1273 et s.

V. — *Tarifs.*

Nous en avons ainsi fini avec cette quatrième source
de documents, à laquelle, il était nécessaire d'aller puiser les obligations des Compagnies de chemins de fer
à l'égard des voyageurs qu'elles transportent. Nous nous
réservons de traiter à part la cinquième : l'étude des
Tarifs nécessitant de plus longs développements.

VI. — *Conventions financières passées entre*
l'État et les Compagnies.

Nous ne ferons qu'indiquer la dernière : ce sont les
conventions financières conclues en 1859, 1863, 1868,
1869, 1873, 1875 et surtout en 1883, entre l'Etat et les
grandes Compagnies. On comprendra notre réserve ;
leur étude nous entraînerait à des développements dé-
passant de beaucoup le cadre que nous nous sommes
tracé. Au surplus, nous y rencontrerions bien peu de
dispositions relatives au point de vue juridique auquel
nous nous sommes surtout placé.

§ 2. — Législation pénale.

Il faudrait être aveugle au sens juridique et au sens
physique, pour clore ici la liste des textes à consulter
dans une étude sur les contrats de transport par chemins de fer. Nous avons tous vu, à la place d'honneur,
dans chacune des gares que nous avons traversée, la loi
du 15 juillet 1845 « sur la police des chemins de fer »

et l'ordonnance du 15 novembre 1846 « portant règlement sur la police, la sûreté et l'exploitation des chemins de fer ». A côté une affiche, de dimensions plus mo-
destes, mais de couleur criarde : « Extrait du jugement
du Tribunal correctionnel de..... » rappelle à l'illettré
que : nul n'est censé ignorer la loi.

I

Car tout devoir entraîne sa sanction.

Le législateur ayant trouvé insuffisante pour corroborer les obligations nouvelles qu'il venait d'imposer aux
Compagnies et de tracer aux voyageurs, l'amende de 1 à
5 francs, que l'article 471-15° du Code pénal inflige « à
ceux qui auraient contrevenu aux Règlements légalement faits par l'autorité administrative », a édicté des
pénalités plus sévères dans les articles 21 de la loi de
1845 et 79 de l'ordonnance de 1846.

Ces deux textes qui abrogent, en le rendant inapplicable, par suite du principe admis sur le cumul des peines, l'article précité, ouvrent à l'avocat un vaste horizon
de chicane.

Du seul rapprochement de ces deux derniers articles,
il saute aux yeux qu'un Règlement d'administration publique a, sans délégation formelle et spéciale, créé une
pénalité nouvelle, en reconnaissant au Ministre des Travaux Publics le droit de rendre des décisions passibles
d'une peine réservée aux seuls Arrêtés pris par les Préfets, sous l'approbation de ce Ministre. Mais si le texte

formel de la loi de 1845 est violé (1), sa pensée est sauvegardée, ses formalités simplifiées, sa conformité plus parfaite (2) avec la situation nouvelle inaugurée, en 1859, par la création des grands réseaux ; et prétendre s'appuyer sur la justice pour résister à un acte ministériel, sans encourir les pénalités de l'article 21, serait pure folie : les Cours et Tribunaux le déclaraient (3), la Cour de cassation l'a décidé (4).

II

Maintenant que nous connaissons les autorités compétentes, quels sont parmi leurs actes, ceux dont l'infraction pourra être punie d'une amende de 16 à 3000 francs et entraîner, en cas de récidive dans l'année, une amende double, voire même en outre, un emprisonnement de trois jours à un mois, laissé à la libre appréciation du Tribunal (5).

L'article 21 de la loi de 1845, l'ordonnance de 1846, des décisions ministérielles ou préfectorales ultérieures nous répondent : aux actes portant sur la police, la sûreté et l'exploitation des chemins de fer.

(1) Lamé Fleury, *Le Code annoté des chemins de fer*, 3e édition, note sur l'article 21 ; Lyon-Caen et Renault, *op. cit.*, t. III, n° 796.

(2) Aucoc, *op. cit.*, t. III, n° 1511.

(3) Poitiers, 26 janvier 1883, *Bulletin annoté des Chemins de fer*, par Lamé Fleury, *Bull.*, 1884, p. 29 ; Paris, 2 mars 1885, *Bull.*, 1885, p. 196 ; Nancy, 1er mai 1884, *Bull.*, 1884, p. 97 ; Grenoble, 10 novembre 1883, *Bull.*, 1885, p. 221.

(4) Cassation, 16 décembre 1882, *Bull.*, 1882, p. 283.

(5) L'article 26 de la loi de 1845 permet d'appliquer les circonstances atténuantes dans les questions relatives aux chemins de fer.

I. — Pas de conteste sur les deux premiers points, ce droit lui a été reconnu par l'autorité la plus haute en la matière, l'autorité législative. L'article 9 de la loi du 11 juin 1842, l'article 21 de la loi de 1845 lui-même, par la conformité des expressions dont ils se servent, ne peuvent laisser subsister aucun doute à cet égard.

Par conséquent, les innombrables prescriptions ministérielles, relatives à ce double objet, se présentent toujours accompagnées et appuyées de la menace de l'article 21.

Gardons-nous pourtant de toute exagération, ou plutôt précisons l'expression que nous venons d'employer. Il ne faudrait point, en effet, attribuer à la seule signature ministérielle cette puissance excessive. Il est de plus nécessaire que l'acte qu'elle apostille soit une véritable prescription de police et de sûreté. Nous excluons ainsi de la portée d'application des sanctions pénales les infractions aux mesures de police et d'exploitation, appelons les de leur terme usuel, les « Ordres de service » proposées par les Compagnies, et qui, d'après les articles 60 de l'ordonnance de 1846 et 33 du Cahier des charges, doivent être soumises à l'homologation ministérielle.

Et parmi celles mêmes qui émanent de l'initiative du Ministre, toutes ont-elles cette influence ? Une Circulaire a-t-elle la même force de commandement qu'un Décret ? La question se complique de la différence de rédaction entre les articles 21 de la loi de 1845 et 79 de l'ordonnance de 1846 qui parlent l'un « d'Ordonnances royales portant règlement d'administration publique » et l'autre de « décisions rendues par le Ministre des Travaux Publics » — et, en outre, de la signification très large qu'on peut assigner à ce dernier terme. Rien ne s'opposerait donc à ce que l'on refusât, d'une façon générale, toute sanction pénale aux Circulaires ministérielles ; — tandis que certains auteurs feraient dépendre la solution de cette question de l'importance même de l'objet visé dans la Circulaire (1).

II. — Mais si ces deux termes sont parfaitement clairs par eux-mêmes, le dernier, au contraire, est plus amphibologique ; car il peut s'entendre, tout à la fois, de l'exploitation technique et de l'exploitation commerciale. Est-ce à dire que les décisions légitimement prises par le Ministre, relativement à ce double objet, soient également sanctionnées par les dispositions pénales de l'article 21 ?

A. — Les Compagnies ont toujours protesté contre toute tentative d'incursion de l'autorité administrative sur le terrain de l'exploitation commerciale. Elles ont spécialement contesté la légalité des dispositions du

(1) Nous verrons un exemple de ces hésitations se manifester à propos des circulaires ministérielles qui enjoignent aux Compagnies de réserver dans certains trains, des compartiments pour *Dames seules*. Elles se légitimeraient beaucoup moins si la circulaire (pour nous servir d'un exemple que nous rencontrerons également) avait pour but d'enjoindre aux Compagnies l'application d'un frein perfectionné.

titre V de l'ordonnance de 1846 relatif « à la perception
des taxes et frais accessoires ». Elles ont soutenu que
l'article 9 de la loi de 1842, en assignant comme champ
d'action aux Règlements d'administration « l'usage et
la conservation des chemins de fer » n'avait manifestement eu en vue que l'exploitation technique (1) ; — que
c'était ce sens et celui-là seul qu'il fallait reconnaître au
mot « exploitation » de l'article 21 de la loi de 1845 ; —
que la situation de ce texte corroborait cette assimilation éthymologique, placé qu'il était dans le titre III de
cette loi « relatif à la sûreté de la circulation des chemins
de fer » entre tous autres articles ayant trait à ce sujet (2) ;
— que la discussion devait s'éclairer, en outre, de ce
fait que les auteurs de la loi de 1845 avaient écarté un
titre du projet du Gouvernement qui punissait les infractions par les Compagnies dans leur exploitation.

Ce dernier argument ne tendrait-il pas, tout autant,
à prouver que l'article 21 suffirait à les frapper. — Ne
nous laissons pas, d'ailleurs, influencer par le sens restreint que les Conseils des Compagnies prétendent assigner au mot « exploitation » ; tout au contraire, la di-
vergence de texte entre l'article 9 de la loi de 1842 et
l'article 21 de la loi de 1845 doit être, sinon une preuve,
du moins une indication d'une extension nouvelle de

(1) Lamé Fleury, Une difficulté pénale de la législation des chemins
de fer, *Le Droit* du 21 février 1883.

(2) Lyon-Caen et Renault, *op. cit.*, t. III, n° 796. Sarrut, *Législation
et Jurisprudence sur le transport des marchandises par chemins de fer*,
n° 335.

garantie attachée au pouvoir réglementaire de l'administration. — Au surplus, la loi de 1845, et dans cette
loi, l'article 21 étant le seul texte qui édicte une pénalité contre les infractions aux actes du pouvoir administratif, c'est lui seul qu'il faut consulter en cette matière. Et, par conséquent, les infractions aux règles de
l'exploitation commerciale contenues dans l'ordonnance
de 1846 tombent sous les rigueurs de cet article.

B. — Battues sur ce terrain, les Compagnies se re-
tranchèrent dans une autre position. Elles contestèrent
l'opportunité de l'article 21 comme sanctionnant les
prescriptions des Cahiers des charges et des Tarifs ayant
trait à ces matières.

Nous ne demanderons pas à la Jurisprudence la solution qu'elle donne en ce qui concerne les infractions aux
clauses des Cahiers des charges. Leur reconnaissant un
caractère uniquement législatif, il était logique qu'elle
protégeât chacune d'elles par la garantie de l'article 21.
C'est ce qu'a notamment décidé un arrêt de la Cour de
cassation du 16 décembre 1882 (1).

Pour nous, qui ne leur attribuons qu'un caractère
consensuel, la question reste entière. Sans doute, di-
rons-nous, les pouvoirs publics interviennent pour ap-
prouver les clauses des Cahiers des charges ; mais pré-
tendrait-on ranger l'exercice de ce droit parmi les actes
qu'énumère l'article 21 de la loi de 1845 ? Non ; l'accord

____

(1) Cassation, 16 décembre 1882, D. 1883. 1. 377.

intervenu entre l'État et la Compagnie de chemins de
fer ne peut pas, transformant, en vertu de l'omnipotence de l'État concédant, la condition qu'il met à son
consentement, en véritable prescription légale, ne peut
pas, disons-nous, revêtir la forme d'une obligation pénale, par la seule présence à l'acte, du pouvoir législatif
ou exécutif.

Le concessionnaire se trouvera toujours lié envers le
concédant, il devra se soumettre, sous peine d'une réparation civile, à toutes les conditions auxquelles il a
souscrit, comme tout preneur vis-à-vis de son bailleur ;
— mais le Ministère Public ne sera fondé à invoquer
contre le délinquant l'article 21 de la loi de 1845, que
si une disposition expresse, prise en conformité de cet
article, sur les matières auxquelles il se réfère, permet
d'appliquer les pénalités qu'il édicte (1). Si l'on admet
avec nous, que les questions d'exploitation commerciale
sont entrées dans les prévisions de la loi de 1845, on
décidera que les clauses des Cahiers des charges, relatives à ce sujet, peuvent être sanctionnées par les pénalités de l'article 21 ; pourvu qu'elles soient reproduites
dans l'ordonnance de 1846 ou dans un règlement d'administration publique pris pour l'exécution de cette ordonnance.

Aussi, afin d'éviter, à l'avenir (2), toute difficulté sur

(1) Lyon-Caen et Renault, *op. cit.*, t. III, n° 796 ; Aucoc, *op. cit.*,
t. III, n° 1512.

(2) Avant l'arrêt de 1882, la Cour de cassation qui n'avait point

l'exercice et l'étendue de son pouvoir, l'État, en établissant, en 1875, un Cahier des charges uniforme, fit insérer, malgré la résistance très vive de certaines Compagnies, un article, l'article 33, qui accorde à certains Règlements d'administration le droit d'intervenir dans des questions de police et d'exploitation des chemins de fer.

C. — La même question se posera, dans les mêmes termes, à propos des clauses des Tarifs ; nous préférons ajourner nos explications. Disons de suite que notre solution sera, de tous points, identique à la précédente.

Nous espérons avoir ainsi effleuré quelques-uns des problèmes juridiques que soulève l'application de la loi du 15 juillet 1845 et de l'ordonnance du 15 novembre 1846. Nous avions, au préalable, indiqué les principaux actes législatifs ou gouvernementaux qu'il nous faudra consulter pour connaître les obligations du voyageur et celles de la Compagnie de chemins de fer. Il est opportun de les étudier en détail.

encore pris une décision aussi exclusive au sujet du caractère du Cahier des charges, reconnaissait le pouvoir réglementaire de l'État dans les limites que nous venons nous-même de lui assigner, et notamment dans les arrêts des 6 janvier 1848, D. 1848.1.42 ; 22 avril 1854, D. 1854.1.214 ; 2 mai 1873, S. 1873.1.342, D. 1873.1.173.

CHAPITRE SECOND

TARIFS ET BILLETS.

La question que nous allons examiner est assez importante pour que nous la traitions sans retard, et nous intervertissons, en sa faveur, le plan que nous paraissions annoncer, aux dernières lignes de notre chapitre précédent. Elle trouverait, il est vrai, sa place plus logique au cours de nos explications sur les obligations du voyageur. Mais ainsi enchassée au milieu de tant d'autres, elle perdrait quelque chose de son originalité.

Cet ordre nouveau nous permettra de joindre à cette étude, celle non moins intéressante des billets de chemins de fer, en termes juridiques, de la preuve du contrat.

TITRE PREMIER

TARIFS.

SECTION I. — Intervention de l'Etat.

§ 1. — Sa légitimité.

Le voyageur, en se présentant aux guichets de la Com-

pagnie, pour contracter avec elle, ne peut librement
discuter les termes de la convention. Pourquoi cette
entrave ? Elle lui est inspirée dans son intérêt même.

Nous avons antérieurement indiqué les motifs qui lé-
gitiment l'intervention de l'Etat dans le contrat de transport tout entier. Combien davantage ils se justifient
pour notre cas particulier ! Le monopole de fait des réseaux ferrés devait entraîner ici des conséquences pécuniaires considérables. Le jour où toutes les Compagnies
de Messageries auraient disparu, quelle limite pourrait-
on désormais imposer aux prétentions des Compagnies
de chemins de fer. Et, tandis que les intérêts généraux
souffriraient d'une surélévation excessive des Tarifs, ne
pourraient-elles pas les sacrifier davantage, en abaissant
arbitrairement le prix du transport sur certaines lignes
privilégiées, ou en faveur de quelques particuliers. Pour
les Compagnies, l'avantage de la réglementation était
beaucoup moindre, puisqu'elle était dirigée contre elles ;
néanmoins elles devaient y gagner de s'éviter les réclamations tracassières des voyageurs (1).

Depuis que l'Etat a passé avec les grandes Compagnies des conventions pécuniaires dans lesquelles il exigeait, de leur part, des sacrifices parfois assez lourds, en
retour desquels il garantissait à leurs actionnaires un
revenu minimum ; son intervention se légitime davantage encore (2).

(1) *D. Rép.* Vᵒ *Voirie*, nᵒ 293.
(2) *Dictionnaire des Arts et Manufactures*, t. 1, Vᵒ *Chemin de fer*.

§ 2. — Ses manifestations.

Afin de pallier aux inconvénients que nous venons de signaler, l'Etat a usé de deux moyens pour intervenir dans la fixation des Tarifs.

L'article 6 de la loi du 11 juin 1842 a imposé au Ministre d'abord, au législateur ensuite, de ne donner leur approbation qu'aux Cahiers des charges qui contiendraient une clause spéciale établissant un maximum, que les Compagnies ne pourraient jamais dépasser dans leurs réclamations.

L'article 42 du Cahier des charges de 1875 répond à cette obligation.

La seconde garantie imposée aux Compagnies consiste dans l'homologation donnée par le Ministre des Travaux Publics aux Tarifs qu'elles veulent appliquer. L'article 44 de l'ordonnance de 1846 formule nettement cette prescription, reproduite dans l'article 48 du Cahier des charges.

Déterminons bien les droits des parties en présence.

Les Compagnies établissent leurs tarifs au mieux de leurs intérêts et de ceux du public.

Si le Ministre trouve que ces derniers ne sont pas

Autre conséquence des conventions : l'État a institué auprès des Compagnies un contrôle financier, par un décret du 7 juin 1884 ; remanié par un arrêté ministériel, du 20 juillet 1886 qui a adjoint le contrôle financier au Comité de l'exploitation technique.

assez sauvegardés, il peut refuser le tarif ; mais il n'a jamais le droit d'y apporter des modifications, ni d'en imposer.

D'où il ressort que le caractère fondamental des Tarifs est celui d'un contrat proposé par la Compagnie et accepté par le voyageur. — L'homologation ministérielle n'a pour seul effet que d'imposer aux Compagnies et d'assurer au public l'égalité de traitement. C'est en cela seulement qu'on peut dire que les Tarifs ont force de loi.—D'autre part, l'homologation ministérielle étant un acte du pouvoir réglementaire (si l'on oppose ce terme aux actes administratifs purs et simples) produit tous les effets qui en sont la conséquence juridique.

Il nous reste à développer chacune de ces propositions.

Première proposition. — Les Tarifs des chemins de fer participent du caractère législatif.

A. — D'où il suit, tout d'abord, qu'ils sont réputés connus de tous. Ainsi l'a décidé la Cour de cassation, le 9 mars 1887 (1).

B. — La seconde conséquence a une portée bien plus considérable. Comme tels, disons-nous, les Tarifs sont irréductibles. Et voici les déductions qui découlent naturellement de ce principe.

1° L'homologation ministérielle est le seul moyen d'assurer et de sauvegarder l'égalité de traitement entre

____

(1) Cassation, 9 mars 1887, *Bull.*, 1887, p. 82.

tous les voyageurs. C'est la règle formelle qu'édictent les articles 48 et 53 du Cahier des charges, et le premier de ces textes ajoute à la défense la sanction qui consiste dans l'obligation d'accorder à tous les voyageurs les mêmes avantages que ceux qui ont été octroyés à l'un d'eux (1).

2° Les Tarifs homologués sont obligatoires pour les parties contractantes. Voici, pour corroborer cette règle, une décision de Jurisprudence, intervenue dans une espèce assez rare : la Cour de Paris a décidé, le 23 décembre 1871 (2), que le concessionnaire d'une ligne de chemin de fer ne pouvait point renoncer à percevoir les Tarifs.

3° Les parties contractantes ne peuvent rien changer, ni le Tarif, ni les conditions.

Ce qui implique principalement que les Tarifs doivent être interprêtés restrictivement et littéralement(3), que les parties peuvent réclamer contre le préjudice qui leur aurait été causé par l'application erronée d'un

(1) Boistel, *Droit commercial*, nᵒˢ 545 à 552 ; Féraud-Giraud, *op. cit.*, t. I, nᵒˢ 29 à 35 et 37 à 39. Circulaire ministérielle du 26 septembre 1857. Cassation, 28 décembre 1857, D. 1858.1.18 ; 21 avril 1868, S. 1868.1.430 ; 3 février 1869, D. 1869.1.371 ; 13 mars 1869, D. 1869. 1.184 ; 20 juillet 1869, D. 1869.1.575 ; 19 janvier, 9 et 31 mai, 10 août 1870, D. 1870.1.362 ; Paris, 18 juin 1873, D. 1874. 2. 73 ; Lyon, 31 juillet 1874, D. 1877. 2. 138, etc.

(2) Paris, 23 décembre 1871, *Bull.*, 1873, p. 7.

(3) Cassation, 12 février 1877, D. 1877. 1. 149 ; 2 mai 1882, D. 1883. 1. 13 ; 6 janvier 1886, *Bull.*, 1886, p. 24 ; 27 décembre 1886, *Bull.*, 1886, p. 285 ; 8 août 1887, *Bull.*. 1887, p. 218 ; 26 décembre 1888, D. 1889 1.110 ; 6 mars 1889, D. 1889.1.235.

Tarif, et doivent réparer celui qui a été commis par leur erreur (1).

4° Les conventions contraires aux Tarifs sont donc nulles (2).

Deuxième proposition. — Mais le caractère législatif des Tarifs de chemins de fer ne doit point nous faire perdre de vue leur caractère contractuel. Sous cette apparente contradiction, se dissimule pourtant la vérité complète, qui se manifestera, sans difficulté, au premier examen. Le caractère légal a été imprimé au contrat dans un but de sauvegarde générale, à l'origine même de la mise en exploitation du chemin de fer. Le caractère contractuel n'apparaît, dans un but d'intérêt individuel, qu'au moment où le voyageur se présente au guichet des Compagnies et choisit un des Tarifs qui ont été antérieurement arrêtés au mieux de ses intérêts.

Et la conséquence qui se dégage immédiatement de cette constatation, c'est la compétence des Tribunaux judiciaires, en tant, du moins, hâtons-nous de le dire,

____

(1) Angers, 3 mai 1865, D. 1865.2.113 ; Cassation, 22 décembre 1868, *Bull.*, 1869, p. 24 ; 21 décembre 1874 ; *Bull.*, 1875, p. 16 ; 15 juin 1875, S. 1877.1.76 ; 15 novembre 1877, D. 1877.1.71 ; 13 février 1878, S. 1878.1 325 ; 11 mars 1878, S. 1878.1.326 ; 25 octobre 1886 ; *Bull.*, 1886, p. 251 ; 7 août 1889, *Gaz. Pal.*, 1889, tome II, p. 319.

(2) Cassation, 3 août 1877, D. 1879.1.235 ; 6 août 1879, D. 1880.1. 14 ; 16 mars 1881, D. 1881.1.383 ; 2 mai 1882, D. 1883.1.13 ; 16 janvier 1883, D. 1884.5.69 ; 9 avril 1883, D. 1883.1.480 ; 9 mai 1883, D. 1883.1.446 ; 29 août 1883, D. 1884.1.304 ; 26 novembre 1883, D. 1885.1.20 ; 13 août 1884, D. 1885.1.78 ; 2 février 1885, *Bull.*, 1885, p. 43.

que le litige se référerait à la convention considérée en elle-même ; et notamment si les formalités de perception ont été remplies, si l'application de la clause des Tarifs a été équitable (1), si le prix versé par un voyageur est en conformité de celui réclamé par les Compagnies (2), et si ce dernier est lui-même en rapport avec les clauses des Cahiers des charges (3), si le prix réclamé peut donner lieu à une action en détaxe ou en supplément (4).

Troisième proposition. — L'homologation ministérielle est un acte réglementaire. M. Aucoc (5) le fait parfaitement constater, en établissant la distinction suivante entre les actes administratifs. Les uns, dit cet auteur, sont des actes d'autorité émanés de l'administration, tels que : les règlements, les concessions à titre gratuit, les contrats passés par l'autorité administrative, dont le contentieux appartient à la juridiction administrative.— Les autres comprennent les actes réglementaires qui déterminent les Tarifs de certaines taxes assimilées aux Contributions indirectes, et les contrats dont le contentieux appartient à l'autorité judiciaire. « Parmi

______

(1) Sourdat, *op. cit.*, t. II, n° 1060. Cotelle, *Droit Administratif appliqué aux Travaux Publics*, t. III, p. 37 ; Cassation, 10 janvier 1849, D. 1849.1.19 ; 31 janvier 1859, S. 1859.1.740 ; 5 février 1861, S. 1862. 1.196 ; 7 mai 1862, S. 1862.1.744 ; 31 décembre 1866, S. 1867.1.34 ; 21 janvier 1868, S. 1868.1.104 ; Dijon, 9 juin 1869, S. 1869.2.233.

(2) Cassation, 3 mars 1874, D. 1875.1.371.

(3) Tribunal des conflits, 3 janvier 1851, D. 1851.3.39.

(4) Lyon-Caen et Renault, *Précis de Droit commercial*, t. I, n° 949.

(5) Aucoc, *op. cit.*, t. I, n° 277.

les taxes assimilées aux Contributions indirectes, continue cet auteur, on range les Tarifs de certaines taxes,
qui sont fixés par des actes du pouvoir exécutif, en vertu
d'une délégation de la loi, comme... les droits de péage
perçus par..... les concessionnaires de chemins de fer ».

Le caractère, que nous avons assigné à l'homologation ministérielle, nous permettra de résoudre les questions que soulèveraient des dispositions préjudiciables
aux intérêts des voyageurs qui auraient pu leur être imposées.

Si la Compagnie appliquait un Tarif non homologué,
elle serait en faute, car elle ne peut invoquer que les
Tarifs homologués. Les voyageurs lésés pourraient donc
lui intenter une action devant les Tribunaux judiciaires.
Ils la formeraient soit directement, soit en se portant
partie civile à l'action publique qu'on intenterait à la
Compagnie, en vertu de l'article 21 de la loi de 1845 (1).
— Les Tribunaux judiciaires auraient le droit, croyons-
nous, d'annuler des conventions particulières, intervenues entre la Compagnie et certains particuliers, en
contravention de l'article 48 du Cahier des charges (2).

Nous leur reconnaîtrons également compétence pour
décider si les formalités requises pour l'homologation
du Tarif ont été suivies (3).

(1) Sourdat, *op. cit.*, t. II, n° 1060 ; Féraud-Giraud, *op. cit.*, t. I,
n° 411 ; Cassation, 31 janvier 1857, S. 1857. 1. 566, D. 1857. 1. 169.

(2) Sarrut, *op. cit.*, n° 216 ; Lyon-Caen, note sous un arrêt, S. 1874,
1. 273 ; Nancy, 5 janvier 1860, S. 1874. 1. 273.

(3) Cassation, 31 décembre 1866, D. 1867. 1. 56. Ces formalités

Faut-il aller plus loin et décider que le contrôle judiciaire, qui ne s'est tenu, nous pourrions presque dire, qu'à la surface du Tarif, peut pénétrer dans la raison intime, scruter la légalité des clauses homologuées ? Les Tribunaux judiciaires, répondrons-nous, sont incompétents pour apprécier les avantages et les inconvénients des Tarifs, ce soin est réservé à l'administration (1). D'où, à plus forte raison, les Tribunaux judiciaires ne peuvent, ni annuler un tarif d'une façon générale, alors même qu'il violerait un principe de droit (2), ni allouer des dommages-intérêts aux particuliers lésés par ce Tarif (3). On est unanime à reconnaître aux Tribunaux judiciaires le droit d'interpréter les Tarifs (4) ; et on se

consistent essentiellement dans : l'affichage durant le mois précédant l'application du Tarif, la communication à l'administration et l'homologation du Ministre.

(1) Aucoc, *Les Tarifs des chemins de fer et l'administration de l'État*, p. 19 ; Aucoc, *op. cit.*, t. III, n° 1501 ; Féraud-Giraud, *op. cit.*, t. I, n°s 26 à 32 ; Picard, *op. cit.*, t. IV, p. 48 ; Cassation, 10 janvier 1849, D. 1849. 1. 19 ; Conseil d'État, 21 avril 1853; *P. jurid. admin.*, 1853, p. 86 ; Cassation, 12 février 1857 ; Orléans, 28 avril 1857, D. 1859. 1. 258 ; Cassation, 28 décembre 1857, D. 1858. 1. 18 ; 22 février 1858, D. 1859. 1. 258 ; 8 juin 1859, D. 1859. 1. 258.

(2) Féraud-Giraud, *op. cit.*, t. I, n° 26.

(3) Lyon-Caen et Renault, *Précis de Droit commercial*, t. I, n° 949.

(4) Aucoc, *op. cit.*, t. I, n° 277 ; t. III, n° 1503 ; Féraud-Giraud, *op. cit.*, t. I, n°s 26 à 32 ; Batbie, *Traité théorique et pratique de Droit public et administratif*, t. VII, p. 399 ; Conseil d'État, 29 mars 1855, D. 1855.3.85 ; Cassation, 4 février 1874, *Gaz. Pal.*, 1874, p. 678. Ce dernier arrêt est important : au lieu d'annuler les clauses de non responsabilité imposées par la Compagnie de chemins de fer aux expéditeurs de marchandises, la Cour Suprême a bouleversé la Jurisprudence antérieure, et a décidé que la clause désormais serait valable,

divise sur la question de savoir s'ils peuvent se refuser
à appliquer un Tarif qu'ils jugeraient illégal (1).

Donc, ceci est le corollaire de ces décisions, les
particuliers qui ont leur droit lésé et un préjudice causé
par un Tarif, pourront obtenir l'annulation de l'Arrêté
d'homologation, et par conséquent du Tarif lui-même,
en formant un pourvoi devant le Conseil d'Etat (2).

§ 3. — La sanction des Tarifs.

Maintenant que nous avons essayé de déterminer,
avec le plus de précision possible, le caractère des Tarifs
de chemins de fer, il nous sera plus aisé de répondre à
une question, dont nous avons momentanément ajourné
la solution.

Il est capital, en effet, de savoir quelle est la sanction
attachée à l'inobservation d'un des articles des Tarifs
Généraux ou Spéciaux légalement établis. Sans nul doute, une sanction civile.

mais entraînerait une interversion de rôles juridiques ; ce serait l'expéditeur ou le destinataire qui devrait faire la preuve de la faute
du voiturier.

(1) Pour l'affirmative : Lyon-Caen et Renault, *Précis de Droit commercial,* t. I, n° 949 ; Cassation, 26 mars 1860, D. 1860. 1. 269 ; Lyon,
30 juin 1864, S. 1865. 2. 72 ; Cassation, 24 avril 1865, D. 1865. 1. 215.
Pour la négative : Duverdy, *Traité pratique et juridique de l'application des Tarifs de chemins de fer,* n° 32 ; Duverdy, *Traité du contrat
de transport,* n° 36 ; Sarrut, *op. cit.,* n° 67 ; Cassation, 4 février 1874,
Gaz. Pal., 1874, p. 678.

(2) Aucoc, *op. cit.,* t. III, n° 1501 ; Décret sur conflit du 21 avril
1853, *Recueil des arrêts du Conseil d'Etat de Lebon,* 1853, p. 485.

Peut-on, de plus, infliger au délinquant les pénalités de l'article 21 de la loi de 1845 ? Le vœu de cette loi ne serait pas rempli, si la clause, objet de la poursuite, ne se trouvait appuyée par un Règlement d'administration publique. La question revêt ici une précision toute particulière : l'homologation donnée par le Ministre des Travaux Publics a-t-elle cette portée ? La Cour de cassation l'a soutenu (1).

Avec MM. Aucoc (2), Lyon-Caen et Renault (3), et la plupart des auteurs qui ont récemment traité la question, nous nous élevons contre cette décision ; car il ne suffit pas pour reconnaître ce pouvoir aux Arrêtés du Ministre, qu'ils se réfèrent à la matière spéciale des chemins de fer, il est nécessaire « qu'ils aient été pris pour l'exécution des Règlements d'administration publique, c'est-à-dire en application d'une disposition formelle de ce Règlement ».

Or, nous continuons avec M. Aucoc, l'homologation ministérielle n'imprime pas ce caractère sur le Tarif tout entier. Il ne faudra faire appel à la sanction de l'article 21, que dans le cas seulement où les infractions aux clauses des Tarifs pourront rentrer dans le cadre des questions de police et de sûreté, ou d'exploitation

---

(1) Cassation, 25 janvier 1864, D. 1864.1.496 ; 12 mars 1875, D. 1875.1.392 ; 16 décembre 1882, S. 1883.1.433, P. 1883. 1077, D. 1885.1.177.

(2) Aucoc. *op. cit.*, t. III, n° 1566.

(3) Lyon-Caen et Renault, *op. cit.*, t. III, n° 796. Lyon-Caen, note sous Cassation, 16 décembre 1882, S. 1883.1.433.

technique et commerciale (telles que le définissent, pour
établir un point de comparaison légitimée par nos explications antérieures, le titre VII de l'ordonnance de
1846, pour les premières, et les articles 44 à 50, pour la
dernière) seules questions pour lesquelles la loi ait reconnu à l'autorité administrative le droit de faire des
Règlements pourvus d'une sanction pénale ; sans s'im-
miscer dans les questions de service, pour lesquelles
(l'approbation ministérielle, exigée par l'article 60, di-
rions-nous pour continuer notre rapprochement) l'homologation ministérielle serait insuffisante à transfor-
mer les Règlements de la Compagnie en Règlements
ministériels.

SECTION II. — Établissement des Tarifs.

Il est utile d'examiner, afin de contrôler la légitimité
du prix demandé par la Compagnie, les éléments qui
entrent en ligne de compte pour l'établissement des
Tarifs.

En étudiant d'abord les Tarifs Généraux, nous don-
nerons les règles qui s'appliquent à tous ceux que l'on
peut réclamer des voyageurs, sans distinction de catégories. Nous indiquerons, ensuite, avec les Tarifs Spéciaux les clauses qui y dérogent.

Tarifs Généraux.

Le prix affiché dans les gares comprend tout ensemble : un droit de péage, un droit de transport et un impôt.

I

A. — La voie de fer, y compris la fourniture du sable, le matériel et les frais d'exploitation, les frais d'entretien et de réparation du chemin de ses dépendances, et de son matériel : voilà ce qui, d'après l'article 42 du Cahier des charges et l'article 6 de la loi du 11 juin 1842 correspond au droit de péage. — Il est en général le double du prix de transport (1).

Celui-ci assure la rémunération des dépenses imposées aux Compagnies par le transport, l'achat et l'entretien du matériel roulant, les frais de traction, les dépenses d'exploitation (article 42, Cahier des charges ; 44 Tarif Général G V).

B. — L'un et l'autre sont établis sur des bases identiques.

_____

(1) Cette proportion est tout ce qu'il y a de moins fondé, puisque tous les voyageurs, quelle que soit la longueur de leur trajet, profitent d'une partie commune des avantages rémunérés par le prix de péage : ce sont les gares et leurs dépendances ; et par conséquent, une taxe proportionnelle à la distance, ainsi que l'établissent les Tarifs des grandes Compagnies, est toute au préjudice des longs trajets. Les chemins de fer Allemands font acquitter, pour les marchandises, un droit fixe, avant tout transport : ce système étendu au transport des voyageurs porterait un coup terrible aux petits trajets et on ne l'a pas adopté. Les chemins de fer de l'État Français ont adopté un moyen terme (circulaire ministérielle du 31 mars 1880). Ils appliquent un tarif à base décroissante copié sur le système Belge. — Jacqmin, *De l'exploitation des chemins de fer*, t. I, p. 306 ; Picard, *op. cit.*, t. III, p. 197 et 509.

Le premier élément qui influe sur leur formation est la distance à parcourir. L'unité adoptée comme base est le kilomètre, qu'il soit achevé ou simplement commencé. — Si le parcours légal ne correspondait pas au parcours réel, le Ministre seul pourrait constater et redresser cette erreur. — La disposition de l'article 42 du Cahier des charges, fixant, comme minimum de perception, la rémunération correspondante à la distance de six kilomètres, a été abrogée, sur la demande des Compagnies du Nord et de l'Est, en faveur des trains-légers.

En second lieu, il faut placer la vitesse des trains ; ce qui peut paraître en contradiction avec l'uniformité des Tarifs français (1). Aussi la rapidité des transports influe-t-elle en ce sens que, si les trains-omnibus et les semi-directs comprennent des voitures de toutes classes, la plupart des directs et les express peuvent, en vertu d'une autorisation spéciale du Ministre, reconnue par l'article 17 de l'ordonnance de 1846 et l'article 43 du Cahier des charges, circuler, sans les contenir toutes. De même que l'on permet aux Compagnies, en vertu de cet article, de n'admettre les voyageurs, dans certaines classes inférieures des trains de vitesse, que s'ils font un parcours de 150, 300 kilomètres.

Le confortable de la place influe, pour beaucoup, sur

____

(1) En Belgique, on majore de 25 0/0 sur le prix des trains omnibus celui des express. — En Prusse, la majoration est de 0 à 26 0/0 suivant les lignes, les distances et les classes. — En Italie, de 10 0/0 pour les directs et de 20 0/0 en première classe, dans ces mêmes trains.

le prix du voyage. La différence tient à deux causes principales : le prix de revient des voitures pour la Compagnie, et le poids mort qu'il faut transporter par voyageur (1). Le Tarif des places de luxe, formellement reconnu par l'article 43, est soumis à certaines conditions spéciales (2), légitimes d'ailleurs.

L'âge des personnes constitue un quatrième élément de perception.

En voici quelques autres ; ceux-ci accessoires, tels : la franchise de 30 kilogrammes de bagages, imposée par l'article 44 du Cahier des charges ; ceux-là sont inavouables : les dommages à payer pour les accidents (3).

II

Concourant au prix réclamé par la Compagnie, avec la rémunération de péage et celle de transport, l'impôt en est un lourd facteur. Calculé par kilomètre, comme les deux précédents, il était, avant la loi de finances du

---

(1) M. Picard (*op. cit.*, t. IV, p. 266) a calculé, qu'en 1884, sur 1000 voyageurs, 74 avaient des billets de première classe, 341 de seconde, 585 de troisième. On peut consulter, à cet égard, le tableau dressé par Claudel : *Aide mémoire de l'ingénieur pour la Compagnie de l'Est.*

(2) Elles sont énumérées pour la Compagnie du Nord dans le Tarif Général G. V. n° 4.

(3) M. Dussaussoy le déclarait dernièrement à la Chambre des députés (Séance du 17 novembre 1894 *J. Off.* 18 novembre 1894. Compte-rendu des Chambres, p. 1892) : et M. Schwabe (*Étude sur les chemins de fer anglais*, traduit par MM. Huberti et Habets, p. 176), le reconnaissait pour les chemins de fer Anglais.

26 janvier 1892, de 23.2, 0/0 (1). Les articles 25 et 28
de cette loi, en abrogeant l'impôt de 10 0/0 établi par la
loi du 16 septembre 1871, ont eu cet heureux résultat de
mettre les Compagnies en mesure d'opérer le dégrèvement (2) soumis à cette condition par la convention de

(1) Il se répartissait ainsi :

Impôt de 1/10 portant à la fois sur le prix de transport proprement dit et sur le droit de péage (Loi
du 14 juillet 1855). 10
Premier décime ajouté conformément à la loi du
6 prairial an VII 1
Deuxième décime ajouté par la loi du 14 septembre
1855 1
Impot de 10 0/0 créé par la loi du 16 septembre 1871 11,20
Total 23,20

(2) L'article 15 de ces conventions porte, en effet, ceci : « Dans le
cas où l'Etat supprimerait la surtaxe ajoutée par la loi du 16 septembre
1871 aux impôts de grande vitesse sur les chemins de fer, la Compagnie s'engage à réduire les taxes applicables aux voyageurs à plein
tarif de 10 0/0 pour la deuxième classe et de 20 0/0 pour la troisième
classe, en suivant toute autre formule équivalente arrêtée d'accord
entre les parties contractantes ». Les deux tableaux que nous joignons
ici font parfaitement apprécier les améliorations apportées :

	1re	2e	3e
Prix antérieur perçu par les Compagnies. . .	10	7,5	5,5
Prix payé par le public (impôt compris). . . .	12,32	9,24	6,77
Prix actuel perçu par les Compagnies.	11	6,75	4,4
Prix actuel payé par le public (impôt compris) .	11,2	7,50	4,92
Réduction par rapport au prix total. Sacrifi-ce de l'Etat.	9 0/0	10 0/0	11 0/0
Réduction par rapport au prix total. Sacrifi-ce des Compagnies.		8 0/0	16 0/0
Total.	9 0/0	18 0/0	27 0/0

Tous ces renseignements ont été extraits d'un rapport de M. Félix
Faure sur « le dégrèvement des transports en G. V. » du 15 octobre
1891 à la Chambre des députés. *J. Off.* 17,20 et 26 novembre 1891.
Annexes p. 2358 n° 1656. — On peut également consulter une circulaire du Ministre des Finances du 19 mars 1892 pour l'exécution

1883 ; ce qui désormais abaisse le sacrifice demandé au voyageur, par kilomètre, à 0.112 en 1re classe, 0.756 en 2e classe, 0.492 en 3e classe, auxquels il faut ajouter, pour les perceptions supérieures à 10 francs, le droit de quittance de 0.10 établi par la loi du 23 août 1871.

Tarifs Spéciaux.

Les Tarifs Spéciaux peuvent être ou bien des Tarifs réduits sans conditions, ou bien des Tarifs pour lesquels la réduction s'achète au prix de certaines obligations imposées au voyageur.

I. — Les premiers comprennent à la fois des Tarifs réduits proprement dits et des Tarifs gratuits.

Des Tarifs réduits sont accordés: aux enfants de 3 à 7 ans (article 42 du Cahier des charges) ; aux militaires (article 54 du Cahier des charges) ; aux prisonniers et à leurs gardiens (article 57 du Cahier des charges) et aux personnes en faveur desquelles les Compagnies y consentent par une faveur attachée à leur profession, leur qualité ou leur nombre.

Certaines personnes voyagent gratuitement. Ce sont notamment : les enfants de moins de 3 ans (article 42 du Cahier des charges) ; les gardiens des animaux voyageant par grande et petite vitesse (Tarifs Spéciaux des Compagnies); ceux qui voyagent dans les voitures transpor-

des articles 26, 27 et 28 de la loi de finances du 21 janvier 1892, qui se trouve aux *Annales des contributions indirectes*, 1892, p. 189 ; et l'ouvrage de M. Picard, *op. cit.*, t. IV, p. 204.

tées (Tarif Général G. V. article 31). La Compagnie reconnaît le même droit aux voyageurs circulant pour un service commandé, tels que certains fonctionnaires de l'État (articles 55, 56-12°, 58 du Cahier des charges) et les agents de la Compagnie (1) ; et, par une sorte d'assimilation, elle leur adjoint les Députés.

On a voulu contester aux personnes bénéficiaires du parcours gratuit la qualité de voyageurs ; les critiques se sont notamment élevées très vives contre celles qui, munies d'une carte de circulation, en profitent pour leur agrément (2). Nous croyons, au contraire, que les unes et les autres sont de véritables voyageurs. Elles ont toutes, à un titre quelconque, passé avec les Compagnies une convention de transport, dont volontairement celle-ci consent à ne pas exiger le prix. Mais, de ce que cette obligation ne soit pas imposée au voyageur, il n'en résulte pas que nous nous trouvions en présence d'un contrat de bienfaisance, l'avantage procuré par la Compagnie n'étant pas « purement gratuit ».

Il ne constitue point, de la part de celle-ci, un acte essentiellement bénévole ; et par conséquent la condition primordiale à la formation du contrat de bienfaisance manque absolument. Nous ne rencontrons point, il est

----

(1) On pourrait soutenir qu'à leur égard, les règles du contrat de louage se substituent ici à celles du contrat de transport.

(2) Féraud-Giraud, *op. cit.*, t. III, n° 264. — Certains auteurs partisans de la responsabilité contractuelle des Compagnies vont même jusqu'à proposer d'appliquer, dans cette situation, les principes de la responsabilité délictuelle.

vrai, pour chacun de ces cas, ou bien l'obligation pour le voyageur de se conformer à certaines prescriptions, à renoncer à certaines garanties (1); ou bien un article du Cahier des charges forçant la Compagnie à accorder ce bénéfice, comme, par exemple, au profit du fonctionnaire de l'État; mais il existe, croyons-nous, en faveur des autres titulaires, obligation morale (2), nécessité de bons rapports, caractères contradictoires avec l'idée de gratuité.

Le titulaire d'une carte de circulation pourra, il est vrai, en user en dehors de son service. Mais la Compagnie qui s'est interdit, et à moins de mesure inquisitoriale elle n'y serait pas parvenue, de rechercher le motif des voyages d'un fonctionnaire, d'un abonné, etc., estime que chacun d'eux est entrepris en vue de la charge qu'il remplit; et, pour elle, par conséquent, le contrat ne sera jamais de pure bienfaisance.

Le sera-t-il d'ailleurs pour le voyageur? Le titulaire d'un parcours réduit ou gratuit possède généralement un titre : billet, carte, récépissé, constatant, le bon sens

(1) Le Tarif Spécial P. V, n° 5 de la Compagnie du Nord, qui accorde le parcours gratuit au domestique accompagnant des animaux, stipule que la Compagnie se dégage de toute responsabilité.

(2) C'est à cet égard qu'on pourrait considérer les enfants de moins de trois ans comme des voyageurs; en vertu de l'obligation morale qu'ont les Compagnies de ne point forcer les parents à s'en séparer, et de l'injustice qu'il y aurait à réclamer le paiement du prix d'une place qui ne sera pas occupée. Ajoutons, à ce point de vue, que bien souvent les Compagnies ne subiront aucun préjudice; les personnes aisées faisant généralement accompagner leurs enfants par une bonne,

l'indique, l'accord intervenu entre lui et la Compagnie. Les conditions auxquelles il est obligé de se plier (1), comme tout autre voyageur, n'établissent-elles pas sa parfaite identité avec lui ? Certaines obligations qui lui sont spéciales (2) et, parmi toutes, la personnalité (3) des avantages qui lui sont conférés, ne sont-ils pas incompatibles avec la notion de « pure gratuité » ? (4)

Do ut des, le voyageur qui jouit d'une faveur quelconque de la part d'une Compagnie de chemins de fer est tenu de respecter les engagements qu'il a contractés vis-à-vis d'elle, à cette occasion. S'il voulait se soustraire à l'une des conditions imposées par le Tarif Spécial, dont il bénéficie, en échange de la réduction du prix ou de la gratuité du transport, il serait exposé à une demande en dommages-intérêts de la part de la Compagnie et se trouverait sous le coup de l'article 63 de l'ordonnance de 1846, comme voyageant sans billet (5).

---

(1) On a voulu quelquefois assimiler le porteur d'une carte de circulation à un abonné. Les deux situations offrent, en effet, plus d'un point de rapprochement. On ne pourrait, pourtant, le soumettre aux restrictions imposées à l'abonné en échange des avantages qu'il obtient, que si une clause du Tarif Spécial autorisait cette assimilation.

(2) On peut citer notamment : l'obligation du nombre pour les billets de société à prix réduit ; celle d'accompagner les animaux ou voitures transportés ; etc.

(3) Nous nous réservons d'en étudier les effets en traitant de la cessibilité du billet.

(4) Ces arguments peuvent être invoqués avec autant de force pour défendre la légitimité de ces Tarifs contre ceux qui les combattent au nom du principe de l'égalité de traitement à laquelle doivent être soumis tous les voyageurs.

(5) Ainsi l'ont décidé un jugement du Tribunal de commerce d'Ar-

Nous ne voulons point rechercher si les bénéficiaires d'un Tarif réduit en usent illégitimement ; mais nous savons que certains voyageurs cherchent à profiter des avantages qu'il confère, sans y avoir aucun droit. La peine devrait alors être beaucoup plus sévère ; la Cour de cassation (1) a eu à juger le cas d'une personne qui, se prétendant officier, jouissait, eu égard à la qualité qu'elle invoquait, du voyage au quart de place. La Cour Suprême a reconnu dans ce fait le délit d'escroquerie puni par l'article 405 du Code pénal ; nous le croyons aussi. Il se rencontre, en effet, dans cette situation : l'usage d'une fausse qualité, la remise d'un billet, un préjudice occasionné, conditions de l'escroquerie.

II. — Mais bien peu de personnes jouissent d'un parcours gratuit ; combien davantage profitent des billets d'aller et retour : il est donc plus intéressant de parler des Tarifs réduits avec conditions (2).

gentan, 8 septembre 1888 (*Gaz. Pal.*, 1889 ; 1er *supp.*, p. 40), contre le conducteur d'animaux, qui voyage par un autre train que les bêtes qu'il devait accompagner ; un arrêt de la Cour d'Aix du 5 février 1874 (*Bull.*, 1887, p. 25), et un plus récent de la Cour de Riom du 4 janvier 1893 (D. 1893.2.589 ; S. et P. 1893.2.48), contre le voyageur muni d'un permis de circulation, et surpris en dehors de son parcours. (Il s'agissait, dans la dernière espèce, du député Thivrier assigné devant le Tribunal de Montluçon, pour avoir voyagé sans billet sur une ligne d'un chemin de fer d'intérêt local, alors que la gratuité du parcours que lui confère son mandat ne s'étend qu'au réseau des grandes Compagnies.

(1) Cassation, 28 février 1889, S. 1889.1.237, P. 1889, p. 556, D. 1890.1.204.

(2) On s'est plu à contester la légitimité de ces différentes sortes de billets. Nous répondrons avec l'article 48 du Cahier des charges

A. — Billets d'aller et retour. — Chacun pourrait énumérer, avec autant de justesse et avec infiniment plus de talent, les faveurs et les obligations qui leur sont attachées. Elles consistent essentiellement : dans la faculté accordée à un voyageur de se rendre à une destination et de revenir à son point de départ, dans un certain espace de temps, en jouissant d'une réduction sur le prix de ces deux voyages.

La première condition que les Compagnies attachent aux billets d'aller et retour, la plus importante et aussi la plus méconnue, est l'obligation pour le voyageur, qui profite de cette faveur, d'effectuer lui-même et lui seul les deux trajets. La personnalité du ticket, dès le moment où l'un des voyages a été accompli, est un fait tellement évident, qu'il nous dispense d'insister. Il est manifeste que la Compagnie ne s'engage à une réduction du prix envers une personne qui lui demande de séjourner quelque temps dans une localité, que lorsque c'est cette même personne qui s'y rend et qui en revient ensuite. Nous étudierons ultérieurement les conséquences qui découlent de ce caractère de personnalité.

Nous le retrouvons dans tous les Tarifs Spéciaux, qui ont trait aux billets d'aller et retour. Les conditions que nous allons énumérer ne sont pas uniformes ; nous ne

que les Tarifs conditionnels sont formellement autorisés ; et que la seule condition imposée aux Compagnies, dans ce cas, est d'étendre ses faveurs à toute personne qui les solliciterait. Or, nous ne voyons point qu'aucun des Tarifs Spéciaux, que nous étudierons, contrevienne à cette prescription.

reproduisons que celles qui ont un certain caractère de généralité, en les empruntant au Tarif en vigueur dans la Compagnie du Nord.

La sanction de leur inobservation peut être pénale, dans certains cas ; elle est certainement civile dans tous, ainsi que l'exprime la Condition XIII du Tarif Spécial G. V. n° 2 de la Compagnie du Nord : « Tout billet qui sera détourné du but en vue duquel il a été créé ou qui sera utilisé dans des conditions autres que celles prévues ci-dessus n'aura aucune valeur. »

La durée de validité de ces billets varie suivant les Compagnies, les distances, les villes entre lesquelles on circule (elle est notamment plus grande, dans certaines Compagnies, lorsqu'on se dirige vers Paris, et, en été, vers certaines plages (1)), les jours pendant lesquels on voyage (les dimanches et jours fériés n'entrent généralement pas en ligne de compte, — certains billets ne sont accordés que pour des circonstances déterminées : jours de marché, de foire, etc.).

Cette faveur très grande oblige naturellement celui qui en est l'objet à n'en jouir que durant les délais qui lui ont été impartis par la Compagnie. Par pure faveur, les Compagnies admettent le voyageur, muni d'un coupon de retour, dans le train de nuit arrivant à destina-

---

(1) Le Tarif Spécial G. V. n° 6 de la Compagnie du Nord contient les faveurs suivantes : § 1er : billets de saison de 1re, 2e et 3e classes, valables pendant 33 jours. — § 2. Billets hebdomadaires de 1re, 2e et 3e classes, valables pendant 5 jours. — § 3. Billets d'excursion des dimanches et jours de fête légale de 2e et 3e classes.

tion, le lendemain du jour de l'expiration de ce coupon, pourvu que le train parte avant minuit. Aussi le porteur d'un billet périmé est-il tenu de payer place entière, sans déduction de la somme par lui versée pour le billet d'aller et retour, ceci pour la réparation civile vis-à-vis de la Compagnie ; — et, de plus, cela pour la sanction, il est passible des peines édictées par l'article 21 de la loi de 1845, comme ayant contrevenu à l'article 63 de l'ordonnance de 1846 (1).

Le billet n'est valable que pour les lieux de départ et de destination qu'il indique. Spécialement, le voyageur ne pourrait s'arrêter à une gare intermédiaire (2), et continuer ensuite son trajet jusqu'au point terminus de son voyage. Il ne pourrait, dans le cas d'arrêt à une gare intermédiaire, que retourner à son point de départ avec son ticket de retour.

Si, soit à l'aller, soit au retour, il descendait au delà de l'endroit pour lequel il avait pris un billet, il devrait acquitter le prix du Tarif ordinaire du voyage qu'il aurait accompli, défalcation faite de la somme antérieurement versée par lui à la Compagnie ; — sous la condition expresse, notons soigneusement ceci, qu'il se soit

(1) Tribunal correctionnel de la Seine, 26 novembre 1868, *Bull.*, 1869, p. 60. — Ajoutons que la vente d'un coupon de retour périmé est considérée par les Tribunaux comme une escroquerie, punie par l'article 405 du Code pénal. Tribunal correctionnel de Pont-l'Évêque, 30 avril 1884, *Bull.*, 1887, p. 28.

(2) Les billets d'aller et retour en Angleterre et en Allemagne donnent droit à l'arrêt en route (Schwabe, *op. cit.* p. 170). — En Belgique, l'interdiction est la même qu'en France.

mis en mesure de n'être pas considéré, pour le trajet ainsi parcouru en surplus, comme un voyageur sans billet.

Faculté complète lui est laissée de prendre tous les trains qui contiennent la classe de son billet (sous réserve de nos explications ultérieures sur l'obligation imposée au voyageur de prendre un des trains de la journée), sauf le cas où la Compagnie ne délivre pas de billet ordinaire pour la destination indiquée sur le coupon.

La taxe est généralement fixée d'après la distance la plus courte, alors même qu'il serait permis au voyageur de prendre un chemin plus long, si celui-ci était desservi par un train dont les correspondances diminuent le trajet effectué par la distance la plus courte. Cette faveur implique, dans les conditions normales, l'obligation pour le voyageur d'aller et de revenir par le même trajet (1).

On conçoit aisément que la réduction à laquelle consent la Compagnie ne permette pas au voyageur, qui en bénéficie, d'invoquer, en outre, celles dont il jouirait en toute autre circonstance.

La Compagnie accorde également au voyageur qui veut changer de classe, la faveur de ne payer que la différence du prix calculée sur celui d'un billet d'aller et retour pour cette classe.

B. — Cartes d'abonnement. — 1° *Cartes d'abonnement ordinaire.* — Les faveurs accordées par les Com-

(1) Les billets d'aller et retour, en Angleterre, acccordent la faculté de retour par une autre ligne (Schwabe, *op. cit.* p. 170).

pagnies de chemins de fer aux abonnés consistent essentiellement : dans le droit qu'elles leur reconnaissent d'effectuer, aussi souvent qu'ils le désireront, le trajet auquel leur carte leur donne droit ou un trajet inférieur (1), pourvu que le train contienne la classe à laquelle ils ont droit (2), en bénéficiant d'un abaissement considérable de prix (3).

Ces privilèges ne vont point, nous pourrions le dire, *à priori*, sans entraîner certaines conditions pour le voyageur.

Signalons de suite : la personnalité des avantages concédés au voyageur. Cette notion découle et des principes, et des formalités exigées pour la remise de la carte : la signature, la photographie et l'adresse du titulaire. Elle entraînera comme conséquence l'incessibilité de la carte d'abonnement.

(1) Cette faveur et les autres, de même que les conditions que nous indiquerons, sont extraites du Tarif Spécial G. V. n° 3 de la Compagnie du Nord.

Longtemps on ne reconnut pas à l'abonné le droit de descendre à une station différente de son parcours, à moins de payer un droit de 10 0/0 en sus.

(2) Quelques Compagnies n'admettent les abonnés que dans les trains auxquels les voyageurs porteurs d'un billet ordinaire ont la permission d'accéder.

(3) Le prix unique ne se calcule point au nombre de voyages. Il se détermine suivant un barème établi dans chacune des Compagnies d'après une méthode spéciale, mais obéissant à ces deux règles générales : Les prix sont calculés d'après un tarif à palier, ainsi la Compagnie du Nord a 34 sections ayant chacune leurs prix propres ; ils sont de plus fixés d'après une base décroissante, suivant la longeur du transit et la durée de l'abonnement.

Le prix payé à l'avance reste acquis à la Compagnie, bien que le voyageur ne puisse se servir de son abonnement, fut-ce même pour cause de décès (1).

« L'abonné est tenu de présenter sa carte à toute réquisition et de se prêter en outre à toutes les mesures de contrôle que la Compagnie jugera convenable d'adopter. L'abonné qui ne présente pas sa carte, paie le prix de sa place, le prix est irrévocablement acquis à la Compagnie ». Article 4 du Tarif du Nord. — L'article 5 édicte certaines mesures et certaines pénalités pour le cas où un abonné viendrait à perdre sa carte ; nous retrouverons cette prescription, en parlant de la perte des billets.

Afin de stimuler l'initiative des abonnés, les Compagnies remboursent à celui qui fait la remise de sa carte, à l'expiration de sa validité, une somme de 10 francs (2).

L'abonné doit prendre le chemin le plus court qui le conduira d'un endroit à l'autre ; à moins que les règles d'établissement des Tarifs en vigueur dans la Compagnie lui laissent le choix de son parcours (3). L'abonné

---

(1) Certaines Compagnies admettent qu'au cas de décès, un des membres de la famille qui aurait le même intérêt que le défunt, reprenne le droit dont il était titulaire.

(2) Comme, à la rigueur, la Compagnie pourrait exiger qu'on lui rende la carte à l'expiration, on considère comme une clause pénale celle par laquelle le voyageur est obligé de la rendre dans un temps donné, et, comme corollaire, celle par laquelle il perd les 10 francs auxquels il avait droit, s'il n'a pas opéré cette remise dans le délai déterminé.

(3) Ainsi en est-il du Tarif Spécial G. V. n° 2 de la Compagnie du

ne pourra se servir de sa carte au delà des limites du trajet auquel il a droit. L'infraction à cette clause des Tarifs entraînera, pour l'abonné, les sanctions infligées au voyageur qui est surpris sans billet ou au delà du point terminus de son voyage ; nous étudierons plus loin les conséquences de cette double situation. Notons toutefois une rigueur plus grande à l'égard de l'abonné : sa carte de circulation lui sera retirée.

Dans le même ordre d'idées, l'abonné ne doit monter que dans les voitures auxquelles son billet lui donne accès. Si, avant de monter dans une voiture d'une classe supérieure à celle à laquelle il a droit, il prévient les agents, le supplément de prix qu'on exigera de lui sera calculé sur la différence des deux Tarifs Spéciaux d'abonnement. S'il omet cette précaution, il contrevient à l'article 63-1° de l'ordonnance de 1846.

Autre obligation du voyageur, celle-ci des plus graves: « L'abonné prend l'engagement.... de n'exercer à raison de l'abonnement aucune action ni prétendre à aucune indemnité contre la Compagnie pour aucun arrêt, empêchement, retard, changement de service, diminution du nombre des trains ou défaut de places qui l'obligerait à monter dans les voitures d'une classe inférieure ». Article 7 du Tarif du Nord. — Nous retrouverons ces différentes obligations au cours de nos explications ultérieures.

Nord dans lequel on calcule le prix sur la distance totale du circuit réduite de 25 0/0.

2° *Cartes d'abonnement à prix réduit.* — Des cartes d'abonnement à prix réduit sont accordées aux élèves (1) et étudiants, aux associés (2), aux familles (3), etc.; dans le même ordre de faits, notons les cartes de circulation à demi-place (4). Dans tous ces cas, si l'abonné jouit d'une faveur spéciale et d'une réduction de prix plus grande, il n'achète point ce privilège au prix de nouvelles concessions ; un article du Tarif Spécial qu'il peut invoquer, le soumet aux mêmes clauses que tout abonné. — En regard, nous opposerons le Tarif Spécial G. V. n° 3 *bis* de la Compagnie du Nord accordant des abonnements d'une semaine aux ouvriers. Ceux-ci ne peuvent voyager qu'en troisième classe, — par un train spécial, sans pouvoir même prendre un train ordinaire, au cas d'insuffisance de places, — avec obligation de ne jamais s'arrêter en cours de route, — ce qui implique la nécessité où ils sont de justifier le motif qui leur fait entreprendre leur voyage quotidien.

C. — Nous avons ainsi analysé les deux formes les plus usuelles sous lesquelles se présentent les Tarifs ré-

---

(1) Le Tribunal de Beauvais a jugé que les Compagnies de chemins de fer engageaient leur responsabilité d'une façon plus étroite, qu'elles devaient être considérées comme les gardiennes des enfants de moins de 18 ans, à l'égard desquels elles accordaient des billets d'abonnements scolaires, en dispensant leurs parents de les accompagner et de les surveiller. Beauvais, 20 avril 1893, *Gaz. Trib.*, 27 mai 1893.

(2) Les *Traders Tickets* accordés aux négociants anglais.

(3) Tarif Spécial G. V. n° 2 *bis* de la Compagnie du Nord.

(4) Tarif Spécial G. V. n° 101, commun à toutes les Compagnies.

duits avec conditions. En voici d'autres d'un usage un peu moins répandu.

Nous indiquerons, comme étant particulièrement favorable, un Tarif Spécial G. V. n° 1 de la Compagnie P.-L.-M. Il accorde des réductions de 10 0/0 sur le prix ordinaire des places pour des billets pris à l'avance par séries de 20 (1). Il confère au porteur de ces billets le droit de voyager quand bon lui semble ; d'utiliser son parcours pour une distance inférieure à celle déterminée ; et de jouir de ces avantages pendant un an. — En retour, le voyageur s'engage à ne jamais céder un de ses billets, à opérer, une fois pour toutes et à l'avance, le versement de la somme réclamée par la Compagnie, et à ne jamais dépasser le point extrême que son billet lui permet d'atteindre (2).

Nous ne pouvons omettre de signaler les voyages de

(1) Les *tickets in lots* ou lots de coupons valant 124 francs pour la fréquentation des écoles et des marchés ont probablement inspiré nos Tarifs Français (Schwabe, *op. cit.*, p. 166).

(2) Dans le même ordre d'idées, nous signalons un projet qui vient d'être soumis au Ministre de Hongrie et qui est de nature à faciliter beaucoup les voyages par chemins de fer. Il s'agit de la création d'un timbre de chemin de fer destiné à remplacer les tickets. Avec cette innovation, les voyageurs n'auraient plus l'ennui d'attendre leur tour au guichet ; mais pourraient faire eux-mêmes leur coupon, en écrivant sur un formulaire *ad hoc* le nom de la station de départ et de celle de l'arrivée. Sur ce formulaire on appliquerait un timbre de l'importance du prix du voyage. Pour ce prix, il suffirait de consulter le barème et d'en appliquer le montant en timbre sur le formulaire. Pour le contrôle, on a imaginé de perforer les timbres par le milieu sur toute leur largeur, de manière que, pendant le trajet, le garde puisse facilement en enlever la moitié. L'autre moitié resterait attachée au formulaire et serait remise à l'arrivée.

plaisir. Les Français ignorent encore les *Pleasure or picnic parties* pour parties de campagne à six personnes (1). Par contre, les trains de plaisir prennent en été un accroissement de jour en jour plus considérable : on exige généralement que les billets soient pris à l'avance, car le nombre des places est limité ; de plus, les voyageurs sont astreints à se conformer à l'horaire spécialement établi en leur faveur (2).

Tout le monde connaît aussi, du moins par les affiches suggestives qui les annoncent, les billets circulaires à itinéraire fixé par la Compagnie (3) ou tracé au gré des voyageurs (4). La personnalité des avantages concédés au voyageur ne peut soulever ici aucun doute, puisque le billet doit être signé du titulaire. Nous ne voudrions pas énumérer les conditions imposées au voyageur pendant le cours de son voyage d'agrément ; mais ne devons-nous pas le mettre en garde contre les entraînements de la liberté, le prévenir que son billet n'a qu'un temps, et qu'il devra revenir à son point de départ, en évitant de se laisser détourner de l'itinéraire tracé, sans en avertir l'agent de la Compagnie (5). Mais,

(1) Schwabe, *op. cit.*, p. 166.
(2) Jacqmin, *De l'exploitation des chemins de fer*, t. I, p. 319.
(3) Tarif Spécial G. V. n° 5 de la Compagnie du Nord.
(4) Tarif Spécial G. V. n° 105 commun à toutes les Compagnies.
(5) Le Tribunal de commerce de la Seine a condamné à 16 francs d'amende d'honnêtes bourgeois, marchands de chaussures, associés, qui s'étant offert un voyage circulaire, avaient pris, au retour, un chemin qu'ils prétendaient plus court, mais auquel leur billet ne donnait pas droit. *Gazette des Tribunaux*, 28 juin 1894.

en retour, liberté complète de s'arrêter, au gré de ses désirs et de sa fantaisie, dans toutes les ravissantes stations de son itinéraire, avec la satisfaction de jouir d'une réduction variant de 20 à 60 0/0 sur le prix du Tarif Général.

TITRE II

BILLETS.

Nous avons, maintes fois, au cours de nos explications antérieures, sans crainte d'effaroucher des oreilles juridiques, par un terme inconnu, fait allusion au billet de chemins de fer. Qu'est-ce donc? Nous répondons d'un mot : le billet est la preuve du contrat de transport des voyageurs par chemins de fer.

SECTION I. — Preuve du contrat.

Il en produit tous les effets.

Et notamment, il est la constatation du paiement du prix du transport ; l'article 4 du Tarif Général G. V. le dit expressément. C'est ce motif qui nous fait joindre cette étude à celle des Tarifs.

Le billet constitue, à ce point de vue, un titre écrit émanant de la Compagnie. On pourrait lui contester ce caractère, en faisant remarquer qu'il est imprimé, et surtout qu'il n'est pas signé. Mais l'absence de ces deux formalités s'explique aisément par les exigences du service et les inconvénients qu'entraînerait l'observation stricte de la loi.

Aucune disposition légale n'a, comme l'article 102 du Code de commerce, pour les récépissés de marchandises, déterminé les formes des écrits délivrés (1). Mais, puisque le billet n'en est pas moins un mode de preuve en, matière commerciale, le faux serait puni des rigueurs de l'article 147 du Code pénal ; à moins que l'on ne juge que ce serait exagérer l'importance du délit et lui appliquer une peine hors de proportion.

Le billet étant la preuve du contrat de transport par chemins de fer, nous pourrions exprimer la même idée, en disant que le billet fait acquérir à la personne qui le possède la qualité de voyageur.

SECTION II. — **Voyageur sans billet.**

A. — Donc on ne peut voyager sans billet ; c'est la prescription formelle des articles 61 et 63 de l'ordonnance de 1846. L'article 6 du Tarif Général G.V. y apporte une sanction civile qui n'est que légitime. Le voyageur circulant sans billet, devra acquitter le prix de la place qu'il a occupée, calculé depuis le dernier contrôle général ou le point de départ. Nous avons même tort d'em-

____

(1) Lyon-Caen et Renault, *op. cit.*, t. III, n° 706.

ployer l'expression de voyageur, à vrai dire, il n'y avait pas eu de contrat de transport ; la Compagnie ne voit qu'une chose : le fait de prendre une de ses places et elle en fait acquitter le prix depuis le moment où elle peut supposer qu'elle a été occupée.

Il sera loisible à cette personne, croyons-nous, d'établir, par tous les modes de preuve dont elle peut user, qu'elle n'avait pris le train qu'à une gare plus rapprochée, afin de pouvoir acquitter un prix inférieur.

Mais, quels sont les modes de preuve admis ? En est-il même d'autres qui soient permis en faveur du voyageur ? La raison d'en douter viendrait de l'article 63 de l'ordonnance de 1846, qui semble interdire l'accès des voitures aux personnes non munies de billet. Mais nous croyons pouvoir faire, pour le moment, abstraction de cet article qui ne se réfère, suivant nous, qu'au côté délictuel de la question, qui prescrit une mesure de police tout autant et bien plus qu'un mode de preuve. Le problème peut donc se poser et nous devons le résoudre : quels sont les modes de preuve que le voyageur emploiera comme justification du trajet qu'il a accompli ?

L'article 101 du Code de commerce semblerait les exclure tous au profit de la seule lettre de voiture (nous croyons pouvoir lire : billet). Avec MM. Pouget (1), Lyon-Caen et Renault (2), Aubry et Rau (3), Duverdy (4),

(1) Pouget, *Du transport par eau et par terre*, t. II, n° 155.
(2) Lyon-Caen et Renault, *op. cit.*, t. III, n° 870.
(3) Aubry et Rau, *Cours de Droit civil français*, 4ᵉ éd., t. IV, § 373.
(4) Duverdy, *Traité du contrat de transport*, n° 9.

nous opinons pour la négative, en ce qui concerne les marchandises ; car, disent ces auteurs, l'article 101 n'a pas eu pour but de réserver la force probante aux seules lettres de voiture. Il décide qu'elles constituent le mode le plus usité, sans prétendre exclure les autres. Ces principes, croyons-nous, devraient être appliqués dans le contrat de transport des voyageurs, en ce qui concerne les billets.

Irons-nous jusqu'à admettre dans notre matière la preuve testimoniale ? La question ne soulève une difficulté, que par suite de la présence à l'acte du voyageur, personne civile. Nous dirons avec MM. Demolombe (1), Aubry et Rau (2), et la Jurisprudence (3) que la preuve testimoniale, dans les actes qui présentent ce caractère mixte, est admissible seulement contre la partie à l'égard de laquelle l'affaire est commerciale. Elle ne l'est pas contre la partie à l'égard de laquelle l'affaire est civile, même si la contestation est pendante devant le Tribunal de commerce,.... ceci pour les sommes supérieures à 150 francs, c'est-à-dire bien rarement.

B. — Mais voici un autre aspect plus intéressant encore de la situation que nous étudions.

Le voyageur sans billet, contrevenant à deux articles de l'ordonnance de 1846, tombe-t-il sous l'application

(1) Demolombe, *Cours de Code civil*, t. XXX, n° 104.
(2) Aubry et Rau, *op. cit.*, § 763 *bis*.
(3) Douai, 6 août 1851, D. 1853.2.18, S. 1851.2.866 ; Cassation, 31 mars 1874, D. 1875.1.229.

de l'article 21 de la loi de 1845 ? La question est délicate, et voici comment elle se pose : le fait seul de monter en voiture sans billet est-il punissable ; ou bien faut-
il qu'il y ait, en outre, de la part du voyageur, l'intention
de frauder la Compagnie ? Nous rencontrons donc ici, on
l'a de suite reconnu, un des aspects de la théorie des
délits contraventionnels (1). M. Hubert (2), qui s'en déclare partisan, estime que, dans l'espèce, en présence de
l'article 63 de l'ordonnance de 1846, qui exige la présentation d'un billet, pour donner le droit de voyager, il faut,
en toute logique, assigner à cette prescription le caractère d'une « responsabilité purement matérielle » ; et
par conséquent quelqu'un qui serait monté, sans billet,
dans un train, n'éviterait pas une condamnation en al-
léguant sa bonne foi, il ne le pourrait qu'en prouvant la
force majeure. La Cour de cassation a adopté cette manière de voir dans un arrêt du 12 avril 1889 (3), et la

(1) La théorie des délits contraventionnels a été combattue très
savamment par M. Villey, Doyen de la Faculté de Caen, dans deux
articles de la *France judiciaire* : le premier intitulé « Intention en
matière pénale » de novembre 1876 ; le second : « Fin des délits
contraventionnels » de septembre 1886 ; et dans de nombreuses notes
dont les plus importantes se trouvent dans le recueil de Sirey : 1876.
1.89 et 233 ; 1885.1.401 ; 1886.1.233 ; 1887.1.41.

(2) Hubert, *Annales de droit commercial*, 1894, p. 32.

(3) Cassation, 12 avril 1889, D. 1891.1.306. On peut citer auparavant : Tribunal correctionnel de Prades, 1er mars 1888 ; Tribunal
correctionnel de Toulouse, 24 octobre 1888 ; Tribunal correctionnel de Narbonne, 3 décembre 1888 ; *Gaz. Pal.*, 1889, 1er *Supp.*
p. 53.

Cour de Riom, dans un arrêt du 4 janvier 1893 (1), auquel nous avons fait antérieurement allusion.

Nous nous permettons d'opposer à la Jurisprudence de la Cour de cassation deux de ses arrêts rendus le 23 février 1884 (2) et le 28 février 1885 (3), arrêts par lesquels elle déclare appliquer le principe de la complicité en notre matière spéciale : dans le fait de voyager sans billet. Ne saisit-on pas immédiatement l'incompatibilité flagrante qu'il y a tantôt à faire intervenir, et tantôt à rejeter, dans une seule et même situation juridique, un facteur identique : l'intention frauduleuse.

Nous estimons que l'infraction à l'article 63 de l'ordonnance de 1846 devant être considérée comme un délit, il faut, de toute nécessité, lui en appliquer toutes les conséquences qui découlent de la notion délictuelle. D'où il suit que la personne surprise, voyageant sans billet, pourra échapper à la pénalité qui l'attend, en prouvant sa bonne foi.

Peut-être..... mais non ! La Compagnie du Nord, assez méfiante par nature, d'aucuns diraient par nécessité, a obtenu de la Cour de Douai, à la date du 7 novembre 1894, une condamnation à un franc d'amende, contre un voyageur sans billet, malgré l'offre, soulignons le

---

(1) Riom, 4 janvier 1893, D. 1893.2.589.

(2) Cassation, 23 février 1884, S. 1886.1.233.

(3) Cassation, 28 février 1885, S. 1887.1.41. — Autre arrêt rendant la même décision dans la matière de complicité, mais pas envisagée spécialement à l'égard des chemins de fer : Cassation, 14 avril 1883, S. 1885.1.401.

mot, que celui-ci avait faite de payer le prix de sa place.
La Compagnie se prévalait, pour émettre cette prétention, d'une circulaire du Ministre des Travaux Publics,
adressée aux Directeurs des Compagnies de chemins de
fer, à la date du 22 mai 1894. Cette circulaire vise uniquement, qu'on veuille nous croire sur parole, les es-
croqueries commises à l'aide des cartes d'abonnement,
de circulation, etc. C'est dire implicitement que le Ministre tient essentiellement à ce que l'on ne voyage pas
sans billet, concluait l'éloquent avocat de la Compagnie
du Nord, et que, par conséquent, mon client est fondé à
demander des poursuites impitoyables contre toute personne se trouvant en faute, eut-elle même la ferme
volonté de réparer le préjudice pécuniaire. Pareille interprétation dépasse, croyons-nous, la portée de la circulaire du 22 mai 1894 ; son but était de prévenir les
fraudes, or il n'y a pas de fraude sans intention frauduleuse, et elle n'existait manifestement pas dans l'espèce,
puisque le délinquant avait offert d'acquitter le prix
demandé.

SECTION III. — **Perte du billet.**

Le billet de chemins de fer étant la preuve du contrat
de transport, il importe de le garder jusqu'à la fin du
trajet (1). Cette obligation comporte notamment pour

(1) On lit à cet égard dans les voitures de la Compagnie du Nord :
« Messieurs les voyageurs sont prévenus qu'en échange du prix d'un

le voyageur le devoir de présenter son billet, à toute réquisition des agents de la Compagnie (1) et de le rendre, à sa sortie de la gare, à l'employé préposé à cet effet. L'inobservation de l'une de ces formalités expose le voyageur à être considéré comme n'ayant point de billet, avec toutes les conséquences qu'entraîne cette situation.

Néanmoins, il pourrait se faire que le voyageur ait perdu son billet. Qu'advient-il dans ce cas ? L'article 6 du Tarif Général G. V. trouve également ici son application ; ici surtout, croyons-nous, la preuve du paiement doit être permise par tous les moyens.

La perte d'un coupon de retour met le voyageur dans l'impossibilité de jouir ‘des avantages que lui avait accordés la Compagnie. — La perte d'un billet de voyage circulaire serait d'autant plus préjudiciable, qu'elle entraînerait peut-être comme conséquence un retour prématuré, puisque dorénavant, les trajets devront s'effectuer au prix du Tarif Général. — Il serait aussi désavantageux de perdre une carte d'abonnement ; mais la situation est encore plus critique, car elle intéresse la Compagnie tout autant que le voyageur. Aussi celui-ci devra-t-il, au cas où ce désagrément lui arriverait, prévenir de suite la Compagnie ; sinon, il

supplément perçu pour quelque cause que ce soit, le contrôleur de route doit délivrerimmédiatement un bulletin extrait d'un registre à souche, et portant le détail de la perception ».

(1) Article 6 du Tarif Général G. V.

encourrait de grands inconvénients, la carte d'abonnement retrouvée serait retenue par la Compagnie sans
remboursement aucun, de plus l'abonné en faute s'exposerait à une demande en dommages-intérêts de la
part de la Compagnie, et pourrait, en outre, être pour-
suivi en correctionnelle, comme complice du tiers qui
aurait usé, indûment et frauduleusement, de la carte
égarée.

SECTION IV. — Le billet est-il cessible ?

Ces dernières règles ne sont-elles pas comme le reflet
de la personnalité du billet. Mais tous les billets sont-
ils incessibles ?

I. — Le billet de place est une sorte de titre au porteur qui est, en principe, cessible tant, du moins, que
le voyage n'est pas commencé (1). La règle ne souffre
exception que si la Compagnie juge prudent d'exiger, de
la part du voyageur, certaines garanties d'identité telles
que le portrait et la signature du titulaire.— Le cessionnaire est tenu de se soumettre à toutes les obligations
auxquelles le cédant avait consenti à l'égard de la Compagnie.

Mais une fois que le voyageur a manifesté par un
commencement d'exécution sa volonté d'accomplir le
trajet pour lequel il a pris un billet, une fois que la Com-

____

(1) Lyon-Caen et Renault, *op. cit.*, t. III, n°⁵ 706 et 796 ; Albert
Wahl, *Traité des titres au porteur*, t. I, n° 295 ; t. II, n° 941.

pagnie s'est mise en demeure de le faire parvenir à destination, la personnalité du billet, latente jusqu'à ce moment, se fixe d'une façon indélébile sur son titulaire ; le titre au porteur s'est transformé en titre nominatif (1). Nous ne craignons pas de généraliser.

Mais pourtant qui s'opposerait à ce que le porteur d'un ticket simple de Douai à Paris s'arrêtât à Creil et cédât alors à un tiers les droits qu'il avait acquis jusqu'à Paris ? La Compagnie ne se trouverait, en effet, nullement lésée, il est vrai ; mais l'une des obligations imposées au voyageur serait inexécutée. Nous verrons, en effet, que le voyageur ne peut, pour aucun motif, si ce n'est en cas de force majeure, s'arrêter en route, pour achever plus tard son trajet ; c'est à ce résultat qu'aboutirait le trafic du billet simple. L'opération pourrait-elle, d'ailleurs, s'effectuer, car nul ne peut sortir d'une gare, sans présenter un ticket. Qu'arrivera-t-il ? C'est que, si l'accord intervient entre ces parties, sur le quai de la gare de Creil, le cédant ne pourra sortir, qu'en payant le prix d'un billet de Lille à Creil, et en s'exposant de plus à des poursuites correctionnelles, ce qui ne sera guère une économie ; et pourtant le contrat ne peut se former que dans ces conditions, puisqu'une fois sorti de la gare, le voyageur s'est dessaisi de son billet.

---

(1) En Allemagne, Ihering, dans son étude sur l'*actio injuriarum*, soutient que le caractère de titre au porteur résiste à toutes les clauses d'incessibilité. M. de Jonge a réfuté cette théorie dans sa brochure intitulée : *Die Unübertragbarkeit der Retourbillette* (Freiburg, 1888).

Mais l'hypothèse est assez rare. La personnalité apparaît véritablement lorsque, par exemple, le porteur d'un billet d'aller et retour a effectué l'un des trajets, lorsque le titulaire d'une carte d'abonnement, d'un billet circulaire a apposé sa signature. Elle devient alors une condition essentielle de la faveur accordée par la Compagnie. Pourquoi celle-ci a-t-elle consenti à une réduction de prix ? Précisément parce que le voyageur s'était engagé à effectuer le contrat dans certaines conditions ; et nul ne peut les accomplir en son lieu et place, car, leur substance est de former un tout inséparable dont les termes sont la conséquence les uns des autres et qui se complètent pour ne former qu'un seul et même contrat indivisible (1).

II. — « Le coupon de retour ne peut servir qu'au voyageur qui a utilisé le coupon d'aller. Il ne peut donc être ni cédé, ni vendu. Le porteur du coupon de retour s'expose dans ce cas à des poursuites correctionnelles ». Telle est la formule que l'on peut lire sur les coupons de retour délivrés par la Compagnie de l'Ouest. Le cessionnaire est-il le seul contre lequel on puisse appliquer l'article 21 de la loi de 1845 ? Exposons les conséquences de l'acte de cession.

A. — D'abord à l'égard du cédant. En vertu des

---

(1) C'est cette idée qu'exprime très bien la Condition I du Tarif Spécial G. V. n° 2 de la Compagnie du Nord. « Les billets d'aller et retour se composent de deux coupons. Ces deux coupons ne sont valables qu'à la condition d'être utilisés par la même personne ».

principes auxquels nous avons fait appel en traitant la
question de la sanction des Tarifs, il faut faire ici une
distinction : oui ou non le Tarif Spécial de la Compagnie
contient-il la clause d'incessibilité ? Dans le cas de l'affirmative, l'article 21 s'applique ; car il y a alors Règlement d'administration publique pris sur une question
d'exploitation commerciale (1).

Le Tarif est-il muet ? Nous croyons que le cédant ne
peut pas être traduit devant le Tribunal correctionnel (2).
Il a voyagé avec un billet valable. Mais la Compagnie
pourra lui demander d'acquitter, pour l'aller, le supplément de prix, différence entre le Tarif du billet simple et
celui du billet d'aller et retour qu'il avait pris indûment.

Les auteurs admettent en outre et la Jurisprudence
tend de plus en plus à entrer dans cette voie, que l'on
pourra poursuivre le cédant, comme complice du délit
commis par le cessionnaire. Nous avons antérieurement
envisagé cet aspect de la question des délits-contraven-
tionnels. Nous ne voulons point rappeler les contradictions de la Cour de cassation, puisque, dans notre cas
spécial, elle approuve la solution que nous adoptons.
Le cessionnaire ne commet point, en effet, une contravention uniquement personnelle ; il a fallu pour qu'elle

____

(1) Tribunal correctionnel de Pont l'Évêque, 10 novembre 1886,
Bull., 1887, p. 29; Tribunal correctionnel du Havre, 27 novembre
1886, *Bull.*, 1887, p. 31 ; Tribunal correctionnel de Pont l'Évêque,
19 septembre 1888.

(2) Nîmes, 27 juillet 1862, S. 1863.2.70, P. 1863.442.

existe, la présence d'un porteur de billet d'aller et retour, il a fallu un complice ou un coauteur (1).

B. — Pour établir la complicité il faut que le cessionnaire soit coupable d'une infraction pénale. L'est-il en
effet ? Le doute ne peut exister en présence de l'article 63
de l'ordonnance de 1846. Celui qui use d'un coupon de
retour doit être considéré comme voyageant sans billet;
puisque, nous l'avons dit, le coupon d'aller et retour forme un contrat unique passé par le cédant et la Compagnie. Le cessionnaire étant étranger à l'acte ne peut être
considéré comme voyageur. Le Ministère Public pourra
donc exercer contre le cessionnaire des poursuites ba-

(1) Sur cette question de la complicité, en matière de délits-
contraventionnels, consulter pour la négative : Bertauld, *Cours de
Code pénal*, 3ᵉ édition, p. 445, 22ᵉ leçon ; Blanche, *Étude sur le Code
pénal*, t. II, n° 70 ; Féraud-Giraud, *op. cit.*, t. III, n° 232 et 233 ; Mo-
rin, *Répertoire de Droit criminel*, Vᵒ *Contravention*, nᵒˢ 8, t. I, p. 568 ;
Le Sellyer, *Traité de la criminalité, de la pénalité, et de la responsabilité soit pénale, soit civile*, t. II, n° 357 ; Trébutien, *Cours de Droit criminel*, t. I, p. 182. Cassation, 18 janvier 1867, D. 1867.1.233, S. 1867
1.366, P. 1867.978 ; Caen, 9 mai 1877, D. 1879.2.41 ; Cassation, 7 avril
1870, D.1887.2.245, en note, S.1871.1.258, P. 1871.772 ; Rennes, 22 juin.
1887, D. *Rép. Supp.*, t. III, Vᵒ *Complicité* n° 59, p. 496, note 1.— Et pour
l'affirmative : les articles de M. Villey, Doyen de la Faculté de Caen,
cités antérieurement, Duverdy, *op. cit.*, t. II, n° 290; *Théorie du Code
pénal*, par Chauveau et Hélie, annoté par M. Villey, 6ᵉ édition, t. I,
n° 316, t. VI, n° 2723 ; Garraud, *Traité théorique et pratique du Droit
pénal*, t. II, n° 241 ; les arrêts de la Cour de cassation rapportés quelques pages avant celle-ci, et Toulouse, 24 juillet 1862, D. 1862.2.176,
S. 1863.2.8, P. 1863.560 ; Toulouse, 7 février 1889, D. 1890.2.259,
S. 1891.2.13, P. 1891.1.99 ; Paris, 7 mai 1890 (2 arrêts) D. 1891.2.33,
S. 1890.2.71, P. 1890.1.1031, *Le Droit* des 26, 27, 28 mai 1890 ; Caen,
22 mai 1890, S. 1891.2.13, P. 1891.1.100.

sées sur l'article 21 (1). Mais il ne pourrait, croyons-nous, requérir contre lui l'application de l'article 405 du Code pénal. Il n'y a point en effet ici, une escroquerie au sens légal du mot : ni emploi d'une fausse qualité pour le voyageur, ni remise d'un billet par la Compagnie à l'escroc ; le résultat et l'intention frauduleuse seuls se rencontrent.

C. — L'opération exige parfois l'intervention d'un tiers ; quelle peine pourrait-il encourir ? On a voulu appliquer contre lui la sanction de l'article 21, en vertu d'une clause de certains Tarifs ainsi formulée : «..... en conséquence l'achat et la vente du coupon de retour sont interdits » (2). De justes critiques se sont élevées contre cette interprétation donnée à un article d'un Tarif, qui, en tant que Tarif, ne peut évidemment que régir les rapports du voyageur avec la Compagnie ; or, le tiers entremetteur n'a aucune de ces qualités. Nous le reconnaissons parfaitement. Mais nous croyons qu'il ne devra pas, quand même, échapper à l'article 21 de la loi de 1845, car la Compagnie pourrait évidemment le poursuivre comme complice du cessionnaire (3).

(1) Décision ministérielle du 5 septembre 1885. Lyon-Caen et Renault, *op. cit.*, t. III, n° 796. Agen, 13 février 1879, D. 1880.2.173, S. 1881.2.111, P. 1881.584 ; Paris, 21 mai 1881, S. 1882.2.207, P. 1882. 578.

(2) Condition I du Tarif Spécial G. V. n° 2 de la Compagnie du Nord.

(3) Un arrêt de Paris du 7 mai 1890 a de plus déclaré cette opération une contravention à l'article 70 de l'ordonnance de 1846, qui interdit les opérations de vente dans les gares et dépendances des chemins de fer.

III. — La personnalité d'une carte d'abonnement ou d'une carte de circulation est évidente ; son incessibilité l'est donc au même point. La rigueur des peines édictées contre l'abonné qui a perdu sa carte et n'en a pas prévenu la Compagnie, le caractère spécial des permis de circulation appellent la sévérité des Tribunaux contre le voyageur qui cède ou prête la carte dont il est titulaire.

Nous ne croyons pas néanmoins qu'il soit possible de le poursuivre directement au correctionnel ; la seule satisfaction que pourrait obtenir la Compagnie est une réparation civile pour le dommage qui lui a été causé par l'abus du billet de faveur. Mais, nous sommes intimement persuadé que le voyageur devra être impliqué, en qualité de complice, dans le procès intenté contre le cessionnaire, détenteur illégitime de la carte.

Celui-ci, en effet, commet dans tous les cas une contravention à l'article 63 de l'ordonnance de 1846 comme voyageant sans billet (1). De plus, et, en ceci, nous sommes en parfaite conformité avec la circulaire du Ministre des Travaux Publics, en date du 22 mars 1894 et une circulaire antérieure du Ministre de la Justice, à laquelle celle-ci se réfère, le délit d'escroquerie puni par l'article 405 du Code pénal doit être relevé à l'encontre du

(1) Cassation, 6 mai 1865, D. 1865.1.200, S. 1865.1.246, P. 1865. 572 ; Paris, 15 mars 1867, S. 1867.2.139, P. 1867.575 ; Aix, 5 février 1873, D. 1874.5.81, S. 1874.2.507, P. 1874.477. Tribunal correctionnel de Toulouse, 27 décembre 1888, *Gaz. Pal.*, 1889, 1er *supp.*; 19. Tribunal correctionnel de Ruffec, 6 août 1884, *Bull.*, 1887, p. 28.

cessionnaire, si celui-ci se prévalant de la carte qu'il dé-
tient et usurpant le nom ou la qualité de son véritable
titulaire, obtenait, par ce moyen, de la Compagnie, une
réduction de tarif réservée à certaines catégories de personnes.

Maintenant que nous voici muni d'un billet valable,
nous pouvons prendre le train.

CHAPITRE TROISIÈME

OBLIGATIONS DE LA COMPAGNIE.

Est-il besoin de dire que nous n'avons nullement l'intention de précéder pas à pas le voyageur dans chacune des étapes de son voyage ; nous rechercherons avant toutes autres, nous devrions même dire, à l'exclusion de toutes autres, les obligations des parties qui se réfèrent le plus aux notions juridiques laissant, peut-être, de côté, certaines prescriptions très intéressantes mais qui nous paraîtraient plutôt des « Ordres de service » que des raisonnements de droit.

§ 1. — Ouvrir ses guichets en nombre et durant un laps de temps suffisant.

Nous n'avons point besoin d'insister longuement sur les raisons qui ont motivé cette prescription.

Il est, en effet, aisé de concevoir que les Compagnies de chemins de fer doivent mettre à la disposition des voyageurs un nombre de guichets suffisant pour prendre leur billet. Ainsi l'a jugé le Tribunal de paix de Bordeaux, le 9 septembre 1893 (1), en condamnant la Compagnie du Midi à payer une amende de 50 francs à un

(1) Bordeaux, 9 septembre 1893, S. et P. 1894.2.87.

voyageur qui, par suite de la mauvaise organisation de la gare, n'avait pu prendre le train, faute de billet.

L'article 5 du Tarif Général G. V. exige que les guichets soient ouverts 15 ou 30 minutes avant le départ des trains, suivant que la gare est plus ou moins importante ; — et prescrit qu'ils soient fermés 5 minutes avant le départ du train. Mais un voyageur, qui prouverait être arrivé avant ce délai fatal, aurait le droit de réclamer des dommages-intérêts si par suite d'un encombrement, auquel l'administration devait remédier, il avait manqué son train. Telle a été la décision du Tribunal de commerce du Havre, le 29 janvier 1884 (1).

2. — Assurer la sécurité du voyageur et répondre de son personnel.

Nous mentionnons, de suite, cette double et importante obligation des Compagnies, bien que les effets ne s'en manifestent ordinairement pas de suite. Nous nous empressons, néanmoins de l'indiquer, comme une des conséquences logiques du principe de la responsabilité contractuelle des Compagnies de chemins de fer, principe que nous établirons ultérieurement.

C'est à ce moment aussi et seulement que nous examinerons les différentes espèces juridiques qui se sont présentées à l'examen des Tribunaux pour le règlement des accidents de chemins de fer. Nous reportons donc,

____

(1) Tribunal de commerce du Havre, 29 janvier 1884, *Le Droit*, 28 février 1884. Picard, *op. cit.*, t. IV, p. 207.

à la fin de notre seconde partie (nous permettra-t-on
de ne plus le répéter), toutes les conséquences acciden-
telles des prescriptions imposées à la Compagnie et au
voyageur.

§ 3. — Laisser parvenir les voyageurs au quai de départ du train.

Cette obligation entraîne pour la Compagnie l'obligation de prévenir le voyageur de monter en temps utile
dans son train et de réparer le préjudice qui lui serait
advenu, du fait de l'oubli de cette prescription par
l'agent préposé à cet effet (1).

Notons que cette prescription risque encore moins
d'être l'objet de pareilles plaintes de la part des voyageurs, depuis qu'une circulaire ministérielle du 10 mars
1886 leur a permis d'accéder sur les quais en tous
temps.

(1) Si l'appel a été fait régulièrement (on permet qu'il soit collectif et non individuel) et en temps, le voyageur ne peut rien réclamer
à la Compagnie pour avoir manqué le train. Si on omet d'avertir
les voyageurs, ceux-ci peuvent obtenir la résiliation de leur contrat,
c'est-à-dire le remboursement du prix de leur place, et de plus des
dommages-intérêts s'ils prouvent qu'ils ont subi de ce fait un préjudice. Tribunal de commerce de la Seine du 17 juin 1869. Picard,
op. cit., t. IV, p. 208. Des circulaires ministérielles des 6 novembre
1858 et 16 avril 1859 exigent de faire partir les voyageurs oubliés,
par le premier train en partance pour la destination qu'ils désiraient
atteindre, dût-on même, pour cela, les faire monter dans une voiture
d'une classe supérieure à celle qu'ils avaient choisie.

§ 4. — Assurer une place à chacun des voyageurs.

Cette obligation comprend deux chefs principaux. Elle entraîne, pour la Compagnie de chemins de fer, le devoir d'offrir aux voyageurs un nombre de places suffisant, — et d'assurer à chacun d'eux la jouissance de celle qu'il a choisie.— Nous étudierons, en troisième lieu, les conséquences qui découlent du droit reconnu aux Compagnies de réserver certaines places en faveur du public, ou pour des nécessités de service.

SECTION I. — Avoir des places en nombre suffisant.

Cette prescription sera presque toujours réalisée sans peine. M. Picard (1) a établi que pour une année, l'année 1884, par exemple, le rapport des places occupées aux places offertes a été de 19,7 0/0. — Néanmoins, il peut arriver que la Compagnie, afin d'économiser son matériel, mette trop peu de voitures dans un train ; ou bien que par suite d'une cérémonie quelconque, l'affluence des voyageurs soit plus grande que de coutume. Voici donc des hypothèses dans lesquelles le nombre des places proposées par la Compagnie pourrait être insuffisant. Quels sont, en cette occurrence, les droits des parties en cause ?

(1) Picard, *op. cit.*, t. III, p. 298.

L'article 43 du Cahier des charges établit, à cet égard, les devoirs de la Compagnie. Cet article décide que : « A moins d'autorisation spéciale et révocable de l'administration, tout train régulier de voyageurs devra contenir des voitures de toute classe en nombre suffisant pour toutes les personnes qui se présenteraient dans les bureaux du chemin de fer ». L'article 17 de l'ordonnance de 1846 reproduit cette obligation, à laquelle l'article 18 apporte cette très juste limitation. Le paragraphe 6 de cet article s'exprime ainsi : « Un train de voyageurs ne pourra se composer de plus de vingt-quatre voitures à quatre roues. S'il entre des voitures à six roues dans la composition du convoi, le maximum du nombre de voitures sera déterminé par le Ministre » (1).

Voici les deux termes des obligations qui incombent à la Compagnie. — Les obligations du voyageur découleront des limitations reconnues à celles de la Compagnie.

Un train s'arrête dans une station, les voyageurs se précipitent vers les portières en quête d'une place ; mais tous ne parviennent pas à en trouver. De quelle

---

(1) L'article 43 du Cahier des charges permet que dans ce nombre de vingt-quatre, la Compagnie mette des voitures de luxe, sans pourtant que le nombre des places à donner dans les compartiments, ne puisse dépasser le cinquième du nombre total des places du train. — On comprend aussi dans ce chiffre les voitures de poste, les compartiments réservés pour le service et pour certains voyageurs : dames seules, fumeurs. Picard, III, *op. cit.*, p. 374 ; Féraud-Giraud, *op. cit.*, t. III, n° 370. Montpellier, 27 novembre 1854, D. 1855.2.125 ; Cassation, 22 août 1854, D. 1854.1.214, S. 1854.1. 503, P. 1855.2.142 ; Tribunal de Bourges, 12 janvier 1882. *Bull.*, 1884, p. 24.

manière pourra se traduire leur réclamation contre la Compagnie.

I

Leur première démarche sera de demander au chef de gare de vouloir bien ajouter une voiture au train. Cet agent de la Compagnie sera en droit de ne pas obtempérer au désir des voyageurs s'il peut invoquer, pour légitimer le manque de places : ou bien la limite assignée au nombre des voitures par l'article 18 de l'ordonnance de 1846, ou bien l'autorisation du Ministre des Travaux Publics, ou bien encore un cas de force majeure. Bien entendu ne seraient pas considérés comme tels : l'absence de matériel à la station à laquelle les voyageurs n'ont pu trouver place, la vitesse excessive des trains mettant les Compagnies dans l'obligation de diminuer le nombre des voitures, etc.

Supposons tout d'abord que le chef de gare refuse ou se trouve dans l'impossibilité de satisfaire à la requête du voyageur, sans pouvoir alléguer une excuse de force majeure; il y aura lieu, dans ce cas, à l'application de l'article 21 de la loi de 1845 (1). Le voyageur, de son

(1) L'article 17 est un de ceux contre lesquels la Compagnie a le plus violemment protesté, comme se référant à l'exploitation commerciale. Nous avons dit antérieurement que les réclamations de la Compagnie étaient mal fondées et nous le répétons plus spécialement, à propos de l'article 17, avec MM. Sourdat, *op. cit.*, t. II, n° 1059 ; Cotelle, *op. cit.*, t. IV, p. 254 ; Picard, *op. cit.*, t. III, p. 375 ; Aucoc, *op. cit.*, t. III, n° 1512 ; et la Jurisprudence : Colmar, 25 février 1848, D. 1848.2.124 ; Cassation, 22 avril 1854, P. 1855.2.142, etc.

L'agent responsable est, dans ce cas, le Directeur de l'exploitation

côté, pourra demander à la Compagnie le remboursement du prix de son billet ; et assigner en outre celle-ci
en dommages-intérêts, s'il parvient à établir le préjudice
que lui a causé l'inexécution de l'une des obligations du
contrat.

II

L'hypothèse inverse se présente-t-elle ; comment
sauvegarder les droits du voyageur, lorsque la Compagnie alléguera un motif valable pour expliquer l'insuffisance de places ? Le voyageur pourrait-il de ce chef
réclamer des dommages-intérêts contre la Compagnie ?
Non, car celle-ci lui répliquerait à bon droit qu'elle avait
posé tous les actes qui dépendaient de son initiative
pour que le contrat fut exécuté.

Mais nous croyons que le voyageur serait fondé à réclamer à la Compagnie le remboursement du prix de
son billet. Sans doute, dira-t-il à la Compagnie, vous
avez été dans l'impossibilité d'exécuter le contrat que
vous aviez passé avec moi, aussi je ne vous incrimine
pas du fait de votre mauvais vouloir. Mais l'acte que
nous avions conclu me donnait le droit de prendre le
train dans lequel je n'ai pu trouver place, le convoi suivant me ferait parvenir à ma destination, trop tard pour
l'affaire que j'avais à conclure, ou simplement au gré de
mes désirs ; brisons-là ! Rétablissons les choses dans

qui seul a le droit de disposer du matériel. Sourdat, *op. cit.*, t. II,
nº 1059 ; Cotelle, *op. cit.*, t. IV, p. 254.

l'état primitif, comme si vous ne m'aviez pas fait de proposition, et comme si je ne l'avais pas acceptée.

Comme corollaire de ce droit reconnu au voyageur, la Compagnie pourrait refuser de distribuer des billets à l'une de ses gares (1), si elle avait connaissance, au préalable, de l'impossibilité dans laquelle elle se trouverait d'exécuter son obligation.

III

On éviterait ces désagréments en permettant au voyageur d'exiger des Compagnies la formation d'un train supplémentaire, si le cas était anormal et imprévu (2). La Compagnie pourrait, croyons-nous, se retrancher derrière les conditions de matériel, de bonne organisation, de sécurité, et refuser cette faveur ; car, il y a, en effet, faveur et non obligation, ou pour employer une expression, qui froisse moins un voyageur éconduit, obligation morale et non obligation juridique. La Compagnie avait, en effet, promis qu'à telle heure, partirait, pour une destination déterminée, un train composé de tant de voitures. Elle s'est conformée à chacun des termes de son contrat, nous le supposons, les Tribunaux

______

(1) Rebel et Juge, *Traité théorique et pratique de la législation et de la jurisprudence des chemins de fer*, nº 480.

(2) Nous réservons ainsi l'éventualité d'une répétition habituelle ou fréquente de ce fait préjudiciable. Une demande en dommages-intérêts pourrait, croyons-nous, trouver sa justification dans l'incurie que les Compagnies mettraient à ne point modifier un horaire défectueux,

ne pourraient donc la forcer à exécuter une obligation de faire qui n'existe plus.

Et d'ailleurs, auraient-ils cette puissance, au cas même où la Compagnie serait en faute ? Nous ne le croyons pas. Aucun article du Code ne permet, en effet, à un créancier de contraindre son débiteur à réaliser l'obligation qui lui était imposée. L'article 1144 du Code civil est le seul qui fasse allusion à l'inertie du débiteur, et que décide-t-il ? « Le créancier peut aussi, en cas d'inexécution, être autorisé à faire exécuter lui-même l'obligation aux dépens du débiteur ». La condition imposée à l'exercice du droit reconnu au créancier est qu'il puisse, lui-même, exécuter l'obligation du débiteur. Or, cette condition *sine quâ non* ne pourra évidemment pas être remplie en matière de chemins de fer.

IV

Dans le même ordre d'idées, une autre situation pourrait également se présenter : celle où un voyageur d'une classe déterminée ne trouverait plus de place, alors que des compartiments d'une classe supérieure ou inférieure en contiendraient de vacantes (1). L'article 17 de l'or-

----

(1) Notons, en passant, qu'aucune prescription n'enjoint aux Compagnies de placer dans un seul compartiment les membres d'une famille ; et que leur réclamation motivée par la séparation qui leur a été imposée n'aurait aucune chance de succès devant la justice. *Sic* : Picard, *op. cit.*, t. III, p. 376 ; Palaa, *Dictionnaire législatif et réglementaire des chemins de fer*, 3ᵉ édition, t. II, Vᵒ *Retard* ; Féraud-Giraud, *op. cit.*, t. III, nᵒ 133 ; Bédarride, *op. cit.*, t. I, nᵒ 202. Une

donn ance de 1846 n'exige pas seulement, en effet, que le train se compose d'un certain nombre de voitures, il veut, en outre, que le convoi comprenne des compartiments de chaque classe (1), en nombre suffisant (2).

La question spéciale qui se pose ici est celle de savoir si la Compagnie ne pourrait satisfaire à ses engagements, en faisant monter les voyageurs dans une classe différente de celle à laquelle leur billet leur donne droit. Constatons d'abord que la Compagnie n'échappera pas à la sanction pénale de l'article 21 de la loi de 1845, quelque soit le parti qu'elle prenne à cet égard, elle aura enfreint l'article 17 de l'ordonnance de 1846 (3).

Quelles seront en outre les conséquences civiles de l'inexécution des obligations de la Compagnie à l'égard des voyageurs ?

Un premier point à établir, c'est que la Compagnie ne pourra pas exiger d'eux (4) qu'ils montent dans une

dépêche ministérielle du 21 octobre 1856 ne prescrit en aucune façon cette mesure aux Compagnies.

(1) Des Circulaires ministérielles, et notamment celles du 1ᵉʳ février 1864 et du 18 avril 1865 ont permis de lancer sur les longs parcours des trains qui ne contiendraient pas toutes les classes, pourvu que, dans la journée, il y en ait un nombre suffisant qui les contiendraient toutes.

(2) Rebel et Juge, *op. cit.*, nᵒ 368.

(3) La Cour de cassation le 22 février 1854, le Juge de paix du 8ᵉ arrondissement de Paris, le 22 février 1878, le décident pour le voyageur de 1ʳᵉ classe qui avait consenti à monter en 2ᵉ. — Les Cours de Colmar, 20 février 1848, et Grenoble, 2 août 1870, pour des voyageurs qu'on avait invités à monter en 1ʳᵉ.

(4) Cette règle n'est pas applicable aux abonnés. Les Tarifs Spéciaux des abonnements portent généralement que l'abonné n'a rien à récla-

voiture d'une classe inférieure à celle que porte leur billet. S'ils y consentaient ce ne pourrait être qu'après
avoir obtenu le remboursement de la différence entre le
prix des deux places.

Aussi est-ce l'hypothèse la moins fréquente. Après
un très rapide examen, le voyageur de 2e classe préfè-
rera de suite monter en 1re. Il ne le pourra néanmoins,
qu'après avoir fait constater par les agents qu'il n'y a plus
de places en 2e ; sinon, il sera passible de l'article 21 de
la loi de 1845, en vertu de l'article 63 de l'ordonnance
de 1846, comme « s'étant placé dans une voiture d'une
autre classe que celle qui est indiquée par le billet ».
Ainsi l'a décidé le Tribunal de commerce de Perpignan
le 10 août 1888 (1).

Qu'arrivera-t-il au cas où la Compagnie lui permettra
de monter en 1re classe ; et notamment, ses compagnons
de voyage ne pourront-ils pas réclamer une indemnité
du fait de sa présence (2)? Il est vrai qu'ils pourraient

mer s'il est obligé de voyager dans une classe inférieure à celle à
laquelle sa carte lui donnait droit.

(1) Perpignan, 10 août 1888, *Gaz. Pal.*, 1889, 1er *Supp.* 40. — Nous n'ac-
ceptons point, sans contrôle, cette décision judiciaire, et nous croyons
qu'il faudrait la rapprocher de la solution que nous avons antérieurement donnée à l'égard des voyageurs sans billet ; ces deux situations n'étant que les aspects divers de la théorie des délits contraventionnels, que nous rejetons maintenant comme auparavant.

(2) La même question se pose dans d'autres situations : notamment lorsqu'en exécution des circulaires ministérielles du 6 novembre 1858 et du 15 avril 1859, la Compagnie fait partir par le premier
train, en faisant monter dans une classe supérieure, s'il en est
besoin, les voyageurs oubliés dans les salles d'attente par suite d'ir-
régularité dans le service ou de manque de correspondance.

alléguer qu'ils avaient payé un prix correspondant à un milieu social qu'ils ne rencontrent pas. Mais les Compagnies leur répondraient qu'ils n'ont aucun droit de contrôle sur les billets de leurs voisins (1).

V

Les Compagnies ne pourraient-elles pas essayer de satisfaire les désirs d'une affluence inusitée de voyageurs, en introduisant dans les voitures plus de personnes que ne le comporte le nombre de places indiqué conformément à l'article 14 de l'ordonnance de 1846 ? L'article 64 de la même ordonnance répond formellement : non.

L'inobservation de cette règle par une Compagnie l'exposerait à une demande en dommages-intérêts de la part des voyageurs lésés par ce surcroît de personnes imposé, — aux sanctions pénales de l'article 21 de la loi de 1845, — et à la responsabilité qui pourrait lui incomber du fait de la surcharge de la voiture (2).

SECTION II. — Garantir au voyageur la jouissance de la place qu'il a choisie.

Le droit pour le voyageur d'occuper une place découle du louage de choses, dont nous avons antérieurement reconnu l'existence, dans le contrat de transport des

(1) Picard, *op. cit.* t. III, p. 376.
(2) Cassation, 9 août 1837, D. 1840.1.353, S. 1837.1.813, Riom, 9 mars 1851, D. 1852.2.76.

voyageurs. Ce sont les conséquences que nous allons en déduire.

Le droit à une place comporte celui de la conserver jusqu'à l'arrivée à sa destination.

Il entraîne aussi, en vertu de l'article 1719-3° (1), celui d'en jouir librement jusqu'à la fin du contrat (2), et par conséquent, si un voyageur descend pendant un arrêt du train, et manifeste, par un signe visible, marquant la place qu'il avait choisie, l'intention de la reprendre, aucun autre voyageur ne pourra venir l'occuper. Comme sanction de cette obligation, le chef de gare (3) et les employés (4) devront assurer leur concours au voyageur indûment dépossédé, pour faire partir la personne qui aurait pris sa place.

La Compagnie est également tenue, comme tout bailleur de conserver la place qu'elle loue en état de servir pour son usage pendant toute la durée du bail, et, par

______

(1) Nous appliquons ici les règles de l'article 1719, bien que cet article se trouve dans la section du Code civil qui traite des règles du louage d'immeuble. Nous croyons pouvoir le faire, sans être critiqué à ce sujet, car on admet généralement que le louage de choses mobilières doit être régi, à moins de texte contraire, par les principes du louage d'immeubles. *Sic* : Aubry et Rau, *op. cit.*, t. IV, § 362 ; Guillouard, *Traité du contrat de louage*, t. II, n° 671 ; Laurent, *Principes de Droit civil français*, t. XXV, n° 96 ; Fenet, *Recueil complet des travaux préparatoires du Code civil*, t. XIV, p. 322.

(2) Troplong, *op. cit.*, t. I, n°s 175 et 196 ; Duvergier, t. II, n° 242.

(3) Féraud-Giraud, *op. cit.*, t. III, n° 136.

(4) Une dépêche ministérielle du 30 septembre 1869 (Palaa, *op. cit.*, p. 1102) et une circulaire ministérielle du 17 mai 1889 (*Bull.*, 1889) rappellent aux agents leurs devoirs stricts à cet égard.

conséquent, un accident de chemins de fer en la détériorant, ou en mettant le voyageur dans l'impossibilité d'en jouir, légitime de la part de la personne lésée, une demande en dommages-intérêts contre la Compagnie.

SECTION III. — Compartiments réservés.

Les Compagnies de chemins de fer sont obligées, en vertu de l'article 32 du Cahier des charges, de « réserver un compartiment de chaque classe aux femmes voyageant seules » (1). Des circulaires ministérielles du 9 mars et du 5 octobre 1863 ont rappelé ce devoir aux Compagnies ; la première en exigeait l'exécution pour les 1re et 2e classes ; la deuxième en étendait l'application aux voyageurs de 3e classe, mais permettait par contre aux Compagnies, pour les unes et pour les autres, de ne se conformer à cette prescription, que dans les trains de parcours entier, sur les lignes principales.

Aussi, afin que cette faveur ne se retourne pas contre les voyageuses elles-mêmes, les Compagnies ont été obligées d'indiquer sur leurs Ordres de marche, les trains dans lesquels elles leur réserveront un compartiment.

Qu'arrivera-t-il lorsqu'une personne, comptant sur cette faveur, est déçue dans son attente ? Réclamer et

(1) Des avis ministériels des 10 octobre 1860 et 3 juillet 1861 ont prescrit la même mesure en Belgique.

tâcher d'obtenir du chef de gare l'accomplissement de
la clause du Cahier des charges est son droit. Devant
un refus ou une impossibilité formels de la part de la
Compagnie, nous croyons qu'elle serait fondée à intenter
une demande en dommages-intérêts basée sur le préjudice par elle souffert du fait de l'obligation de monter
dans un autre compartiment.

Pourra-t-on appliquer les pénalités de l'article 21
de la loi de 1845 contre l'employé de la Compagnie
qui aurait refusé d'obtempérer au désir de cette personne? Faisons appel, pour la solution de cette question, aux règles que nous avons posées pour l'application
de cet article.

Sans aucun doute, si la Compagnie n'était obligée de
réserver certains de ses compartiments, qu'en vertu de
l'article 32 du Cahier des charges, cette prescription
serait insuffisante pour légitimer la sanction édictée par
l'article 21.

Mais il y a désaccord entre les auteurs et la Jurisprudence, lorsque l'administration, usant du droit qui lui
est reconnu par le Cahier des charges, exige de la Compagnie l'accomplissement de son obligation. M. Féraud-
Giraud (1) reconnaissant dans l'hypothèse qui nous est
présentée les conditions exigées pour l'application de
la loi de 1845, savoir: un Règlement d'administration
publique, première condition; sur la police et l'exploi-

____

(1) Féraud-Giraud, op. cit., t. III, n° 135.

tation des chemins de fer, seconde condition (1), s'élève très justement contre l'arrêt de la Cour de cassation, du 2 mai 1873 (2), qui avait refusé d'appuyer d'une sanction pénale l'inobservation de l'Arrêté ministériel.

Cet arrêt, et M. Aucoc qui l'approuve, s'appuient uniquement pour contester le champ d'application de la loi de 1845 sur ce que les Circulaires de l'administration n'ont pas le caractère de Règlements, n'étant, en dernière analyse, qu'une « invitation adressée par le Ministre aux Compagnies de se conformer à cette clause (3) ». Resterait la question de savoir si les invitations de l'administration ne portent point chacune au verso une sanction pénale ?

Afin d'assurer l'application de l'article 32 du Cahier des charges, afin, également, d'éviter à cet égard, tout conflit possible entre les voyageurs, des Arrêtés ministériels exigent qu'une plaque posée à l'extérieur indique

(1) M. Féraud-Giraud croit pouvoir appuyer son argumentation d'une considération d'analogie que nous nous permettrons de critiquer. Comment expliquer cette anomalie, dit cet auteur, « le chef de gare n'a pas commis une contravention parce qu'il n'a pas réservé un compartiment aux femmes seules, alors que cette réserve devait avoir lieu d'après les prescriptions de l'administration. Mais il en aura commis une parce qu'il a enlevé la plaque indiquant qu'il y avait eu un compartiment réservé ». En logique pure, nous reconnaissons qu'il y aurait contradiction évidente entre ces deux aspects de la même question ; elle pourrait ne pas exister en droit pénal, car en cette matière le principe est bien connu : il n'y a pas de sanction possible sans texte formel, et il pourrait en exister un dans le second cas, sans qu'il y en ait un dans le premier.

(2) Cassation, 2 mai 1873, S. 1873.1.342, D. 1873.1.173.

(3) Aucoc, *op. cit* , 2ᵉ édition, t. IV, n° 1512, p. 680.

le compartiment qui a été réservé par l'administration pour les *Dames seules*. La même formalité est exigée pour tous les autres compartiments réservés à des usages spéciaux : *Postes, Loué*, ou simplement, *Réservé*.

L'article 1er de l'arrêté ministériel du 1er mars 1861 formule à cet égard une règle générale ; et le même arrêté contient un autre article, l'article 4, qui place la sanction à côté de la prescription. Les infractions aux prescriptions de cet arrêté, y est-il dit, sont punissables de l'article 21 de la loi de 1845. Ici donc, pas de doute. Par conséquent un chef de gare pourrait être puni à bon droit pour avoir enlevé une de ces plaques indicatrices, alors même qu'il invoquerait pour sa défense, l'impossibilité de trouver d'autre place, fait dont il n'est point responsable (1).

§ 5. — Assurer la circulation des trains conformément à l'horaire établi.

I

Nous venons d'employer une expression qu'il faut tout d'abord préciser : Horaire.

Les Compagnies ne peuvent déterminer, à leur guise (2), la marche, la vitesse, les arrêts des trains ; la sûreté de la circulation, les besoins du public (3) exigent

____

(1) Picard, *op. cit.*, t. III, p. 386.

(2) Le rapport de M. Dumon, Ministre des Travaux Publics, accompagnant l'ordonnance de 1846 est explicite sur l'obligation qui incombe aux Compagnies d'assurer un service régulier.

(3) Les principaux documents qui fixent les délais sont : art. 50,

un contrôle. C'est le Ministre des Travaux Publics qui l'exerce souverainement avec le concours des inspecteurs généraux du contrôle et des Préfets (1). Quinze jours au moins avant sa mise à exécution, l'horaire établi par les Compagnies (2) est soumis à ces autorités, qui peuvent exiger des modifications réclamées pour l'exécution des conventions (3) et la sécurité de la circulation. Ainsi le décide l'article 43 de l'ordonnance de 1846.

Ce même article prescrit également aux Compagnies de « placer dans les stations des affiches qui feront connaître au public les heures de départ des convois ordinaires, les stations qu'ils doivent desservir, les heures auxquelles ils doivent arriver à chacune des stations et en partir » (4).

II

Cette publicité entraîne pour les parties en cause l'obligation de se conformer à l'horaire.

La situation n'offre point de difficulté pour le voya-

ordonnance de 1846 ; art. 49, Cahier des charges ; circulaire ministérielle, 15 avril 1859, remplacée pas l'arrêté ministériel du 12 juin 1866, modifié par les arrêtés du 25 mars 1877 et du 6 décembre 1878.

(1) Circulaire ministérielle du 25 février 1886.

(2) Sourdat, *op. cit.*, n° 1061 ; Cotelle, *op. cit.*, t. IV, n° 278.

(3) D'après la convention de 1883, le nombre minimum des trains est fixé à trois dans chaque sens. Sur les lignes concédées, l'Etat peut exiger un train par 3000 fr. de recette kilométrique locale, calculée d'après les produits des voyageurs et des marchandises circulant sur les lignes à provenance ou à destination de leurs gares.

(4) Rebel et Juge, *op. cit.*, n° 463.

geur ; elle est plus intéressante à l'égard de la Compagnie.

La Compagnie voit, en effet, s'ajouter au caractère général du contrat de transport qui est une obligation de faire, une autre obligation plus spéciale de temps pendant lequel elle devra accomplir le trajet que le voyageur sollicite (1). Elle sera tenue notamment : en premier lieu, de faire partir un train à l'heure indiquée, et, en second lieu, de le faire parvenir à l'heure annoncée.

III. — *Le retard.*

Et par conséquent, le seul (2) fait de retard entraîne en vertu de l'article 1147 du Code civil une inexécution de son obligation (3).

A. — Donc la Compagnie sera déclarée responsable à moins qu'elle ne puisse invoquer à sa décharge un cas

______

(1) Sourdat, *op. cit.*, t. II, nᵒ 1061 ; Féraud-Giraud, *op. cit.*, t. II, nᵒˢ 371 et s. ; Cassation, 10 février 1868, D. 1868.1.199, P. 1868.291, S. 1868.1.127 ; Cassation, 28 mars 1870, D. 1871.1.59. Tribunal de commerce de Pontivy, 29 août 1868, *Bull.*, 1869, p. 53.

(2) Art. 1146, C. civ.

(3) Il est nécessaire ici de bien peser chacun des mots. Nous disons simplement que le retard fera ressortir l'inexécution d'une obligation spéciale, celle d'exactitude ; mais nous ne prétendons point que le retard doive entraîner la rupture du contrat lui-même pour inexécution d'une de ses obligations essentielles. En d'autres termes, dans notre droit français, nous considérons le temps imparti pour accomplir le trajet comme une des modalités du contrat, à l'inverse de la théorie allemande des *Fixgeschäfte* ou affaires à jour fixe qui doivent être considérées comme non avenues si l'exécution n'intervient pas au jour dit. *Code de commerce allemand*, article 357 ; Endemann *Handelsrecht*, § 121, note 10 et § 136, note 49 ; Brinz, *Pandeckten*, § 279, note 3.

fortuit ou de force majeure (1) (art. 1148, C. civ.),
pourvu, bien entendu, que ces faits ne soient pas eux-
mêmes accompagnés d'une autre circonstance dont la
Compagnie pourrait être déclarée responsable (2). Nous
ne rangeons pas le moins du monde parmi les cas de
force majeure pouvant entraîner l'immunité de la Compagnie de chemins de fer « les retards fréquents et mi-
nimes qui se produisent inévitablement » ; et nous
protestons contre un jugement du Tribunal civil de Lyon
du 5 février 1890 (3) qui a admis cette prétention. A
quoi servirait donc l'horaire s'il n'était jamais appliqué ?

L'article 97 du Code de commerce exige que les causes
d'exonération alléguées par les Compagnies pour expliquer leur retard soient légalement constatées. Certains
auteurs, entre autres MM. Sarrut (4), Duverdy (5) et
Féraud-Giraud (6), estiment que, malgré le texte formel
du Code, les tribunaux doivent reconnaître comme
excuse valable de justification toute autre circonstance

(1) Lyon-Caen et Renault, *op. cit.*, t. III, n° 603 ; Féraud-Giraud,
op. cit., t. III, n° 382 ; Cassation, 10 février 1868, D. 1868.1.199, P.
1868.291, S. 1868.1.127 ; 5 mai 1869, D. 1869.1.252 ; 5 mai 1874, D.
1876.1.249 ; 21 décembre 1874, D. 1875.1.304.

(2) Il est évident par exemple que la Compagnie serait responsable
si, connaissant un retard survenu par un cas de force majeure, elle
n'en avait point prévenu le voyageur, au moment où il prenait son
billet. Féraud-Giraud, *op. cit.*, t. III, n° 381 ; Cassation, 26 juin 1872,
D. 1873 1.143, S. 1872.1.302, P. 1872.733.

(3) Lyon, 5 février 1890, *Le Droit*, 25 avril 1890.

(4) Sarrut, *op. cit.*, n° 773.

(5) Duverdy, *op. cit.*, n° 42.

(6) Féraud-Giraud, *op. cit.*, t. II, n° 864.

qui leur semblera suffisante. La Cour de cassation, le 5 mai 1858 (1), avait décidé le contraire. Nous croyons, avec MM. Lyon-Caen et Renault (2), qu'elle a bien jugé. Nous ferons d'ailleurs remarquer que dans bien des cas la cause d'un retard considérable étant celle d'un accident aura motivé une enquête administrative et assuré l'exécution du Code (3).

B. — Le retard d'un train engage la responsabilité de la Compagnie. Donnera-t-il toujours droit à une indemnité ? En d'autres termes, le fait du retard qui établit, à lui seul, l'inexécution du contrat, suffira-t-il, à lui seul, pour légitimer une demande en dommages-intérêts ? Nous ne le pensons pas, et nous estimons que le voyageur devra justifier, en outre, d'un préjudice occasionné par ce retard (4). Sans doute les articles 1147 du Code civil, 104 du Code de commerce paraissent faire dé-

(1) Cassation, 5 mai 1858, D. 1858.1.212.

(2) Lyon-Caen et Renault, *op. cit.*, t. III, n° 603.

(3) A cet égard, il faut se garder de confondre les preuves légales exigées par l'article 97, C. com., avec la constatation des retards imposée par le Ministre dans certaines gares sur des points spéciaux et qui ont pour effet d'éviter les accidents pouvant se produire à la suite des dérangements de service qu'ils entraînent, et de faire rechercher les causes qui auraient pu amener une fréquence trop inquiétante. Picard, *op. cit.*, t III, n°s 431, 432. Féraud-Giraud, *op. cit.*, t. III, n°s 374, 375.

(4) Sourdat, *op. cit.*, t. II, n° 1061 ; Féraud-Giraud, *op. cit.*, t. III, n° 380 ; Picard, *op. cit.*, t. IV, p. 214. Tribunal de commerce de Poitiers, 16 décembre 1878. *Bull.*, 1881, p. 86. Lyon, 26 mars 1884, D. 1885.2.71. Cassation, 28 août 1867, D. 1868.1.30 décide en outre que le seul fait du retard ne peut pas entraîner une réduction du prix du transport.

couler l'obligation aux dommages-intérêts de la seule constatation du retard. Mais, si l'on se reporte à l'article 1149 qui établit le montant des indemnités, on se persuade aisément que la condition d'un préjudice causé est essentielle pour intenter une action.

Les dommages-intérêts, dit l'article 1149, sont, « en général, de la perte que le créancier a faite et du gain dont il a été privé » ; pourvu, ajoute l'article 1150, qu'ils aient pu être prévus lors du contrat, sauf le cas de dol du voiturier.

L'indemnité demandée aux Compagnies comprendra les frais de retard, de séjour. Quelques-uns même y font entrer la perte d'une affaire importante que le retard aurait empêché de conclure (1) ; certains Tribunaux (2) n'ont pas accordé au voyageur cette faveur très étendue, la considérant comme une conséquence éloignée, indirecte et imprévue, c'est le *damnum remotum* de Dumoulin ; nous croyons qu'il serait de toute nécessité de bien établir la corrélation du préjudice. Mais l'action intentée par un voyageur serait recevable, alors même qu'il n'aurait point fait connaître à l'avance sa qualité particulière et le motif qui l'obligeait d'arriver exactement à destination (3).

______

(1) Tribunal de commerce de la Seine, 9 août 1864, D. 1864.3.123 ; Dijon, 20 novembre 1866, D. 1866.2.245 ; Cassation, 28 mars 1871, D. 1871.1.59.

(2) Douai, tribunal de commerce, 2 décembre 1864, *Jurisprudence de la cour de Douai*, 1864, p. 378.

(3) Féraud-Giraud, *op. cit.*, t. III, n° 972 ; Dijon, 6 juillet 1859,

C. — La question des retards peut faire l'objet de clauses spéciales qui augmentent ou diminuent la responsabilité des Compagnies de transports. Pour les unes et pour les autres, il est un principe spécial à poser : faisant corps avec un Tarif, elles doivent suivre les règles de tout Tarif en général, et, par conséquent, toute convention passée entre un particulier et une Compagnie de chemins de fer, sans avoir été expressément prévue et autorisée par les articles d'un Tarif Général ou Spécial, est nulle (1) ; et sa nullité pourra être déclarée, au profit des parties intéressées, devant les Tribunaux judiciaires. Au contraire toute convention qui a été régulièrement homologuée par le Ministre des Travaux Publics doit être appliquée ; son illégalité ne pourrait alors être soulevée que devant l'administration.

Quelles sont les clauses spéciales auxquelles nous faisons allusion ? Ce sont principalement : la stipulation d'un forfait au profit des voyageurs par le seul fait du retard, et au profit des Compagnies la clause de non responsabilité.

La clause forfaitaire n'est employée en France (2) que

S. 1860.2.45, D. 1859.2.202, P. 1860.750 ; Bordeaux, 9 avril 1861, S. 1862.2.359, D. 1861.2.229, P. 1862.781.

(1) Il est notamment tout à fait interdit de déroger à l'horaire, par des conventions particulières ; Féraud-Giraud, *op. cit.*, t. I, n° 283, t. III, n° 454 : Duverdy, *op. cit.*, n°s 79 *ter* et 91 ; Ruben de Couder, *Dictionnaire de Droit commercial*, V° *Chemin de fer*, n° 47 ; Sarrut, *op. cit.*, n° 529, Picard, *op. cit.*, t. IV, p. 642 ; Bédarride, *op. cit.*, t. II, n° 73 ; Cassation, 5 mai 1869, D. 1869.1.274, etc.

(2) Les articles 4 à 7 de la loi Suisse du 20 mai 1875, l'article 5

pour les marchandises ; nous ne nous étendrons donc point longuement à son sujet.

Les Compagnies acceptèrent d'abord la convention ; mais, en 1859, elles refusèrent d'y souscrire. La Cour de cassation leur donna raison. Son arrêt, du 27 janvier 1862 (1), fixa les droits des parties en cause et décida que cette convention devait être soumise au régime de liberté des contrats en général et que, à défaut de cette stipulation spéciale, l'expéditeur ou le destinataire ne pourraient réclamer une indemnité, qu'en établissant un préjudice.

Mais une clause forfaitaire ne vise-t-elle que le fait de l'arrivée tardive ? En d'autres termes, l'expéditeur, qui l'aurait signée, pourrait-il réclamer une indemnité supplémentaire du chef d'un préjudice occasionné par un retard ? Certains auteurs (2) le pensent. La Cour de cassation, notamment dans un arrêt du 13 août 1884 (3), n'a pas admis cette prétention ; elle décida, en outre, que la stipulation à forfait, seule exigible au cas de faute de la Compagnie, serait insuffisante pour réparer le dommage causé par suite de dol ou de fraude.

Les clauses de non responsabilité pour retard sont

de l'arrêté ministériel du 25 janvier 1867, en Belgique, permettent aux Compagnies de chemins de fer de faire signer aux voyageurs une diminution de responsabilité pour le cas de retard non imputable à une faute lourde ou un dol.

(1) Cassation, 27 janvier 1862, D. 1862.1.67.

(2) Féraud-Giraud, *op. cit.*, t. I, n⁰ 334 ; Duverdy, *op. cit.*, n⁰ 89 ; Sarrut, *op. cit.*, n° 666.

(3) Cassation, 13 août 1884, D. 1885.1.78.

plus usuelles, partant plus intéressantes. Nous les avons rencontrées, notamment comme condition des Tarifs d'abonnement.

Cet échange de sacrifices et de faveurs entre le voyageur et la Compagnie produit ce résultat. On a pu contester à un voiturier en général la légitimité d'une clause restrictive de la responsabilité en cas de retard, prétendant que ce serait assurer une prime à sa négligence. Mais on n'a pu élever un pareil reproche contre la clause de la non-responsabilité, au cas de retard, insérée dans un Tarif Spécial de chemins de fer pour les abonnements, précisément à cause de cette idée à laquelle nous faisions antérieurement allusion et à laquelle venaient s'ajouter les considérations suivantes : que le voyageur est libre de prendre le Tarif avec ou sans garantie, et que les Tarifs, en général, devant être homologués par le Ministre, sont réputés ne contenir aucune clause contraire à l'intérêt du voyageur.

La considération de l'homologation ministérielle, et les conséquences qu'elle engendre au point de vue de la publicité, la signature que sera généralement obligé de donner le voyageur, en acceptant un Tarif Spécial, ne laissent aucun doute sur la question de savoir si oui ou non les voyageurs ont connu les clauses du Tarif Spécial dont ils demandaient le bénéfice, et si, par conséquent, ils sont forcés de s'y soumettre (1).

---

(1) Voici, à cet égard, les solutions de quelques-uns des auteurs qui ont envisagé la question de savoir si la mention de non respon-

La clause de non-responsabilité pour le retard n'empêche pas la Compagnie d'être responsable au cas de faute délictuelle de sa part (1). C'est au cas seulement de faute contractuelle que la responsabilité contractuelle peut être écartée par une clause formelle ; et encore faut-il que cette faute ne puisse être assimilée au dol.

D. — La Jurisprudence a eu à examiner, à propos du retard survenu dans la marche des trains, deux questions sur lesquelles nous nous sommes déjà prononcé, peut-être n'aurons-nous qu'à nous référer à nos décisions antérieures.

La Compagnie, prévoyant un retard considérable, dû à un cas de force majeure, peut-elle interrompre la distribution des billets ? Nous le croyons. La Compagnie assignée en dommages-intérêts, avait, dirait-elle, contracté l'obligation de se conformer à l'horaire qu'elle avait elle-même tracé ; mais ses obligations cessent avec la possibilité de les réaliser. Ce qui nous porte d'autant plus à accorder ce droit à la Compagnie, c'est la décision que la Cour de cassation a rendue à la

sabilité au dos d'un bulletin de bagage engageait le voyageur. MM. Sourdat, *op. cit.*, n° 1010, Pardessus, *op. cit.* t. II, n° 554, Féraud-Giraud, *op. cit.*, t. II, n° 454 déclarent qu'elle est nulle ; — la Cour de cassation le 22 janvier 1884, P. 1884.1.534, MM. Lyon-Caen et Renault, *op. cit.*, t. III, n° 716, Troplong, *op. cit.*, t. III, n° 926 et Duvergier, *op. cit.*, n°ˢ 324 et 325 la déclarent valable, pourvu, ajoute M. Duvergier, que le voyageur ait pu la connaître.

(1) Larombière, *op. cit.*, t. I, p. 413, n° 13. Douai, 11 mars 1858. D., *Rép. Supp.* V° *Commissionnaire*, n° 157.

date du 26 juin 1872 (1). Cet arrêt reconnaît à un voyageur le droit de réclamer des dommages-intérêts du fait d'un retard occasionné par suite d'un manque de correspondance, bien que pourtant, le retard soit provenu d'un cas de force majeure ; mais la Cour Suprême appuyait sa décision sur ce fait que la Compagnie était en faute pour n'avoir pas prévenu le voyageur de cette éventualité, qu'elle connaissait au moment où celui-ci avait pris son billet.

La Compagnie qui serait avertie de l'éventualité d'un retard considérable pourrait-elle être obligée de faire circuler un convoi extraordinaire, remplaçant autant que faire se pourrait le train réglementaire. Nous constatons qu'en dehors d'une obligation civile ou pénale, la Compagnie peut assumer cette responsabilité, notre solution est indiquée par l'article 30 de l'ordonnance de 1846 (2) qui prescrit les mesures de précaution à prendre pour l'expédition et la marche des trains extraordinaires, ce qui implique forcément le droit d'en faire circuler.

Mais les Compagnies seraient-elles tenues d'obtempérer au désir des voyageurs ? Nous ne le croyons pas ; l'article 1144 n'est pas applicable dans notre situation (3). MM. Bédarride (4) et Féraud-Giraud (5) vont jusqu'à dé-

---

(1) Cassation, 26 juin 1872, D. 1873.1.143.

(2) Il faut y ajouter les circulaires ministérielles des 15 mars 1854, 24 juillet 1863, 30 octobre 1886.

(3) Cassation, 10 février 1868, D.1868.1.199.

(4) Bédarride, *op. cit.*, t. I, n° 197.

(5) Féraud-Giraud, *op. cit.*, t. III, n° 383.

cider que, même dans le cas où la Compagnie serait responsable du retard, celle-ci pourrait ne pas accorder de train supplémentaire, et son refus ne donnerait pas matière à une nouvelle action en dommages-intérêts, pour le seul fait de refus. On peut néanmoins concevoir certaines hypothèses dans lesquelles l'indemnité pour retard augmenterait avec sa durée excessive et l'intervalle de temps exagéré entre les deux trains partant de la gare où le voyageur attend.

§ 6. — Faire parvenir le voyageur à destination.

Cette obligation essentielle, puisqu'elle constitue le but même du contrat de transport, par l'évidence de sa nécessité, nous dispensera d'explication.

On comprendra aisément que le voyageur, qui n'aurait pu parvenir à l'endroit pour lequel il avait pris un billet, exige de la Compagnie le remboursement de son ticket, et le retour gratuit à son point de destination. De plus, il pourrait ne pas se déclarer satisfait et réclamer au chemin de fer des dommages-intérêts pour le préjudice spécial qui sera résulté pour lui, de ce contre-temps.

L'obligation de la Compagnie n'est accomplie que lorsque le voyageur est sorti de la gare ; aussi, est-ce à ce moment, qu'elle exige de celui-ci la présentation, pour la plupart, la remise du billet, preuve du contrat.

Puisqu'il en est ainsi, le contrat de transport existe encore au moment où le voyageur descend sur le quai de la gare, et traverse, s'il en est besoin, les voies qui le séparent du bâtiment principal ; — aussi, trouvons-nous dans cette situation pour le voyageur et pour la Compagnie les mêmes obligations de prudence et de sécurité, qu'au moment du départ.

CHAPITRE QUATRIÈME

Ce n'est point le désir de rendre les voyages plus at-
trayants qui nous fait écourter le chapitre des devoirs
imposés au voyageur, nous ne nous sommes inspiré
dans cette étude que des principes d'équité ; mais,
et voici la raison de notre brièveté, nous avons déjà
rencontré ou nous croyons pouvoir placer plus avanta-
geusement ailleurs beaucoup des prescriptions qui sont
recommandées aux voyageurs ; dès lors ces quelques
lignes recèleront, trop souvent, beaucoup de tracas et
bien des entraves.

§ 1. — Se conformer aux prescriptions de la Compagnie et obéir aux employés.

Telle est la première obligation qui s'impose au voyageur, avant même qu'il ne devienne voyageur (1).

---

(1) Ce dernier membre de phrase s'explique par l'obligation imposée à la personne qui vient prendre son billet, de se présenter aux
guichets de la Compagnie, avant l'heure du départ du train, dans
un délai fixé par l'article 5 du Tarif Général G. V. On voudra bien se
reporter pour l'explication de ce texte aux développements que nous
avons antérieurement donnés, en traitant de la première obligation
qui s'impose aux Compagnies.

I

A. — La raison d'être de cette double prescription se conçoit aisément. Partout où le public est admis sans contrôle, il est nécessaire que des Règlements de police interviennent pour éviter les froissements, pour sauvegarder les intérêts : le bon ordre l'exige. La sécurité publique le commande ici plus impérieusement encore : l'établissement des voies ferrées, la structure du ballast et des rails, — la circulation des convois ou des machines de service dans les gares, — la vitesse des trains, le poids souvent considérable du matériel sont autant de causes d'accidents que les Compagnies sont tenues de faire éviter, puisqu'elles ne peuvent les faire disparaître complètement. Tels sont les deux ordres de préoccupations qui ont dicté les Règlements dont l'observation s'impose à tout voyageur ; nous ne nous occuperons dans ce chapitre que des mesures de police proprement dite, nous réservant d'énumérer les mesures de précaution, en parlant des accidents qui peuvent être la conséquence de leur infraction.

Mais, à ce double point de vue, ne pouvait-on pas craindre l'incurie des Compagnies, tout autant que la mauvaise volonté des voyageurs. Motifs éminemment plausibles pour légitimer l'ingérence de l'État dans notre matière, et proportionner son action à l'importance même de l'ordre donné. Nous avons donc, ainsi, l'explication aussi bien « des Ordonnances royales portant règlement d'administration publique sur la police, la sûreté et l'exploitation des chemins de fer, et aux Arrêtés pris par les Préfets sous l'approbation du Ministre des Travaux Publics, pour l'exécution des dites Ordonnances (1) » — que des articles 60 de l'ordonnance de 1846 et 33 du Cahier des charges ainsi conçus : « La Compagnie sera tenue de soumettre à l'approbation de l'administration (du Ministre des Travaux Publics, dit l'article 60) les Règlements relatifs au service et à l'exploitation des chemins de fer ».

Cette distinction entraîne, nous l'avons vu antérieurement, une différence dans la sanction appliquée à l'inobservation de l'une ou l'autre de ces prescriptions ministérielles.

Mais si la présence à l'acte du Ministre, protecteur des intérêts publics, a pour effet de le faire connaître (2), en même temps que de le rendre obligatoire aux Compagnies et à toutes les personnes qui empruntent l'usage du chemin de fer; on pourrait désirer que la première conséquence soit mise un peu plus en rapport avec les conditions normales des voyages. Sans doute, la loi du 15 juillet 1845 et l'ordonnance du 15 novembre 1846, « sur la police, la sûreté et l'exploitation des chemins de fer » sont affichées dans toutes les gares ; mais elles contiennent trop de dispositions peu intéres-

____

(1) Article 21 de la loi du 15 juillet 1845.

(2) La Cour de cassation l'a décidé formellement dans son arrêt du 9 mars 1887. *Bull.*, 1887, p. 82.

santes pour que le public lise celles qui le concernent spécialement. Sans doute aussi, les prescriptions les plus importantes se trouvent répétées dans les lieux les plus fréquentés, et notamment, les Compagnies sont tenues de les reproduire dans chaque compartiment susceptible d'être occupé par des voyageurs ; mais la profusion des prescriptions fait qu'on ne peut pas appliquer pour toutes cette sage mesure et la profusion des affiches ferait qu'on ne pourrait les consulter utilement.

Est-ce ce double écueil que nous voudrions nous-même éviter, est-ce la crainte de paraître incomplet, ou plutôt le désir de ne point composer un « Guide du voyageur » ; mais, que l'on nous permette de ne les point énumérer. Nous ne nous départirons, en temps et lieu, de cette réserve, qu'en ce qui concerne les prescriptions imposées au voyageur, en voiture, ces dernières étant plus intéressantes.

B. — Dans les autres situations, la précaution la plus sage sera de se renseigner auprès des agents de la Compagnie, d'écouter leurs observations et de s'y conformer. L'article 25 de la loi de 1845 vise spécialement le cas de résistance aux employés du chemin de fer et les frappe des peines infligées contre la rébellion par les articles 209 et suivants du Code pénal.

Le voyageur, en refusant d'obéir aux injonctions d'un agent, peut lui occasionner une blessure ; il en sera évidemment responsable.

L'employé blessé serait-il, de plus, légitimé à se

retourner contre la Compagnie, pour lui demander la réparation du préjudice qui lui est ainsi causé ? La question, hâtons-nous de le dire, exigerait de longs développements ; son incidence avec celle que nous étudions en parlant des obligations du voyageur, nous permettra de nous borner à résumer la discussion.

La solution qu'elle comporte est très délicate, dans sa simplicité même. Simple, elle l'est en effet ; l'ouvrier victime de la brutalité ou de l'imprudence d'un voyageur subit, on n'en peut douter, un cas fortuit qui n'est pas entré en ligne de compte des prévisions de la Compagnie ou de son agent, lorsque celui-ci a contracté avec elle. Il semblerait donc que la Compagnie ne devrait pas être déclarée responsable de la blessure subie dans ces circonstances, puisque le contrat de louage de services ne met pas les cas fortuits à la charge du maître. « Mais, ajoute M. Sourdat, on pourrait cependant trouver, dans certains cas, une cause d'indemnité dans les principes du mandat (1) », par application de l'article 2000 du Code civil.

C'est en s'inspirant de cette conception que la Jurisprudence, pour un seul cas, celui que nous essayons de résoudre spécialement : les blessures causées à un employé par un voyageur résistant aux injonctions de celui-ci, a rendu des décisions assez dissemblables. La Cour de Paris, le 14 août 1852 (2), la Cour de Cham-

---

(1) Sourdat, *op. cit.*, t. II, n° 913 *ter*.
(2) Paris, 14 août 1852, D. 1853.2.75.

béry, le 14 avril 1880 (1), estimant, d'après l'examen des faits, que l'employé avait été, en ce moment, chargé d'un service exceptionnel, jugèrent qu'il fallait appliquer la règle du mandat et rendre, par suite, la Compagnie responsable de cet accident. La Cour de cassation cassa ce dernier arrêt, le 24 janvier 1882 (2), en décidant que, d'après les circonstances, l'employé « n'avait été qu'un homme de service à gages, et n'avait fait qu'exécuter les ordres qu'il avait reçus en cette qualité ». La Cour de Grenoble, à qui l'affaire fut renvoyée, exagéra, croyons-nous, la pensée de la Cour de cassation, en décidant, le 10 janvier 1883, « qu'un employé d'une Compagnie de chemins de fer ne peut se prétendre son mandataire, ni son gérant d'affaires (3). » Ainsi formulée en thèse générale, la solution est critiquée par M. Sauzet (4), qui estime qu'un employé du chemin de fer pourrait être détourné de ses fonctions, auquel cas il deviendrait un véritable mandataire.

La question de la responsabilité civile du voyageur et de la Compagnie se pose plus fréquemment à propos des hypothèses auxquelles la recommandation suivante, qu'on lit dans les compartiments et dans les gares, fait allusion.

(1) Chambéry, 14 avril 1880, S. 1882.1.209.
(2) Cassation, 24 janvier 1882, S. 1882.1.209.
(3) Grenoble, 10 janvier 1883, S. 1883.2.55. Conforme : Lyon, 19 juillet 1853, D. 1853.2.233.
(4) Sauzet, *De la responsabilité du patron vis-à-vis des ouvriers dans les accidents. Revue critique*, 1883, p. 619 et 620 en note.

« Les agents de service de la Compagnie qui circulent à pied sur le chemin de fer ont été plusieurs fois blessés par des objets jetés des voitures.

Il est rappelé aux voyageurs que l'article 61 de l'ordonnance de 1846 défend de jeter aucun objet par les fenêtres ».

Mais la responsabilité pénale du voyageur ne pourrait être mise en doute dans ce cas spécial ; au surplus, l'avis que nous avons transcrit finit par ces termes :

« Il est également rappelé aux voyageurs que l'article 21 de la loi de 1845 punit cette contravention d'une amende de 16 à 3000 francs et d'un emprisonnement de 3 jours à 1 mois ».

II. — Constatation des contraventions.

Nous voulons dire rapidement quels sont les fonctionnaires chargés de cette mission, parce qu'on a pu certaines fois établir une confusion dans les attributions et les rôles de ces agents.

L'article 51 de l'ordonnance de 1846 décidait que « la surveillance de l'exploitation des chemins de fer s'exercera concurremment : par les commissaires spéciaux de police et les agents sous leurs ordres », et l'article 57 de la même ordonnance déterminait les fonctions des commissaires et des agents.

Un arrêté du Chef du pouvoir exécutif, du 29 juillet 1848, supprima les commissaires spéciaux de police. La loi du 27 février 1850 et l'arrêté ministériel du 15 avril

1850 créèrent en leur place des commissaires et sous-commissaires de surveillance des chemins de fer (1).

L'article 3 de la loi du 27 février 1850 et l'article 5 de l'arrêté ministériel du 15 avril 1850 ont précisé les attributions (2) des commissaires à notre point de vue actuel et spécial. « Les commissaires de surveillance administrative, y est-il dit, constatent les crimes, délits et contraventions commis dans l'enceinte des chemins de fer et dans leurs dépendances (3) ».

(1) Les sous-commissaires ont été implicitement supprimés par l'arrêté ministériel du 22 mars 1852. Cet arrêté abrogeait les précédents qui avaient organisé les commissaires et sous-commissaires de surveillance ; et lorsque les arrêtés du 10 février 1871 et du 1er mars 1878 réorganisèrent ce corps, ils ne parlèrent plus que des commissaires.

(2) Parmi les autres fonctions qui leur sont dévolues, une des plus importantes est la constatation des accidents. (Nous apprécierons les services qu'ils rendent, dans cette occasion, en traitant ultérieurement des accidents de chemins de fer et du contrôle de l'Etat). A un autre titre, relevant, tout à la fois, des ingénieurs ordinaires des ponts-et-chaussées, des ingénieurs ordinaires des mines et des inspecteurs particuliers de l'exploitation, ils sont les intermédiaires naturels entre les différents services et les interprètes des réclamations du public.

(3) « Ainsi que les infractions aux Règlements d'exploitation », ajoute l'article. A ce dernier point de vue, les commissaires de surveillance administrative constatent, par des procès-verbaux, les contraventions commises soit par des tiers, soit par les Compagnies, aux Règlements de toute nature sur les chemins de fer, et, plus spécialement, les contraventions qui ne sont pas de la compétence du conducteur des ponts-et-chaussées et des garde-mines, par exemple : celles qui concernent les prescriptions relatives à la cour des gares et des stations, à la composition et au mouvement des trains, à la perception des taxes, aux mesures d'ordre et de police concernant les fumeurs, les compartiments réservés, etc. Lorsque la contravention est de la compétence du Conseil de Préfecture (il faut consulter

Ils sont assimilés, dans l'exercice de cette fonction aux officiers de police judiciaire (1) ; et sont, en cette qualité, sous la surveillance du Procureur de la République, à qui ils adressent directement leurs procès-verbaux.

Il semblerait, à première vue, que la question ne soulève aucune difficulté ; mais voici venir l'objet de la discorde. Un décret du 22 février 1855, rendu sur le rapport du Ministre de l'Intérieur, a institué des « com-

sur ce point l'article 4 de la loi du 27 février 1850), ils adressent le procès-verbal à l'ingénieur ordinaire et une copie au Préfet, dans la huitaine ; lorsqu'elle est de la compétence de la juridiction correctionnelle, ils dressent le procès-verbal en double original, dont l'un est envoyé au Procureur de la République et l'autre à l'ingénieur compétent (Circulaire du 15 janvier 1885).

(1) Lors de la discussion de la loi du 27 février 1850, un membre de l'Assemblée Nationale avait déposé un amendement qui attribuait aux commissaires de surveillance administrative la qualité et les privilèges des officiers de police judiciaire, ce qui leur aurait permis de commencer l'instruction, en cas de flagrant délit. « Mais l'Assemblée a reculé devant une extension aussi grande de leurs pouvoirs ; elle les a considérés comme suffisamment armés par le droit d'arrestation et de réquisition à la police locale, au cas de flagrant délit ; elle a craint, en outre, de les placer dans une situation d'indépendance exagérée vis-à-vis de leurs supérieurs hiérarchiques. Cette crainte était excessive, et en l'absence du droit que leur eut conféré la qualité d'auxiliaires du Procureur, les commissaires voient souvent leur action paralysée » (Picard, *op. cit.*, t. III, p. 171).

C'est pour obéir à ces tendances opposées qu'on a reconnu ou imposé aux commissaires de surveillance administrative certaines attributions. Ils doivent leur concours au Parquet pour la constatation des crimes, délits et contraventions de droit commun (Circulaire du 16 septembre 1876). Ils procèdent au besoin, en cas de flagrant délit, à l'arrestation des auteurs des crimes ou délits et des tentatives d'acte de malveillance ; mais ils doivent immédiatement remettre les coupables entre les mains des autorités judiciaires locales (Circulaire du 15 avril 1850).

missaires spéciaux et des inspecteurs de police pour la surveillance des chemins de fer ». La confusion avec les commissaires de surveillance administrative est d'autant plus excusable que l'ordonnance du 15 novembre 1846 avait créé, nous l'avons vu il y a un instant, des fonctionnaires dont les commissaires de surveillance ont pris la place et qui portaient précisément le titre de « commissaires spéciaux de police ». Pour faire le partage entre les attributions de ces deux catégories d'agents, il est nécessaire de bien faire ressortir la mission qui est impartie aux commissaires spéciaux et inspecteurs de police créés par le décret du 22 février 1855, en leur qualité de véritables officiers de police judiciaire chargés de la police générale et de la sûreté de l'État. Une circulaire du 1er juin 1855 s'est efforcée de dissiper les malentendus, en rappelant aux uns et aux autres que leur qualité d'officier de police judiciaire leur donne le droit de concourir à la répression des crimes et délits de toute nature commis dans l'enceinte des chemins de fer. Mais elle recommande aux commissaires de surveillance administrative de ne procéder aux constatations réservées aux commissaires spéciaux de police, qu'après s'être assurés que ceux-ci sont absents ou empêchés ; et d'informer immédiatement leurs collègues de leurs constatations, afin de leur permettre de continuer l'instruction commencée.

La prééminence des commissaires spéciaux de police s'est manifestée à un autre point de vue et tout à l'a-

vantage du public. Une circulaire du Ministre des Travaux Publics, du 10 mars 1857, rendue après entente
avec le Ministre de l'Intérieur, décida, pour ne pas pro-
longer, outre mesure, la détention préventive des voyageurs ou autres personnes arrêtées sur l'ordre des commissaires de surveillance, que dans les gares où réside
un commissaire spécial, les inculpés soient conduits
devant ce magistrat, au lieu d'être remis entre les mains
du commissaire de police de la localité ou de l'arrondissement.

§ 2. — Payer sa place.

L'article 4 du Tarif Général G. V. s'exprime ainsi :
« Le transport des voyageurs est effectué moyennant le
paiement préalable du prix de la place ». Nous avons dit
antérieurement la prédominance qu'exerçait cette obligation sur les autres imposées au voyageur ; nous l'avons
prouvé en traitant, dans un chapitre spécial, la question
des Tarifs et des billets ; nous sommes donc fondé à
être maintenant plus bref.

Mais on pourrait nous demander le motif qui nous fait
considérer le paiement préalable du voyage comme une
obligation primordiale. Afin d'acquérir, en retour, un
mode de preuve, serait-on tenté de répondre ? Sans
doute ! Mais la raison principale réside dans l'impossibilité pour la Compagnie de s'assurer, à aucun autre moment, le paiement du prix du transport, et surtout par
l'absence de tout mode de recours ultérieur ; la garantie

accordée par l'article 2102-6°, du Code civil au transporteur de marchandises ne pouvant exister en faveur du voiturier de personnes. Les termes de l'article semblaient bien l'exclure, puisque le législateur parlait uniquement de « chose voiturée ». L'interprétation de la Jurisprudence est encore plus nette, puisque la Cour de cassation a décidé le 13 avril 1840 que le privilège ne subsiste que tant que la chose est en la possession du voiturier.

§ 3. — Conserver son billet jusqu'à la sortie et le remettre à ce moment.

Nous avons rencontré et commenté cette obligation, au cours de nos explications antérieures, en parlant spécialement du voyageur sans billet et de la perte du billet ; nous ne reviendrons donc pas sur ce sujet.

§ 4. — Obligations inhérentes au choix d'une place.

I. — *Ne pas monter dans un compartiment réservé.*

Nous avons vu, au chapitre précédent, que des compartiments sont réservés aux *Dames seules*. Les articles 56 et 57 de l'ordonnance de 1846 ont imposé aux Compagnies de réserver dans certains trains un compartiment de 2ᵉ classe pour les *Postes*. Une famille peut retenir à l'avance un compartiment, que la Compagnie signale par un *Loué*. Les exigences du service peuvent obliger les Compagnies à ce qu'un compartiment soit

Réservé. Autant d'entraves qui sont imposées au libre choix du voyageur.

La personne qui occuperait, sans en avoir le droit, une de ces places réservées, commettrait, par suite des articles 2 et 4 de l'arrêté ministériel du 1er mars 1861, un délit punissable des peines de l'article 21 de la loi de 1845 (1).

Un arrêt de la Cour d'Amiens, du 29 novembre 1872 (2), avait déclaré contrevenant à l'article 21 de la loi de 1845 un chef de gare qui avait introduit des voyageurs dans un compartiment de *Dames seules*, bien que celui-ci invoquât l'impossibilité de placer ces voyageurs dans un autre compartiment. La Cour de cassation, le 2 mai 1873, cassa cet arrêt.

Nous avons déjà rencontré, à un autre point de vue, cette décision de la Cour Suprême. On aurait pu, dans le débat du pourvoi, invoquer, par *a fortiori*, contre la Compagnie de chemins de fer, l'article 2 de l'arrêté ministériel du 1er mars 1861, qui punit les voyageurs montant, sans en avoir le droit, dans un compartiment réservé. Mais la Compagnie aurait répondu que la portée des actes gouvernementaux édictant une peine ne pouvait être étendue au delà de leurs termes mêmes. Le seul document dont vous puissiez m'imposer l'obliga-

---

(1) Rouen, 25 juin 1887. *Le Droit*, 27-28 juin 1887, Cassation, 25 novembre 1887, D. 1888.1.190. Nancy, 4 août 1887. D. 1888.2.19. Cassation belge, 24 juin 1872. Féraud-Giraud, *op. cit.*, t. III, n° 134. Lanckmann, *op. cit.*, n° 61.

(2) Amiens, 29 novembre 1872. D. 1872.2.45.

tion, disait-elle, est une circulaire ministérielle, prescrivant de mettre, dans certains trains, un compartiment de chaque classe pour les *Dames seules*. Mais je n'obéis qu'aux ordres et ne suis pas tenue de me conformer aux invitations, lorsqu'elles me sont à charge ;... et le chef de gare put ainsi donner lui-même l'exemple de l'insoumission !

Cette décision n'a trait qu'au côté délictuel de la question. Les voyageuses, qui seraient froissées par la présence d'un voyageur, pourraient, croyons-nous, intenter une action en dommages-intérêts basée sur le préjudice que la Compagnie leur a causé, par suite de l'inaccomplissement d'une clause du contrat (dans l'espèce l'article 32 du Cahier des charges), ou de la violation d'un droit, dont les promesses de la Compagnie (les affiches indiquant les trains dans lesquels se trouvent des compartiments de *Dames seules*) devaient leur assurer la jouissance intégrale.

II. — *Ne pas se placer dans une voiture d'une autre classe que celle indiquée sur le billet.*

L'infraction à cette prescription constitue un délit. Sera-ce un délit d'escroquerie ? Nous ne le croyons pas. Mais, sans aucun doute, un délit punissable en vertu de l'article 61 de l'ordonnance de 1846. — Disons ici, sans insister, que le voyageur pourra éviter les sanctions qu'édicte ce texte, en prouvant sa bonne foi, si tant est que la bonne foi soit facile à invoquer dans ce cas spécial.

Est-il besoin d'ajouter que cette infraction, ou ce fait, si le voyageur prouve qu'il n'y a pas infraction, l'exposera à une réparation pécuniaire pour indemniser la Compagnie, du voyage fait ainsi sans droit (1). Si un agent de la Compagnie s'apercevait de la contravention, en cours de route, ne pourrait-il pas forcer le voyageur à changer immédiatement de classe? On admet généralement la négative, si le voyageur n'avait pas eu l'intention de commettre une fraude, et s'il acquitte immédiatement le prix du supplément.

Nous avons examiné l'hypothèse où l'affluence des voyageurs pourrait être une excuse de l'infraction commise, nous n'y reviendrons donc pas.

III. — *Respecter les places occupées ou retenues.*

C'est une conséquence du louage de choses et aussi une obligation corollaire de celle imposée aux Compagnies de garantir à chaque voyageur la libre jouissance de sa place: article 1719-3° du Code civil.

Combien de fois n'a-t-on point rencontré un voyageur tracassier (combien de fois ne l'avons nous pas été nous-même), encombrant de ses seuls colis les meilleures places d'un compartiment, tout en les prétendant occupées par d'autres personnes. La Compagnie ne pourrait-elle point faire droit à la réclamation du voyageur éconduit, en faisant payer au fâcheux les places retenues? Et pourquoi pas?

____

(1) Lyon-Caen et Renault, *op. cit.*, t. III, p. 795.

IV. — *Se soumettre aux prescriptions spéciales imposées
au voyageur en voiture.*

Nous ne voulons qu'indiquer les principales, avec le
plus de brièveté possible, le sujet le comporte.

L'entrée des voitures est interdite :

A toute personne en état d'ivresse (1) ;

A tous individus porteurs d'armes à feu chargées (2) ;

A tous individus porteurs de paquets qui par leur
nature, leur volume ou leur odeur, pourraient gêner ou
incommoder le voyageur (3) ;

Aux fumeurs (4); « Exception est faite pour les compartiments qui portent la plaque indicatrice : *Fumeurs* (5).
Dans les autres compartiments, on ne peut fumer qu'en
vertu d'une tolérance subordonnée expressément au

(1) Article 65-1° de l'ordonnance de 1846.

(2) Article 65-2° de l'ordonnance de 1846. Tout individu porteur
d'une arme à feu devra, avant son admission sur les quais d'embar-
quement, faire constater que son arme n'est point chargée. La victime d'un accident occasionné dans un compartiment par une arme
à feu aurait donc un double recours : contre le coupable d'abord,
contre la Compagnie en second lieu, mais à la condition, contre cette
dernière, de prouver que l'arme était chargée au moment du départ
du voyageur.

(3) Article 65-3° de l'ordonnance de 1846. Un décret du 3 mai 1886
détermine les matières infectes et insalubres qui, d'après une circulaire du Ministre des Travaux Publics du 18 août 1858, doivent être
interdites dans les trains de voyageurs, sauf quand il n'y a pas de
trains de marchandises circulant sur la même voie.

(4) Article 63 de l'ordonnance de 1846.

(5) Des circulaires des 11 mars 1857, 22 août 1864, 11 novembre
1880 ont exigé de la part des Compagnies l'affectation pour les fumeurs d'un compartiment de chaque classe dans la plupart des
trains.

consentement préalable de toutes les personnes présentes (1) ».

Aux chiens (2).

Il est défendu sous peine de s'exposer à des poursuites judiciaires de se servir, sans motif plausible, du signal d'alarme mis à la disposition des voyageurs pour faire appel aux agents de la Compagnie (3).

Les Tribunaux français ont eu à juger la question de savoir si les compartiments pouvaient être ou non considérés comme un lieu public ? Certains, notamment le Tribunal correctionnel de Brest, le 10 décembre 1872 (4), faisaient une distinction et décidaient que le compartiment était un lieu public, avant le départ du train, et ne l'était plus en cours de route, parce qu'à ce moment le garde du train seul, avait le droit d'y accéder. — Non, répondrons-nous avec M. Lanckmann (5), le Tribunal correctionnel du Mans le 29 novembre 1860 (6),

(1) Un avis analogue se lit dans les gares et compartiments de toutes les Compagnies.

(2) Article 67 de l'ordonnance de 1846. Une circulaire du 4 novembre 1866 permet d'affecter des compartiments pour les voyageurs qui ne veulent pas se séparer de leurs chiens ; elle tolère, avec l'assentiment des voyageurs, les petits chiens placés dans des cages. Mais, dans ces différents cas, l'article 22 du Tarif Général G. V. exige que les chiens soient toujours muselés ; sinon ils devront voyager dans les cages situées dans les fourgons.

(3) Article 63-4° de l'ordonnance de 1846. Décret du 11 août 1838.

(4) Tribunal correctionnel de Brest, 10 décembre 1872. *Bull.*, 1872, p. 257.

(5) Lanckmann, *op. cit.*, p. 29, n° 64.

(6) Tribunal correctionnel du Mans, 29 novembre 1860, *Bull.*, 1869, p. 230.

la Cour d'Angers le 24 mai 1869 (1) et la Cour de cassation le 19 août 1869 (2), les compartiments sont toujours des lieux publics, parce que, disent ces autorités, les personnes placées aux fenêtres des maisons voisines peuvent plonger leurs regards dans la voiture, et surtout parce que les voyageurs des compartiments contigus ont un contrôle permanent par la présence des jours établis entre les cloisons, comme mesure de sécurité générale.

§ 5. — Obligations inhérentes au parcours.

1. — *Prendre un des trains de la journée.*

Cette obligation ne s'applique, bien entendu, qu'au voyageur qui a pris un billet au cours de cette journée. Le porteur d'un coupon de retour, d'une carte d'abonnement, d'un billet circulaire, etc. ne sont point tenus à cette prescription.

Mais irons-nous plus loin, et forcerons-nous ce voyageur à prendre le premier train en partance vers la direction qu'il souhaite ? Question délicate, laissée le plus souvent aux prescriptions de chacune des Compagnies, à la tolérance des employés (3). Abstraction faite des principes, on nous permettra de faire cette réflexion, basée sur l'observation des faits. Oui ou non, la Compagnie dont s'agit distribue-t-elle des billets de 2ᵉ classe

(1-2) Cour d'Angers, 24 mai 1869 ; Cassation, 19 août 1869. *Bull.*, 1869, p. 232.

(3) MM. Rebel et Juge, *op. cit.*, nᵒ 481, pensent que la Compagnie ne devrait pas pouvoir délivrer de billets à l'avance.

pour une direction à laquelle le prochain convoi n'accordera l'accès qu'aux seuls voyageurs de 1re ? Si la Compagnie distribue des billets, sans distinction d'horaire, ni de prescriptions réglementaires, si elle ne fait attention, dans la demande des voyageurs, qu'à l'essence du voyage et non à la modalité de la classe, il est certain que le voyageur pourra prendre un train quelconque de la journée. — Si, au contraire, la Compagnie ne distribue pour un train, qui admet seulement des voyageurs de 1re classe, que des billets donnant droit à ces seuls compartiments ; il s'adjoint à l'idée principale de transport une notion accessoire mais pourtant corollaire de celle-ci. Nous en tirerons cette conséquence que si le voyageur peut valablement invoquer son droit au transport pour tous les trains de la journée, il lui sera interdit de réclamer l'exécution d'une obligation spéciale, dont le seul convoi auquel il avait droit lui aurait assuré la pleine jouissance.

II. — Prendre le chemin le plus court.

Nous ne pourrions être plus affirmatif dans la réponse à cette question. La solution doit, en effet, se trouver dans les Tarifs Généraux ou Spéciaux. Voici quel a été, à cet égard, le résultat de nos recherches. Dans le Tarif Général G. V. commun à toutes les Compagnies, pour la période courant du 1er mai au 31 octobre 1895, l'article 7 du chapitre premier relatif aux voyageurs s'exprime ainsi : « Toutes les gares ou stations de chaque réseau correspondent directement les unes avec les autres pour la délivrance des billets aux voyageurs ». Puis, en note, nous trouvons la restriction suivante, émanant de la Compagnie du Nord : « Les prix des billets simples sont calculés par l'itinéraire le plus court, et, en principe, les billets ne sont valables que par cette route. Toutefois lorsqu'un autre itinéraire est indiqué au tableau de la marche des trains, le voyageur a la faculté de prendre, soit à la gare de départ, soit à une gare de bifurcation, un train le conduisant à la destination indiquée sur son billet, par un itinéraire allongé lui permettant d'y arriver plus tôt que par l'itinéraire le plus court ».

III. — *Ne pas s'arrêter en route.*

Cette obligation imposée aux voyageurs se formulerait mieux de la sorte : Ne pas s'arrêter en route et pouvoir, ensuite, continuer son trajet jusqu'au point extrême auquel le billet donnait droit.

Cette formalité s'explique aisément par la nécessité qui incombe à tout voyageur de remettre son billet à la sortie d'une gare quelconque à laquelle il accède. Toutefois, il est utile de tenir compte ici, plus spécialement encore, des Tarifs en vigueur sur la Compagnie devenue votre voiturier. C'est ainsi que, pour un voyageur ordinaire, la Compagnie du Nord a fait insérer, sous l'article 7 du Tarif Général G. V. commun à toutes les Compagnies, que nous avons reproduit au paragraphe précédent, la note suivante : « Dans tous les cas, le voyage doit être accompli sans autre interruption que celle nécessitée par les changements de train ». On se rappelle que l'abonné jouissait de la faveur de scinder le parcours auquel il avait droit (1). Enfin, et surtout, le facteur le plus important pour la solution de cette question, c'est la tolérance des employés.

IV. — *Descendre du train à la station d'arrivée.*

Nous avons déjà rencontré les décisions judiciaires qui ont trait à ce point spécial, sans les analyser. Notre tâche actuelle est de les commenter.

Le voyageur doit descendre de voiture au moment où il arrive à sa destination : son louage de transport et son louage de choses cessent à ce point, en même temps.

Comment sera-t-il prévenu qu'il est arrivé au terme de son voyage ? La Cour d'Aix a jugé, le 16 mars 1866, qu'un appel collectif était suffisant.

Mais, pour un motif ou pour un autre, voici que le voyageur reste dans son compartiment. Qu'encourra-t-il au point de vue civil et pénal ?

Au point de vue civil, la Compagnie aurait le droit d'exiger le prix de la place qu'il a occupée depuis la gare terminus jusqu'au point où l'on s'aperçoit de cette faute.

Mais les Compagnies sont tolérantes et elles permet-

(1) En Angleterre, le billet simple comme le billet d'aller et retour donne droit à l'arrêt en cours de route. Schwabe, *op. cit.*, p. 170.

tent généralement au voyageur de bonne foi, non seulement de ne rien payer, mais encore de retourner à sa destination première, sans acquitter aucun droit.

Au point de vue pénal, une première question se pose : le fait de continuer son voyage sans billet est-il punissable ? La raison d'en douter vient de ce que l'article 63 ne vise que le fait d'entrer dans un compartiment sans billet ; et de ce que certains Règlements, notamment ceux du Midi, permettent à un voyageur de continuer le trajet qu'il avait entrepris, en se contentant de solder la différence, ainsi l'ont décidé un arrêt de Rennes du 2 juin 1886 (1) et un de Toulouse (2) du 5 décembre 1893 (3).

Mais ne considérons pas ces Règlements particuliers et faisons abstraction de l'interprétation peut-être un peu rigoriste qu'on voudrait donner de l'article 63. Nous rentrons alors dans la théorie des délits contraventionnels : et nous pourrions ici repousser avec plus de vigueur cette théorie, que nous avons antérieurement combattue, aidé que nous serions, pour ce point spécial, des décisions émanant de la Cour de Dijon, 25 mars

----

(1) Rennes, 2 juin 1886, D. 1887, 2, 246.

(2) Toulouse, 5 décembre 1893, D. 1894, 2, 412, S. et P. 1894, 2, 57.

(3) Des arrêts de la Cour de cassation, du 7 avril 1870 (S. 1871, 1. 258), 8 juillet 1870 (D. 1870. 1. 447), de Pau, le 29 mai 1886 (*Bull.*, 1887, p. 114) ont reconnu que le voyageur qui ne descendait pas était passible de l'article 21 de la loi de 1845.

1857 (1) et 9 mai 1877 (2), Amiens, 8 novembre 1877 (3), Besançon, 5 février 1879 (4), Rennes, 2 juin 1886 (5), décisions qui précisent et résument le débat, en déclarant que le voyageur, surpris au-delà des limites que lui assignait son contrat, pourra échapper aux pénalités de l'article 21 de la loi de 1845, en prouvant sa bonne foi.

Au cas même où, sciemment, il aurait essayé de s'en servir, pour arriver à une station plus éloignée, sans payer le prix de cet excédent, il n'aurait pas, croyons-nous, commis une escroquerie. Ainsi l'a décidé la Cour de Nîmes, le 13 novembre 1862 (6), celle d'Angers, le 4 juillet 1870 (7) et la Cour de cassation, le 8 décembre 1870 (8).

Le voyageur qui surcharge son billet, pour aller plus loin, commet certainement une contravention à l'article 63 de l'ordonnance de 1846. — Il ne se rend pas coupable d'une escroquerie, ainsi l'a décidé la Cour de Bordeaux, le 15 novembre 1883 (9) ; car il n'y a pas

(1) Dijon, 25 mars 1857, S. 1857.2.507.
(2) Dijon, 9 mai 1877, S. 1878.2.5.
(3) Amiens, 8 novembre 1877, S. 1877.2.305.
(4) Besançon, 5 février 1879, S. 1879.2.42.
(5) Rennes, 2 juin 1886, S. 1889.2.28 ; conforme : Féraud-Giraud, *op. cit.*, t. III, n° 225. Cotelle, *op. cit.*, t. II, n° 88. Emion, *op. cit.*, n° 161. — *Contra* Pau, 29 mai 1886, S. 1887.2.64.
(6) Nîmes, 13 novembre 1862, S. 1864.2.70.
(7) Angers, 4 juillet 1870, D. 1870.2.156.
(8) Cassation, 8 décembre 1870, D. 1870.1.447. *Sic* : Duverdy, *Traité de l'application des tarifs*, n° 312. Lyon-Caen et Renault, *op. cit.*, t. III, n° 795.
(9) Bordeaux, 15 novembre 1883. *Bull.*, 1884, p. 97.

véritablement, ici, une des manœuvres frauduleuses énumérées par l'article 405 du Code pénal. — On pourrait voir aussi dans ce fait un faux en écritures commerciales.

Notons, en terminant, cette conclusion qui est importante : le contrat avec la Compagnie étant terminé au point de destination, désormais donc, il ne pourra plus être question de quoi que ce soit qui se rattache à l'idée de convention intervenue entre le voyageur et la Compagnie. Mais il ne s'ensuit pas que la Compagnie ne soit plus responsable des accidents survenus par sa faute, au voyageur, même pour nous qui partons du principe de la responsabilité contractuelle des Compagnies de chemins de fer ; car s'il n'y a plus de contrat, il reste toujours la lésion d'un droit, sanctionnée par l'article 1382 du Code civil (1).

(1) La Cour de Toulouse, le 5 décembre 1893, a justifié la responsabilité de la Compagnie d'une façon qui ne nous satisfait pas : en disant que la personne qui voyage sans billet dans certaines conditions (il s'agissait d'une personne qui de bonne foi avait dépassé son point d'arrivée) est assimilable au vrai voyageur, et par conséquent que son droit est lésé par le fait de ses blessures, la Cour ferait ainsi supposer que dans les autres hypothèses il n'y a pas de responsabilité des Compagnies, et semblerait, de plus, établir une certaine confusion entre le délit et le contrat.

DEUXIÈME PARTIE.

———

CHAPITRE PREMIER

LES ACCIDENTS DE CHEMINS DE FER ET L'ÉTAT.

Des gémissements et des plaintes au sein de la nuit noire ; le hoquet de la mort rythmant le cri fauve d'un affolé ; des sanglots et des murmures ;........ l'épilogue d'un train de plaisir !

Que sert d'ajouter à l'effroi de ce sinistre spectacle, par de lugubres statistiques ? D'ailleurs, il paraît « qu'il est difficile de les établir avec une complète exactitude (1) » ; et il est certain qu'on en tire tout ce que l'on veut (2).

———

(1) Paroles de M. Barthou, Ministre des Travaux Publics, à la séance de la Chambre des députés du 17 novembre 1894.

(2) Dans la même séance, M. Castelin apportait à la tribune une statistique, de laquelle il résultait qu'en 1890 il y avait eu, en France, 740 tués et 1463 blessés ; en Allemagne, 472 tués et 398 blessés ; en Autriche, 161 tués et 433 blessés, par le fait d'accidents de chemins de fer. M. le Ministre des Travaux Publics lui répondait, en lui présentant d'autres statistiques desquelles il résultait que la France était une des nations d'Europe les plus privilégiées au point de vue de la sécurité des voyageurs.

Mais, ce cortège de morts, de blessés, de malades, de veuves et d'orphelins, membres souffrants ou délaissés du grand corps social, n'attirera-t-il pas l'attention des pouvoirs publics. Réparer par un sacrifice pécuniaire les suites de leur faute ou de leur incurie, les Compagnies n'y pourraient prétendre ; et pourtant elles le doivent dans la mesure du possible. Les contribuables n'en subiront-ils pas, en définitive, le contre-coup par suite du système financier de la garantie d'intérêt ? Et le Gouvernement qui a pour mission de rechercher les causes d'allègement des charges fiscales, se trouve, par conséquent, engagé à prendre des mesures susceptibles d'éviter le retour de pareilles catastrophes. Mais c'est là un côté bien mesquin de la question ! Le Gouvernement a le devoir d'intervenir, parce que les Compagnies de chemins de fer, par suite du monopole de fait dont elles sont investies, remplissent auprès des voyageurs un véritable service d'intérêt public ; parce qu'il ne s'agit plus seulement ici de sauvegarder, comme pour l'établissement des Tarifs, les intérêts pécuniaires, mais la vie même des voyageurs ; et précisément parce que celle-ci peut être davantage exposée par le nombre des trains, leur vitesse, les arrêts moins rapides, les causes plus multiples d'accidents, le Gouvernement encourt, de ce chef, une responsabilité plus étendue.

I

Aussi, les actes du pouvoir relatifs aux accidents de

chemins de fer sont-ils d'une richesse et d'une prolixité incomparables. Etudier ou simplement analyser les Décisions, Circulaires ou Instructions ministérielles qui ont été prises, pendant un demi-siècle, sur toutes les matières ayant trait à cette question, serait absolument irréalisable ; leur seul intitulé remplit six grandes pages in-8° de l'ouvrage de M. Picard (1). Entre toutes ces manifestations des préoccupations gouvernementales, l'ordonnance du 15 novembre 1846 se distingue par son caractère de généralité.

Son but est double, par la dualité même des personnes intéressées.

Aux voyageurs elle prescrit, dans son titre VII, des mesures de police, celles même que le contrat et la logique des choses obligent la Compagnie à afficher dans les divers locaux qu'elle met à la disposition du public.

Contre les Compagnies, dont elle veut empêcher la négligence. Elle y arrive notamment :

1° En prescrivant des mesures pour le bon établissement de la voie, des gares et de leurs dépendances : article 2.

2° En imposant des formalités rigoureuses pour la réception et l'entretien (2) du matériel roulant.

---

(1) Picard, *op. cit.*, t. IV, p. 473 à 479.

(2) M. Jonnart, Ministre des Travaux Publics, a fait ordonner une enquête, de laquelle il résulte que depuis le 1er janvier 1892 les Compagnies ont dépensé pour l'accroissement de leur matériel roulant une somme totale de 117.202.397 francs ; et que durant ces dernières années leur matériel a été renouvelé pour un quart.

Et principalement en ce qui concerne les locomotives (1) : articles 7, 9, 10, 11 et 26 à 29 (2).

Les voitures : articles 12, 13, 26.

Les essieux : articles 8, 9.

Les roues : article 10.

Les freins (3) : articles 18, 26, 36.

L'article 16 formule une règle capitale à l'égard de tout le matériel roulant.

3° En déterminant la composition des convois.

Articles 19 et 20 : Nombre et place des locomotives (4).

Article 20 : Il doit y avoir entre la locomotive et le tender — et la première voiture de voyageurs, autant de fourgons qu'il y a de locomotives (5).

Article 18 : Nombre des voitures.

Article 22 : Exige que les voitures soient reliées entre elles par « des moyens d'attache tels que les tampons à ressort de ces voitures soient toujours en contact ».

(1) Ces derniers articles qui réglementent les conditions des chaudières ont comme sanction spéciale les dispositions de la loi du 12 juillet 1856, tit. II.

(2) Elles sont soumises également au décret du 30 avril 1880 « relatif aux générateurs à vapeur autres que ceux qui sont placés à bord des bateaux », articles 2 à 8 et 25-1°.

(3) L'opinion publique s'est émue à maintes reprises de cette question primordiale en matière de sécurité des transports, et elle exige l'adoption, d'une manière générale, d'un frein automatique et continu.

(4) L'accident de Versailles en 1842 a été un terrible avertissement.

(5) Un décret du 20 avril 1880 a permis une dérogation à cette règle en faveur des trains légers.

Article 21 : Défend d'admettre dans les convois qui portent des voyageurs aucune matière pouvant donner lieu soit à des explosions, soit à des incendies (1) ; l'article 66 est relatif au même sujet.

4° En assurant la circulation normale et régulière des trains.

Circulation des trains dans les gares : articles 27, 37.

Circulations des trains en marche : articles 29, -25, 34, -28, 32, -43.

Vitesse des trains (2) : article 29.

Aiguilles : articles 3, 37.

Surveillance de la voie : par les agents placés le long de la voie : article 31 ; par le mécanicien : article 32.

Sifflets : article 38.

Eclairage des trains : article 24.

Trains extraordinaires : article 30.

Signaux (3) placés le long de la voie : article 31-2°.

---

(1) Une circulaire ministérielle du 20 novembre 1879 détermine les prescriptions à accomplir suivant la nature de la matière explosible.

(2) Le dernier arrêté ministériel interdit de dépasser la vitesse de 90 kilomètres à l'heure. La Compagnie du P.-L.-M. fait, en ce moment, construire des machines à avant-train articulé, muni d'un éperon coupe-vent en aluminium, dont la vitesse atteindra 100 kilomètres à l'heure ; résultat auquel la Compagnie de l'Ouest est en mesure d'atteindre sur le trajet de Paris à Dieppe.

MM. Rebel et Juge *op. cit*, n° 367, approuvent ce droit reconnu au Ministre. Voir, à cet égard, Picard, *op. cit.*, t. III, p. 414 à 426.

(3) Les voyageurs et les employés réclament avec instance leur uniformité. Notons à ce propos un arrêté ministériel du 15 novembre 1885 « portant institution d'un code uniforme des signaux échangés entre les agents de la voie ou des gares ».

— Auprès des aiguilles : article 37. — A l'entrée des gares : articles 27,37. — Pour ralentir : article 33. — Le mécanicien doit s'y conformer : article 36.

Bloc-System (1) (dont l'ordonnance, ne fait, on le conçoit, que poser le principe) : article 27-3° et 4°, article 31-3°.

5° En mettant les Compagnies en demeure d'adopter et de rechercher les perfectionnements dont est susceptible l'industrie des chemins de fer.

Pour le matériel roulant : article 16.

6° En appelant l'attention des Compagnies sur le personnel qu'elles emploient (2).

Et spécialement sur la fixation du nombre dans certains postes, au cas d'insuffisance constatée ; ainsi en est-il dit des :

Employés placés le long de la voie pour assurer la circulation : article 31 ;

(1) Des circulaires ministérielles constatent que cette mesure de sécurité perd beaucoup de son efficacité par suite du système dit « permissif », tolérant dans une même section bloquée la présence de 2 ou 3 trains. Elles interdisent formellement cet abus.

(2) Nous insistons spécialement sur cette prérogative du Ministre ; le surmenage ou l'insuffisance des employés étant la cause, nous pouvons dire, principale des accidents de chemins de fer.

Leur inexpérience peut en être également une ; à cet égard, le Ministre a sur les agents eux-mêmes un pouvoir plus étendu. Le décret du 27 mars 1852 décide, en effet, dans son article 1er, que « le personnel actif employé aujourd'hui par les diverses Compagnies de chemins de fer et celui qui sera ultérieurement employé par les Compagnies qui viendront à se former, est soumis à la surveillance de l'administration publique... L'administration aura le droit, les Compagnies entendues, de requérir la révocation d'un agent de la Compagnie ».

Employés préposés au bon fonctionnement des signaux : article 31 ;

Employés placés aux aiguilles : article 3 ; aux barrières : article 4 ;

Employés exigés pour la composition des convois (1) : article 18.

Capacités requises pour certains employés : articles 14, 18.

Durée du travail (2).

II

La multitude, la variété des prescriptions réglementaires, la diversité, la complexité des causes d'accidents, entraînent naturellement des connaissances techniques spéciales pour en déterminer la responsabilité et en éviter le retour (3).

(1) Un décret du 20 mai 1886 a permis la circulation de trains légers n'ayant qu'un seul mécanicien et un seul garde-frein.

(2) Le cas du malheureux Boubay, chef de gare à Appilly, a attiré l'attention publique sur les conditions excessives de travail imposées aux employés de certaines Compagnies. Le discours de M. Castelin, à la Chambre des députés, le 17 novembre 1894, fourmille d'exemples de journées de 13, 14 heures de travail, parfois même imposées à des aiguilleurs ou à des mécaniciens.

(3) L'occasion se présente donc d'énumérer (nous ne voulons pas entrer dans des détails superflus) les différents services chargés de renseigner et d'éclairer le Gouvernement sur les mesures à prendre pour éviter, autant que possible, le retour d'accidents. — Nous trouvons auprès du Ministre des Travaux Publics, le Conseil général des ponts et chaussées, pour les travaux de la voie ; le Comité consultatif des chemins de fer qui a pour mission spéciale d'examiner les questions commerciales et juridiques, et de juger les récla-

Dans le même ordre d'idées, à la nouvelle d'un sinistre ayant entraîné mort d'homme ou blessures, les Compagnies doivent, sans retard (1), prévenir les commissaires de surveillance administrative (article 59 de l'ordonnance de 1846 ; circulaire du 29 décembre 1860). Ceux-ci se transportent immédiatement sur les lieux (circulaire du 15 avril 1850), après en avoir donné avis, par dépêche, aux ingénieurs et aux inspecteurs des ponts et chaussées (circulaire du 8 décembre 1852), au Préfet et au Procureur de la République (circulaire du 25 novembre 1853), aux ingénieurs en chef de l'exploi-

mations relatives à la marche des trains, aux demandes de nouvelles stations, etc. ; le Comité de l'exploitation technique consulté sur les mesures de sécurité, sur la marche des trains, sur les suites à donner aux accidents. A ce dernier service a été réuni, comme nous l'avons vu dans une note antérieure, le Contrôle financier institué auprès des Compagnies en vertu des conventions de 1883.

Le contrôle de l'Etat sur la Compagnie s'exerce, suivant des règles exposées dans le décret du 31 mai 1895, par des fonctionnaires dont les attributions spéciales sont : le contrôle de la voie et des bâtiments sur les lignes en exploitation ; le contrôle de l'exploitation technique ; le contrôle de l'exploitation commerciale et, s'il y a lieu, l'inspection et le contrôle des études et des travaux des lignes nouvelles.

(1) Les Compagnies sont intéressées à provoquer une prompte constatation des faits qui ont pu déterminer l'accident. La preuve du cas fortuit qu'elles pourraient invoquer, doit, en effet, se faire, autant que possible, par des procès-verbaux juridiques, rédigés au moment et sur le lieu de l'accident. Cependant on reconnaît de plus en plus que les Tribunaux judiciaires peuvent admettre toutes les sortes de preuves qu'ils jugent pertinentes ; c'est ainsi que la Cour de cassation a jugé, dans un arrêt du 4 mai 1858 (D. 1858.1.212), que l'article 97 du Code de commerce, qui exige la preuve légale du cas fortuit, ne visait que le retard et non pas l'accident (la perte de l'objet dans l'hypothèse).

tation technique (circulaire du 22 novembre 1854), à l'ingénieur en chef du contrôle des travaux et de l'entretien (circulaire du 21 juin 1886).

Les commissaires ouvrent une enquête administrative et judiciaire ; c'est-à-dire que, d'une part, ils adressent un premier rapport sommaire au Ministre des Travaux Publics, mentionnant l'heure de leur arrivée (circulaire du 6 décembre 1857) et le résultat de leurs premières constatations ; d'autre part, ils verbalisent s'il y a eu crime, délit ou contravention et procèdent aux arrestations, s'il y a flagrant délit (1).

A la suite de leur enquête les commissaires de surveillance, quelquefois ce peut être un ingénieur des mines ou un ingénieur des ponts et chaussées (circulaire du 5 mars 1873), lorsque le cas est plus sérieux, adressent au Ministre des Travaux Publics un second rapport plus complet portant sur les circonstances, les causes de l'accident, le nombre des blessés et autant que possible leur nom et leur domicile (circulaire du 15 avril 1850). Les ingénieurs ont, en outre, à présenter un rapport administratif sur tous les accidents. Ce rapport est adressé au Ministre par l'ingénieur en chef ou par l'inspecteur général, suivant la gravité du fait.

Muni de tous ces éléments d'instruction, le Comité de l'exploitation technique se réunit et examine la solu-

---

(1) L'instruction est ensuite continuée par le Procureur de la République, assisté, ou non, du commissaire de surveillance administrative.

tion qu'il convient d'adopter pour le passé et pour l'avenir. Quand l'accident peut être imputé à un agent de la Compagnie, le Comité émet un avis sur sa culpabilité. Dans tous les cas, il se prononce au point de vue administratif et extrait des conditions dans lesquelles s'est présenté l'accident, un projet invitant la Compagnie responsable à prendre, à l'avenir, les mesures destinées à éviter le retour d'un pareil sinistre (1).

Le tout est soumis au Ministre des Travaux Publics qui adopte, presque toujours, l'avis du Comité, et prend texte de cet événement, lorsqu'il a été suffisamment important, pour ajouter à la décision du Comité un post-scriptum à l'adresse de la Compagnie (2).

---

(1) Les mesures de sécurité à prendre ont donné lieu à de grandes enquêtes. La première, en 1853, « sur les moyens d'assurer la régularité et la sûreté de l'exploitation des chemins de fer » (Rapport de M. Touneux, en 1857). La seconde, en 1858, porta sur les moyens de prévenir les accidents, en veillant principalement sur la négligence des agents, la rupture des rails, la rupture des essieux, des pièces de machine et du matériel roulant, les aiguillages, etc. ; ce fut à la suite de cette enquête qu'on exigea 6 roues aux voitures pour voyageurs. Une autre enquête, en 1861, porta « sur la construction et l'exploitation des chemins de fer ». Après l'accident de Flers, en 1879, M. de Freycinet institua une commission d'enquête (Président : M. Guillebot de Nerville, inspecteur général des mines, qui présenta, en 1880, le rapport que, vu la gravité des circonstances, il avait été obligé de rédiger lui-même).

(2) On peut consulter les rapports sur les accidents de Marcq et d'Appilly, joints aux décisions du Comité de l'exploitation technique et aux prescriptions imposées par le Ministre, dans le *Journal officiel* du 17 novembre 1894 (Partie non officielle, p. 5530 et 5532).

III

Et voici, donc, de suite, poindre la responsabilité ministérielle. En effet, elle existe, et les Ministres auraient mauvaise grâce de ne point consentir à soumettre au contrôle des Chambres les décisions qu'ils jugeront opportun de prendre à l'égard des Compagnies de chemins de fer. L'article 9 de la loi du 11 juin 1842, et M. Dussausoy, au cours du débat qui s'éleva à la Chambre des députés, le 17 novembre dernier, le fit très juridiquement ressortir, l'article 9, disons-nous, ne peut laisser aucun doute à cet égard. Par conséquent, si les Députés, et nous savons qu'ils sont nombreux à la Chambre ceux qui s'occupent, sous divers aspects, il est vrai, des questions de chemins de fer (1), jugent que d'après les enquêtes de l'administration et les expertises de la Justice, le Ministre peut être déclaré responsable pour n'avoir point prescrit aux Compagnies toutes les mesures de sécurité possibles, ou pour n'avoir point assez mis d'insistance pour les contraindre à les adopter (2), ils peuvent, et c'est leur devoir de représen-

(1) Le groupe des chemins de fer vota, au courant du mois de novembre 1894, un ordre du jour, qui était en même temps un appel, ainsi conçu : « Le groupe des chemins de fer... est ouvert à tous les Députés désireux d'étudier les questions qui concernent la situation des ouvriers et employés des chemins de fer, la sécurité des voyageurs et les intérêts du public ».

(2) Le Ministre des Travaux Publics a constaté, lui-même, tout récemment, que les Circulaires imposant aux diverses Compagnies Françaises le frein continu, Circulaires datées pourtant du 9 dé-

tants des intérêts publics, demander raison au Ministre de son incurie.

C'est ainsi que M. Castelin fut désigné par ses collègues du groupe des chemins de fer, au cours de la session extraordinaire de 1894, pour interpeller le Ministre sur les mesures qu'il comptait prendre, à la suite des récents accidents de Marcq et d'Appilly. Ses critiques et celles qui furent présentées par quelques autres de ses collègues portèrent principalement sur le fonctionnement du contrôle de l'État et sur le service et le nombre du personnel. La discussion ayant pris une tournure politique, les voyageurs allaient perdre tout le bénéfice d'une interpellation uniquement inspirée du souci de leurs intérêts. Néanmoins la Chambre vota un ordre du jour (1) par lequel elle exprimait la confiance dans la fermeté que mettrait le Gouvernement « pour défendre les droits et les intérêts de l'État, ainsi que les intérêts des ouvriers et employés des chemins de fer, et des voyageurs ».

cembre 1879 et du 7 décembre 1882, n'étaient point encore mises en vigueur sur le réseau du Nord.

(1) Cet ordre du jour fut voté par 397 voix contre 61.

Il est piquant de remarquer que la partie du texte relative aux voyageurs n'a été ajoutée qu'en dernier lieu, proposée par un anonyme et votée sans scrutin public !!

CHAPITRE SECOND

LES ACCIDENTS DE CHEMINS DE FER ET LES COMPAGNIES.

Différents systèmes proposés pour déterminer la responsabilité des parties en cause.

Jusque maintenant, nous ne paraissons avoir obtenu qu'une garantie purement préventive. Au point de vue du passé, le vote d'un ordre du jour, entraîna-t-il même la chute d'un Ministre, ne serait qu'une sanction fort platonique.

Tournons-nous du côté de la Justice. Mais, ici quelle déception ! C'est sur le principe même de la responsabilité que discutent la Doctrine et la Cour de cassation. La lutte loin de se circonscrire entre ces deux champions, nous a permis d'applaudir à plus d'une joute brillante entre Jurisconsultes ; de même qu'elle nous a fait assister à des dissentiments regrettables qui ont éclaté entre les différents organes de la juridiction, pour atteindre leur maximum d'intensité dans ce tournoi sans merci, entre le Tribunal civil et le Tribunal de commerce de la Seine d'une part et la Cour de Paris, de l'autre, et, au sein même de cette dernière, dans ce corps à corps fratricide entre la 3ᵉ, la 4ᵉ et la 5ᵉ Chambres, qui a eu pour théâtre les années 1893 et 1894, et que n'a-

paisera qu'à grand'peine, peut-être, l'entrée en lice de la
1ʳᵉ Chambre, par son arrêt du 31 janvier 1895. Ces hésitations et ces contradictions vont directement à l'encontre de l'intérêt du justiciable ; l'importance considérable du privilège des Compagnies, la gravité des
conséquences d'un accident de chemins de fer, le permettent ici moins que partout ailleurs.

Il serait donc de la légitimité la plus impérieuse et la
plus urgente d'accorder satisfaction aux nombreuses
victimes des accidents de chemins de fer, en fixant dans
un texte législatif les règles de la responsabilité des
Compagnies de transports. Ce n'est point, en effet, à l'article 22 de la loi du 15 juillet 1845 que l'on peut se référer pour résoudre ce conflit. Cet article est ainsi formulé : « Les concessionnaires ou fermiers d'un chemin
de fer seront responsables soit envers l'État, soit envers
les particuliers, du dommage causé par les administra-
teurs, directeurs ou employés des chemins de fer. L'État
sera soumis à la même responsabilité envers les particuliers, si le chemin de fer est exploité à ses frais et
pour son compte ». Mais d'abord, ce texte ne se réfère
qu'à certaines causes d'accidents ; de plus il a trait à une
question de responsabilité civile, conséquence d'une
action pénale, dirigée contre un des employés de la
Compagnie ; par conséquent, et surtout, il ne répond
pas à la question qui nous préoccupe actuellement : quel
est le fondement juridique de la responsabilité des Compagnies, en dehors des cas de responsabilité pénale,

en d'autres termes, à qui incombe le fardeau de la preuve dans une action en dommages-intérêts (1).

Le voyageur qui est obligé de se conformer à des Règlements minutieux et multiples, qui se voit forcé, en montant dans une voiture, de se livrer à la discrétion de la Compagnie, n'est-il pas en droit d'attendre de cette dernière des garanties au moins aussi fortes que celles qu'il rencontre dans les contrats ordinaires ? — La Compagnie n'admet point pareille prétention, elle se contente de répliquer qu'elle ne doit répondre que de ses fautes. — Mais, en vous engageant à me transporter à Paris, était-ce donc pour m'y faire parvenir, les membres brisés et les os rompus, répartit le voyageur ? — La convention intervenue entre nous ne portait-elle point que, pour un prix déterminé, payé par vous, je m'obligeais à vous faire arriver à la destination que vous m'indiquiez ; dès lors, si moi, Compagnie, j'ai accompli mes engagements, que me réclamez-vous encore ? Si quelque accident vous est advenu et que vous

____

(1) Les législateurs de la loi de 1845 n'ont point eu cette préoccupation. Pour s'en convaincre on n'a qu'à ouvrir le *Moniteur universel* du 12 avril 1844 (1er supplément au n° 103, p. 911) et du 2 février 1845 (2e supplément au n° 33, p. 233) qui reproduisent la partie des débats de la Chambre des pairs et de la Chambre des députés relatifs à cet article. On y verra que la discussion porta uniquement, dans les deux Assemblées, sur la rédaction même de l'article, sans qu'il fut fait la moindre allusion au principe dont il s'inspirait. Lorsque notre article revint en 2e et 3e lectures, dans les séances de la Chambre des pairs des 17 avril 1845 et 4 juin 1845 et de la Chambre des députés du 27 mai 1845 et du 4 juin 1845, il fut adopté sans la moindre discussion.

m'en imputiez la responsabilité, apportez devant les Tribunaux la preuve de mes torts.

C'est donc entre les partisans de la faute délictuelle et ceux de la faute contractuelle (entre les tenants de la responsabilité et ceux de la garantie, dirait M. Saincte-lette) (1), que se manifeste cette dualité d'opposition sur des intérêts si complexes et si graves.

Nous laisserons d'abord la parole aux représentants de la première. Nous constaterons l'inaninité de leurs efforts pour faire rentrer, dans le cercle étroit de l'article 1382 (section III), la négligence la plus légère (section I) ou les manquements aux obligations contractuelles (section II).

Puis, nous passerons en revue les principaux systèmes qui, partant de l'idée de responsabilité contractuelle, ont été proposés pour aboutir à un renversement

---

(1) Malgré toute l'autorité qui s'attache au nom de M. Sainctelette, en matière juridique, on nous permettra de ne mentionner qu'entre parenthèses les idées développées par cet auteur, dans le 1er chapitre de son ouvrage sur *La responsabilité et la garantie*. Volontiers, nous souhaiterions rencontrer dans notre Code, comme il en existait en Droit romain, et de nos jours encore, en Droit anglais, un titre *De verborum significatione*, ce qui entraînerait, par conséquent, une refonte de nos textes législatifs, les mettant d'accord avec la terminologie nouvelle ; mais il nous faut, pour le moment, discuter avec les articles, tels qu'ils furent écrits par le législateur de l'an XII. Et précisément, nous aurions mauvaise grâce à insister, car les deux articles, qui seront le siège et le fond même du débat que nous nous proposons d'exposer, emploient tous deux le même terme de « responsabilité » ! Ce nous est donc un nouveau motif de souhaiter plus de précision dans nos textes.

de preuve en faveur des voyageurs. Nous espérons démontrer que cette prétention est irrationnelle ; soit que l'on fasse rentrer dans le cadre de cette responsabilité les accidents dus à un cas fortuit (section IV), ou à une faute de la Compagnie, ou seulement à un manque de précautions (section X). La seconde de ces propositions nous entraînera dans de plus longs développements ; mais nous espérons voir notre solution corroborée par la multiplicité même des arguments qu'on nous opposera. Que l'on invoque le texte de l'article 1784 du Code civil relatif au transport des choses (section V) ; que l'on se réfère aux principes dont il s'inspire : principes du dépôt (section VI), ou plus généralement de l'obligation de restituer (section VII) ; que l'on veuille élever la question de responsabilité à la hauteur d'une promesse générale de sécurité (section VIII), ou que l'on veuille rabaisser la condition des voyageurs jusqu'à la comparer à celle des colis (section IX), tous ces efforts seront vains, ou, du moins, nous essaierons de le démontrer.

SECTION I. — **Responsabilité délictuelle.**

*L'article 1382 du Code civil sanctionne-t-il les fautes d'omission
les plus légères ?*

Et d'abord, demandons-nous comment la Cour de
cassation a sauvegardé les droits des parties en cause,
quelle est la solution définitive qu'obtiendraient les plai-
deurs désireux d'épuiser tous les degrès de juridiction ?
L'arrêt du 10 novembre 1884 est fondamental en la
matière (1). La Chambre civile, présidée par M. Larombière, avait à juger la valeur de deux moyens de pourvoi invoqués par le demandeur. Après les plaidoiries de
MM^{es} Demasure et Georges Devin, et sur les conclusions
conformes de M. l'avocat général Desjardins, elle écarte
tout d'abord le premier, en réservant l'application de
l'article 1784 du Code civil aux seules « choses » transportées. Faisant donc reposer le principe de la responsabilité des Compagnies de chemins de fer sur les articles 1382 et suivants du Code civil, voici comment
elle s'exprime à leur égard : « Attendu que les articles 1382 et 1383 du Code civil ne limitent point la
responsabilité qu'ils prononcent contre celui par la faute
duquel un accident est arrivé, au seul cas où cette faute

(1) Cassation, 10 novembre 1884, S. 1885.1.129, P. 1885.1.279,
D. 1885.1.433.

a été la cause unique et immédiate de l'accident dommageable. Que si la personne lésée a elle-même commis une imprudence, cette circonstance peut, sans doute, autoriser les Tribunaux à réduire le chiffre des dommages-intérêts, mais ne saurait leur permettre d'affranchir de toute responsabilité celui dont la faute a contribué, dans une certaine mesure, à déterminer l'accident, ou à en aggraver les conséquences ; — Attendu que l'arrêt attaqué a constaté en fait, que le sieur Recullet, arrivé le 22 décembre 1880, à 7 heures 43 du soir, à la gare de Gannes, par le train n° 36 venant d'Amiens, avec un retard sur l'heure réglementaire, a été le seul voyageur descendant de ce train à cette station. Qu'en voulant traverser la voie pour gagner la porte de sortie des voyageurs, il a été mortellement atteint par le train express n° 29 qui, franchissant ladite gare, au moment où le train n° 36 en sortait en direction inverse, était masqué par les wagons de ce dernier train pour les personnes se trouvant alors sur le quai d'arrivée ; — Attendu que le retard extra-réglementaire du train n° 36 ayant occasionné le croisement, à la gare de Gannes, de ce train avec l'express, il est résulté de ce retard un péril pour les voyageurs qui, descendus du train n° 36, au moment où l'express allait passer, avaient à traverser la voie pour sortir de la gare ; — Que, dans ces circonstances anormales, les employés de la Compagnie étaient obligés de signaler le danger aux voyageurs et de prendre des dispositions particulières et exceptionnelles pour les préserver de tout accident ; — Attendu que, sans contester que Recullet ait été averti du danger auquel il était exposé, en traversant la gare, et que des mesures de précaution exceptionnelles aient été prises par les employés, ni même que le passage du train ait été annoncé par les signaux ordinaires prescrits par les règlements, l'arrêt a cependant affranchi la Compagnie du chemin de fer du Nord de toute responsabilité et s'est fondée pour statuer ainsi, sur ce que Recullet avait, lui-même, commis une imprudence en voulant traverser la voie, alors que tous les wagons du train n° 36 n'avaient point encore dépassé les limites de la gare, et sur ce que la veuve Recullet n'aurait pas établi que l'accident arrivé à son mari était imputable à l'imprudence et aux agissements blâmables de la Compagnie ; — Mais attendu que si le fait reproché à la victime a pu contribuer à l'accident, cette circonstance ne pouvait à elle seule, exonérer la Compagnie de toute responsabilité, à raison de la faute de ses employés ; — Attendu, dès lors, que, en statuant ainsi qu'il l'a fait, l'arrêt attaqué à méconnu les conséquences légales des faits par lui constatés, et a, par suite, violé les textes de loi ci-dessus visés. — Par ces motifs, casse » (1).

En résumé, pour la Cour de cassation, le principe de la responsabilité des Compagnies de chemins de fer à

(1) La Conférence des Avocats de la Cour d'appel de Paris discutant, le 5 mars 1894, la question qui nous préoccupe, a adhéré à la manière de penser de la Cour de cassation, dans l'arrêt rapporté ici-même.

l'égard des voyageurs qu'elle transporte, repose dans les articles 1382 et suivants du Code civil. Ce sera donc aux victimes d'un accident de prouver la faute du transporteur. Mais, et voici précisément le point délicat à fixer : quelles sont les données d'appréciation qui serviront à déterminer cette faute. La question des torts réciproques des deux parties en cause mise de côté, qu'on veuille bien lire attentivement les considérants de l'arrêt du 10 novembre 1884 (et c'est pour ne point paraître avancer une affirmation sans fondement, que nous avons cru pouvoir transcrire la majeure partie de cet arrêt), comparons-les, pour plus de précision avec ceux du jugement du Tribunal de Clermont du 3 juin 1881 et de l'arrêt de la Cour d'Amiens du 29 décembre 1881 (1), dont le pourvoi en Cassation a motivé l'arrêt du 10 novembre 1884, il se dégagera de toutes ces idées la solution suivante. La Cour de cassation, pourrions-nous dire, considère comme faute imputable à la Compagnie, non seulement la *culpa in committendo*, le fait brutal d'une violation de droit, d'une atteinte directe portée contre la sécurité des voyageurs ; mais aussi la *culpa in omittendo*. Et la « négligence », « l'imprudence » de la Compagnie, dit la Cour Suprême, doit s'entendre « des dispositions particulières et exceptionnelles », « des mesures de précaution exceptionnelles » que sont tenus de prendre les employés de service. Cette obligation s'im-

(1) Amiens, 29 décembre 1881, S. 85.1.129, P. 85.1.279, D. 1882.2. 163, *Journal des audiences de la Cour d'Amiens*, 1881, p. 240.

pose à la Compagnie comme un devoir ; chaque fois qu'elle s'y soustraira, toutes les fois qu'un voyageur, blessé dans un accident, pourra apporter la preuve qu'elle n'avait pas pris les précautions les plus minutieuses pour l'éviter, les Tribunaux devront déclarer la Compagnie responsable en vertu de l'article 1383 du Code civil.

Avant d'être sanctionnée par l'autorité de la Cour de cassation, la doctrine que nous venons d'exposer s'était déjà manifestée dans certaines décisions judiciaires (1).

(1) Nous ne taririons point si nous voulions citer les décisions judiciaires qui sont intervenues dans des espèces analogues à celle que nous envisageons actuellement, et dont les considérants pourraient s'appliquer, avec tout autant de justesse, à la responsabilité des Compagnies de chemins de fer. Il s'agit d'accidents survenus aux ouvriers au cours de leur travail ; les jugements ou arrêts qui se réfèrent, pour la solution du débat, aux principes de la responsabilité délictuelle, ont soin, pour la plupart, d'imposer aux chefs d'industrie, réparation non seulement de leur faute, mais aussi de leur défaut de précautions et de sauvegarde ; non seulement pour avoir commis un acte attentatoire à la sécurité de l'ouvrier ou contraire aux règlements en vigueur dans cette industrie, mais encore pour avoir omis les mesures de prudence et les moyens possibles d'éviter certains accidents. Ainsi se sont exprimés le Tribunal de Corbeil, la Cour de Paris, 4e Chambre, le 21 décembre 1874 (D. 1876.2.72). « Attendu que s'il est certain que D... (le patron) a pris de sérieuses précautions pour diminuer..... le danger qu'offre toujours le travail qui se fait à l'aide de machines ; et que s'il a... (pris ces précautions)... il peut cependant lui être reproché de n'avoir pas, ajoutant encore à ces précautions,.... et, par là, prévenu les effets de l'imprudence toujours à craindre de l'ouvrier ; — Attendu que, dans ces circonstances, le défaut de précautions engage la responsabilité de D... » Mêmes principes professés par la Cour de Caen le 22 décembre 1876 (S. 1877.2. 46, P. 1877.234). « Attendu que (le demandeur) ne prouve pas qu'en outre des faits de négligence ou défauts d'attention qu'il a articulés,

Une preuve entre bien d'autres ; et, détail précieux à noter, l'espèce que nous allons relever offre avec l'hypo-

(les usiniers) aient manqué à certains devoirs particuliers ou à des règles spéciales qui les concernent comme usiniers, et qui pourraient constituer une faute entraînant la responsabilité édictée dans l'article 1382 du Code civil ». Nous trouverions des solutions et des considérants analogues dans les jugements et arrêts suivants : Paris, 4 février 1870 (P. 1870.1186, S. 1876.2.324) ; Lyon, 26 avril 1871 (P. 1871.531, S. 1871.2.156), Caen, 5 avril et 22 décembre 1873 (*Recueil des arrêts de la Cour de Caen*, 1874, p. 108) ; Tribunal de Pontarlier, 16 janvier 1873 ; Besançon, 30 mai 1873 et Cour de cassation, Ch. des req., 8 février 1875 (P. 1875.500, S. 1875.1.204) ; Rouen, 29 avril 1874 (*Recueil des arrêts de la Cour de Rouen*, 1874, p. 252) ; Paris, 29 avril 1875 (P. 1876.715, S. 1876.2.182) ; Tribunal de Marseille, 31 juillet 1876 et Cour d'Aix, 10 janvier 1877 (P.1877.1306, S. 1877.2.336) ; même Cour, 27 novembre 1877 (P.1878.979 ; S. 1878. 2.232) ; et enfin un arrêt, maintes fois cité de la Chambre des requêtes du 7 janvier 1878 (Affaire Schneider et Cie, contre Boissot, S. 1878.1.412, P. 1878.1074), arrêt rendu sur le pourvoi en cassation de l'arrêt de Dijon du 27 avril 1877. Voici la substance de cette décision importante : « Attendu que si l'existence d'une faute légalement imputable constitue l'une des conditions essentielles de l'action en responsabilité fondée sur les articles 1382 et suivants du Code civil, il résulte, dans l'espèce, des déclarations de l'arrêt attaqué que l'accident qui..... aurait pu être évité si la Société du Creuzot, obligée de préserver ses ouvriers des conséquences mêmes des dangers inhérents à leur travail, avait pris les mesures nécessaires pour conjurer ces dangers ; qu'en considérant comme constitutive d'une faute de sa part l'absence de toute précaution à cet égard et en la déclarant responsable du préjudice qui en est résulté, la Cour d'appel de Dijon n'a violé aucun texte de loi et n'a fait qu'une juste application des règles de la matière... » Aussi M. Peulevey était-il fondé à dire, à la tribune de la Chambre des députés, le 13 mai 1882 : « La Jurisprudence en est arrivée à ce point, par des considérations que je n'ai pas à critiquer, de trouver toujours quelque chose de défectueux dans l'outillage, les précautions, etc... ». Même constatation sous la plume de M. Martin Nadaud, troisième rapporteur de la commission nommée pour examiner la proposition de loi relative à la responsabilité des accidents des ouvriers dans certaines professions. Ce rapport

thèse tranchée par la Cour de cassation, une analogie
frappante, puisque dans l'un comme dans l'autre cas,
il s'agissait d'un accident occasionné par un retard
extra-réglementaire. Voici comment le Tribunal de
commerce de Grenoble motivait un jugement du 9 avril
1880 (1) : « Attendu que les Compagnies de chemins de
fer ont l'impérieux devoir d'assurer par les soins les
plus vigilants la sécurité des voyageurs ; que les précautions à prendre dans ce but, ne sauraient être limitées à
celles prévues dans un Règlement administratif quelconque, qu'elles naissent des circonstances et doivent être
en rapport avec les dangers à éviter ;..... Attendu qu'il
incombait à la Compagnie de chemins de fer de prendre
toutes les mesures de prudence et de protection rendues
nécessaires par le retard de l'express à Dijon..... » Et
après avoir, pour ainsi dire, posé les principes géné-

présenté à la Chambre des députés le 16 février 1884 (*Documents par-
lementaires*, 1884, p. 250 à 272; annexe n° 2634) contenait cette
phrase : « Une Jurisprudence constante prouve que la règle de l'article 1382 est interprétée aussi favorablement que possible pour l'ouvrier » ; et il développait cette idée en démontrant : 1° qu'il n'était
pas nécessaire que l'ouvrier apportât la preuve d'une faute *in committendo* puisque l'article 1383 assimilait à la faute, l'imprudence ou
la négligence, et 2° que la négligence du chef d'industrie devait s'entendre dans le sens le plus large, puisque, si l'accident pouvait être
évité par des moyens préventifs, il suffisait qu'ils fussent praticables,
possibles, sans même qu'ils fussent exigés, pour que le maître en fut
déclaré responsable. — La situation d'un voyageur serait-elle donc
moins périlleuse, n'exigerait-elle pas autant de précautions que
celle d'un ouvrier de la grande industrie ou d'un employé des chemins de fer ?

(1) Confirmé par un arrêt de la Cour de Grenoble du 14 décembre 1880 (D. 1881.2.107).

raux, le jugement continuait par l'appréciation des faits :
« Attendu que de l'instruction, il ne résulte pas que
l'accident soit survenu par suite de la négligence des
employés de service, pendant la nuit du 20 octobre ;
qu'au contraire il est établi que tous étaient à leur poste
et ont fait les signaux exigés par les Règlements pour
assurer la sécurité des voyageurs ;..... Mais..... Attendu
qu'il n'en reste pas moins établi que l'accident a eu pour
cause la situation critique et dangereuse faite aux voyageurs, par l'arrivée du train n° 130, avant le départ de
l'express qui avait subi un retard, le défaut de prévoyance de la part de la Compagnie qui n'a pris aucune
des précautions indiquées par la plus vulgaire prudence ; — Attendu que, de ces considérations, il ressort
que la Compagnie de chemins de fer doit être déclarée
responsable de l'accident qui a entraîné mort d'homme » (1).

La doctrine de la Cour de cassation a trouvé de nombreux imitateurs dans les Cours et Tribunaux de France ; on nous permettra de n'en rapporter ici que le dernier écho. La 1re Chambre de la Cour d'appel de Paris,
présidée par M. le Premier Président Périvier avait à
statuer sur la demande en dommages-intérêts d'une
personne qui, ayant pris place sur l'impériale d'un Omnibus avait été blessée par la rencontre de cette voiture
avec une autre chargée de mâts. Son arrêt du 31 jan-

(1) Voir dans le même sens: Bruxelles, 23 janvier 1884, *Pas. Bel.*,
1884.2.313.

vier 1895 (1) s'exprime ainsi : « Considérant que l'action en dommages-intérêts du voyageur victime d'un accident ne résulte pas d'une obligation contractuelle, mais du principe du droit commun en matière de responsabilité sous l'empire desquels demeure placé le transport des personnes ; que ces principes sont exclusivement fixés par les articles 1382 et suivants du Code civil, dont l'application implique pour le demandeur la preuve d'une faute imputable au défendeur ; qu'il s'ensuit que la Compagnie générale des Omnibus ne saurait être déclarée responsable que s'il est démontré qu'elle a commis une faute, par elle ou son préposé, et que cette faute a été la cause de cet accident. — En fait : Considérant qu'il résulte des pièces et documents de la cause que le cocher de l'Omnibus a pu et dû apercevoir de son siège le camion chargé de mâts qui pointaient en avant ; que loin de s'arrêter ou même de ralentir l'allure de son attelage, il a continué à avancer au trot : que dans ces conditions, le cocher Noirey n'ayant pas pris ses dispositions pour éviter le choc qu'il avait pu prévoir, l'accident doit être attribué à son fait, et conséquemment la Compagnie dont il est le préposé doit être rendue civilement responsable des suites de l'accident » (2).

(1) Paris, 31 janvier 1895, *Gaz. Trib.*, 22 février 1895.

(2) Voir dans le même sens un arrêt de la même Cour, 4e Chambre du 27 juillet 1894, *Gaz. Trib.*, 26 août 1894. Un des derniers arrêts spécialement relatif aux chemins de fer dit notamment : « Attendu que la collision des trains qui s'est produite... a été, en principe, déterminée par l'inobservation des règlements, l'impru-

Cette théorie, ce principe de la responsabilité des voituriers, reposant sur l'article 1382 du Code civil, cette extension de la responsabilité délictuelle jusqu'à y comprendre l'absence de mesures préventives n'est point spéciale à l'autorité judiciaire. M. Féraud-Giraud partage le même avis, au point de vue spécial qui nous intéresse, de la responsabilité des Compagnies de chemins de fer. C'est la solution qui se dégage de maints passages de son ouvrage (1). Il pose tout d'abord comme principe que les Compagnies ne répondent que de leurs fautes, ce qui implique, par conséquent, l'impossibilité de tout recours contre elle, de la part des victimes d'un accident dû à un cas fortuit ou à une force majeure. Mais, à ce dernier point de vue, M. Féraud-Giraud ajoute (2) : « Le plus souvent, les cas fortuits et de force majeure ne sont point imprévus, ils sont, au contraire connus de tous, mais ils sont surtout difficiles et parfois impossibles à prévenir et à empêcher. L'obligation de prendre des précautions préalables pour en prévenir les effets est encore une obligation relative » ; et par conséquent, les Tribunaux doivent dans ces hypothèses faire retomber sur le commissionnaire de transports les accidents causés par son manque de précautions et de mesures de sauvegarde.

dence, l'inattention de la Compagnie de chemins de fer du Midi ».
Toulouse, 5 décembre 1893.

(1) Féraud-Giraud, *op. cit.*, t. III, n° 420, p. 316.
(2) Féraud-Giraud, *op. cit.*, t. II, n° 860.

M. Lanckmann (1) en partant, lui aussi, du principe de l'article 1382, aboutit au même résultat, puisqu'il déclare : « qu'il suffit que les Tribunaux trouvent une ombre de faute soit de négligence, soit d'imprévoyance pour appliquer, dans toute leur rigueur, les dispositions du droit commun en matière de responsabilité » (2).

Cette interprétation n'est-elle point excessive ; et, précisément en ce qui concerne la question des accidents de chemins de fer ne se hasarde-t-on pas trop, en prétendant que les articles 1382 et suivants du Code civil suffisent, à eux seuls, pour imposer aux Compagnies les moyens préventifs propres à garantir la sécurité des voyageurs ? La question se pose donc de savoir si la « négligence », telle que l'entend l'article 1383, comprend l'inaccomplissement des prescriptions légales ou réglementaires, aussi bien que le défaut de précautions, fussent-elles même élémentaires ou essentielles. — Or, à cette interrogation nous avons des réponses autorisées tout autant que précises.

C'est d'abord M. Demolombe qui s'exprime ainsi (3) : « Une simple omission, une pure inaction peut-elle constituer un délit ou un quasi-délit lorsque celui auquel on l'impute, n'était pas légalement tenu d'agir ?... Sur le terrain du droit positif, notre avis est qu'une abs-

(1) Lanckmann, *op. cit.*, n° 454, p. 302 et n°ˢ 456 à 458, p. 303 à 308.
(2) Consulter dans le même sens : Jacqmin, *Des obligations et de la responsabilité des Compagnies de chemins de fer.*
(3) Demolombe, *op. cit.*, t. XXXI, n° 474, p. 409 et n° 479, p. 414.

tention, en cas pareil, ne saurait constituer ni un délit ni un quasi-délit, dans les termes des articles 1382-1383. On ne peut être responsable, comme ayant commis un délit, ou un quasi-délit, qu'autant que l'on a manqué à une obligation, dont on était tenu légalement envers un tiers, à cette obligation générale, qui nous défend, à tous et à chacun, de nuire au droit d'autrui ».

« Tout délit, disent MM. Aubry et Rau (1), consiste dans un fait de l'homme. Ce fait peut être un fait négatif ou d'omission, aussi bien qu'un fait positif ou de commission. Toutefois, une personne qui, par quelque omission, a occasionné un dommage à autrui, n'en est responsable qu'autant qu'une disposition de la loi lui imposait l'obligation d'accomplir le fait omis ». Et ces auteurs tiennent le même langage à l'égard des quasi-délits (2).

M. Laurent (3) ne le cède pas, en netteté, sur les auteurs précédents. Il faut, dit-il, pour l'application de l'article 1382, un fait, « non seulement les actions, mais encore les omissions et les réticences ». Toutes ? Non. Celles seulement « où celui qui n'a pas empêché le fait dommageable avait quelque devoir de le prévenir ; il faut donc supposer que la loi impose le devoir d'empêcher un fait dommageable pour que le fait d'omission

(1) Aubry et Rau, *op. cit.*, 3e édition, t. III, n° 444, p. 540.
(2) *Id.*, n° 446, p. 547.
(3) Laurent, *op. cit.*, t. XX, n° 388.

devienne une faute qui oblige de réparer le dommage ».
Ce n'est pas un devoir de charité, c'est un devoir légal
de surveillance. Et le même auteur ajoute (1) : « La force
majeure exclut toute idée de faute ». Puis, appliquant
cette théorie aux Compagnies de chemins de fer, il en
conclut, qu'une fois que toutes les mesures prescrites
par l'autorité administrative dans l'intérêt de la sécurité
publique ont été prises, la Compagnie ne peut plus être
déclarée responsable.

C'est encore la même idée qui est exprimée, sous des
termes différents, par M. Larombière. Après avoir constaté que les articles 1382 et 1383 désignent les fautes
de commission, aussi bién que les fautes d'omission,
l'auteur ajoute (2) : « Cependant, lorsque le fait duquel
on prétend faire résulter un délit ou un quasi-délit consiste dans une simple négligence ou omission, il faut,
pour que celui auquel il est imputé, en soit responsable,
qu'il ait existé à son égard quelque obligation légale, en
vertu de laquelle il ait été tenu d'accomplir l'acte, qu'il
a, contrairement à ses devoirs, omis ou négligé »....

Et allant jusqu'à la philosophie du droit, M. Sainctelette a pu, d'un mot, caractériser le fait d'omission, de
négligence prévu par le Code dans l'article 1383, lorsqu'il a dit (3): « La Loi commande l'abstention, elle

(1) Laurent, *op. cit.*, t. XX, n° 450.
(2) Larombière, *Théorie et Pratique des obligations*, t. 5. Art. 1382,
n°s 5 et s.
(3) Sainctelette, *op. cit.* chapitre IV, n° 9.

défend d'en sortir par un méfait, elle n'enjoint pas le dévouement ».

Mais, pourtant, combien ne pourrait-on pas montrer de décisions judiciaires qui vont directement à l'encontre de ces idées, et qui, franchissant le cercle des devoirs imposés par la loi, voudraient, s'appuyant uniquement sur les articles 1382-1383 du Code civil et sur l'idée de quasi-délit, imposer aux Compagnies de chemins de fer la responsabilité des accidents dus à une absence de précautions ou à une apathique incurie. C'est contre cette tendance que s'élèvent MM. Fuzier Herman (1) et Planiol (2). Ce dernier jurisconsulte, surtout, l'a fait avec beaucoup de logique : Cette Jurisprudence, dit-il, et ici nous ne faisons que résumer sa pensée, se trompe en se basant sur l'article 1382, car cet article ne vise que la faute *in committendo* et non pas la négligence, c'est-à-dire la faute *in omittendo*. La simple omission n'engendre pas de ces pénalités. Mais l'article 1383 ne peut-il pas faire répondre la Compagnie de ses négligences ? Non, ce serait violer le texte ; car, ou bien elle était tenue d'accomplir un contrat, sinon elle était passible de dommages-intérêts ; ou bien elle n'était pas tenue d'agir, et la simple inaction n'a pu lui créer une responsabilité quelconque, puisqu'elle avait le droit de s'abs-

---

(1) Fuzier-Herman, La responsabilité des accidents du travail sous le régime du Code civil, *Revue générale*, 1893, p. 295.

(2) Planiol, Examen doctrinal de Droit civil, *Revue critique*, 1888, p. 279.

tenir. Ni dans un cas ni dans l'autre, son abstention n'a créé à sa charge aucune obligation nouvelle.

Cette interprétation *stricto sensu* des articles 1382 et 1383 a prévalu dans certains jugements ou arrêts. Citons entre autres le jugement du Tribunal de Clermont du 3 juin 1881 et l'arrêt de la Cour d'Amiens du 29 décembre 1881 (1), cassés par l'arrêt de la Cour de cassation du 10 novembre 1884. Mentionnons également un arrêt de la Cour de Douai du 23 janvier 1883, dans lequel nous lisons ces considérants : « Attendu que l'accident d'où est né le litige n'a été déterminé par aucune faute imputable à la Compagnie appelante ou aux agents dont elle répond ;... Attendu que..... le fait peut donner lieu à des précautions spéciales de la part des voyageurs, mais n'autorise pas celui qui par son imprudence ou sa maladresse encourt quelque dommage en descendant du wagon où il a pris place, à en faire un grief aux Compagnies de chemins de fer... » (2). La même Cour est aussi nette dans un arrêt rendu en date du 31 mars 1890 (3).

Les considérants des arrêts que nous venons de citer formeront la conclusion, en même temps que le résumé de notre essai d'interprétation des articles 1382 et 1383

---

(1) Amiens, 29 décembre 1881, *Journal des audiences de la Cour d'Amiens*, 1881, p. 240, D. 1882.2.163, S. 1885.1.129, P. 1885.1.279.

(2) Douai, 23 janvier 1883, *Jurisprudence de la Cour de Douai*, 1883, p. 9 ; *Bull.*, 1883, p. 38.

(3) Douai, 31 mars 1890, *Jurisprudence de la Cour de Douai*, 1890, p. 99.

du Code civil. Ces articles contiennent le principe de la responsabilité délictuelle, qui peut se résoudre en ces deux propositions : la première, en vertu de laquelle la victime d'un accident de chemins de fer doit prouver la faute de la Compagnie qu'elle actionne en dommages-intérêts ; — la seconde relative au critérium d'appréciation de cette faute, critérium que nous avons reconnu ne pouvoir être que l'infraction à un ordre de la loi ou l'inapplication des prescriptions réglementaires. En dehors de ces cas, la Compagnie ne devrait point être déclarée responsable, pour ceux du moins qui prennent, comme base de leur action en justice, les articles 1382 et 1383 du Code civil ; et comme principe, la responsabilité simplement délictuelle.

SECTION II. — **Responsabilité délictuelle.**

L'article 1382 du Code civil sanctionne-t-il les fautes contractuelles.

C'est, avec intention, que nous employons cette redondance ; elle nous amène naturellement à parler d'une opinion qui a cours au Palais et dans les livres, et, d'après laquelle les conséquences rigoristes des articles 1382 et suivants du Code civil devraient être amendées par la notion de la faute contractuelle, d'après laquelle, en d'autres termes, on devrait considérer comme faute *in committendo* ou *in omittendo* non seulement la violation des Lois et Règlements, mais, de plus, l'inexécution des obligations du contrat. Les Compagnies de chemins de fer devraient donc indemniser les victimes d'un accident, non seulement au cas où elles auraient contrevenu à un Règlement formel, mais aussi lorsqu'elles auraient manqué à une mesure de sécurité imposée par la convention ou commandée par l'intention des parties contractantes.

L'article 1382 se référerait donc tant aux fautes délictuelles qu'aux fautes contractuelles. C'est ce qu'ont décidé notamment et l'arrêt de la Cour de cassation du 7 mai 1868 (1) et celui de la Cour de Rennes du 13 dé-

(1) Cassation, 7 mai 1868, D. 1869. 1. 72, S. 1869.1.75, P. 1869. 191.

cembre 1869 (1) et celui de la Cour de Paris du 16 décembre 1873 (2), dans lequel nous lisons notamment : « Qu'il suffit que la Compagnie n'ait contrevenu à aucune de ses obligations réglementaires pour que, de ce chef, on ne puisse la reconnaître en faute » ; aussi bien que celui de la Cour d'Aix du 12 décembre 1887 (3) qui, il est vrai, cherche le principe de la responsabilité des commissionnaires de tranport dans l'article 1784 du Code civil, mais qui contient un considérant où nous remarquons ceci : « Attendu, dit cet arrêt, que tout préjudice résultant d'une faute oblige celui par la faute duquel il est arrivé à le réparer (article 1382, C. civ.), d'où suit que la Compagnie de chemins de fer Paris-Lyon-Méditerranée, obligée *ex contractu* l'est aussi *quasi ex delicto* non seulement si la cause du préjudice réside dans une inobservation des Règlements, mais encore si elle réside dans une infraction aux règles de la plus simple prudence et du manque de précautions élémentaires ». La dernière décision qui ait adopté cette manière de voir est, croyons-nous, un jugement du Tribunal civil de la Seine du 18 mars 1893 (4) qui s'exprime ainsi : « Attendu que le contrat de transport des personnes oblige seulement à donner tous

(1) Rennes, 13 décembre 1869, D. 1872. 2. 149.

(2) Paris 16 décembre 1873, D. 1874. 2. 126, S. 1874. 2. 216, P. 1874. 861.

(3) Aix, 12 décembre 1887. D. *Rép. Sup.* V° *Commissionnaire*, n° 96, p. 709.

(4) Tribunal de la Seine, 18 mars 1893, *Gaz. Trib.*, 26 mai 1894.

ses soins à ce transport et à ne rien faire qui soit de nature à compromettre la sécurité des personnes qui se sont confiées à lui ; que ses obligations ne vont pas au delà ; que le principe en ce qui concerne la responsabilité des accidents occasionnés aux personnes, sont exclusivement fixés par les articles 1382 et suivants ».

Si nous passons maintenant de la Jurisprudence à la Doctrine, nous constatons que ce système a été adopté par M. Picard, lorsqu'il écrit (1) : « Les Compagnies, en délivrant des tickets aux voyageurs, concluent avec eux un véritable contrat dont l'inexécution peut donner ouverture à une action en garantie *ex contractu*... Mais, à côté de l'action en garantie *ex contractu*, naît toujours nécessairement une action en dommages-intérêts *ex delicto* ou *ex quasi delicto*, qui prend un caractère prédominant et absorbe la première. Cette seconde action s'appuie sur l'article 1382 et les articles suivants du Code civil ». Et dans un autre passage (2) de son Traité, M. Picard n'est pas moins net, lorsqu'il fait découler la responsabilité civile des Compagnies de chemins de fer des articles 1142, 1147, 1148, 1149 et de la loi du 15 juillet 1845, combinés ou plutôt commandés par l'article 1382 du Code civil (3).

(1) Picard, *op. cit.*, t. III, p. 489.
(2) Picard, *op. cit.*, t. IV, p. 205.
(3) Telle est également, en thèse générale, la théorie du Code Anglais. M. Campbell, dans son ouvrage intitulé : *The law of negligence* (2ᵉ édition, t. 1ᵉʳ, London, 1879) s'exprime ainsi au § 12 « To speak

M. Lefebvre (1) a longuement développé cette théorie ; il importe d'y insister particulièrement. En premier lieu, M. Lefebvre pose les principes généraux de son système. « L'évidence pour nous, dit-il, est que la faute seule peut engendrer la responsabilité ; que ces deux idées : responsabilité, faute, sont inséparables et que l'une ne se conçoit pas sans l'autre ; que « responsabilité contractuelle » est une formule vicieuse, une formule erronée de langage, et que la responsabilité est nécessairement *délictuelle*..... Nous ne prétendons pas que le contrat qui crée une relation quelconque entre un homme et une chose ou entre deux hommes ne modifie en rien la responsabilité ; nous soutenons seulement qu'il ne modifie pas la nature de la responsabilité et qu'il ne crée pas une responsabilité spéciale..... La solution nous paraît être dans une bonne définition du mot *faute*. Nous dirons qu'il y a *faute*, manquement au devoir, quand on fait ce qu'on n'a pas le droit de faire, et quand

correctly, all actions have their legal grounds in wrong ; for all mu st arise upon the breach, actual or apprehendes of some duty ». — Le projet de Code civil allemand s'inspire des mêmes principes. M. Saleilles (*Essai d'une théorie générale de l'obligation d'après le projet de Code civil allemand*, § 16, p. 14) nous les fait connaître, lorsqu'il écrit que « pour le projet de loi, toute faute est un délit civil : le délit consiste à violer le droit d'autrui ; et il y a violation du droit d'autrui, aussi bien lorsqu'il s'agit d'atteinte à un droit de créance que lorsqu'il s'agit d'atteinte au droit de propriété (art. 704, 705) ; donc, ce que nous appelons la faute contractuelle est pour les auteurs du projet un délit civil comme tous les autres ».

(1) Lefebvre, De la responsabilité délictuelle, contractuelle. *Revue critique*, 1886, p. 485 et s.

on n'a pas fait ce qu'on a l'*obligation* de faire ; *obligation*
étant pris dans le sens de lien de droit. La faute est un
fait *illicite* au sens étroit du mot lorsque l'acte accompli
est prohibé par la loi, ou lorsque l'acte négligé est
ordonné par la loi. Dans un sens plus large, la faute est
un fait illicite, lors même que la loi n'a pas statué, si la
convention, le contrat ayant défendu ou ordonné, on
contrevient à la convention, au contrat ».

Après avoir posé un principe général, M. Lefebvre
en tire les conséquences ; et l'une des situations à laquelle il les applique offre, avec notre hypothèse, plus
d'une analogie saillante. Nous transcrivons donc ce
passage (1) : « Comment peut-on déclarer le patron (2)
(commissionnaire de transports) responsable, le con-
damner à réparer le préjudice éprouvé par l'ouvrier (le
voyageur) ? Précisément en invoquant l'article 1382, en
établissant qu'il a commis une faute et que cette faute
est la cause du préjudice. On est bien obligé de dire : le
patron (le commissionnaire de transports) a, par le
contrat, promis de prendre certaines précautions, il n'a
pas rempli son obligation ; en quoi il a commis une
faute, laquelle a causé le préjudice, donc il est responsable des conséquences de sa faute. Mais ne manquera-t-
on pas de dire, la faute ici est *contractuelle*, elle dérive

______

(1) Lefebvre, *art. cit.*, p. 54.
(2) Nous avons cru pouvoir mettre entre parenthèses les noms des
parties en cause dans un contrat de transport, afin de mieux faire
ressortir le bien fondé de l'analogie.

du contrat, sans le contrat, elle n'existerait pas, et c'est une pure querelle de mots que nier d'une part la faute contractuelle et d'autre part admettre que le contrat crée au patron (au commissionnaire de transports) des obligations spéciales et que tout manquement à ces obligations implicites ou explicites constitue une faute. Il n'en reste pas moins que, quant à la responsabilité, le patron (le commissionnaire de transports) est lié plus étroitement envers l'ouvrier (le voyageur) qu'envers un tiers avec lequel il n'a pas contracté ; c'est reconnaître que la faute, et par conséquent la responsabilité, vient du contrat, que l'article 1382 est étranger à la matière. Non, mille fois non, continue M. Lefebvre. La responsabilité est la conséquence d'une faute ; des dommages-intérêts ne peuvent être accordés contre quelqu'un indemne de toute faute ». Quel est donc le motif invoqué par M. Lefebvre à l'appui d'une affirmation aussi tranchante ; le voici : « Toutes les hypothèses, dit cet auteur, conduisent à la même solution : nous placerons toujours à côté de l'ouvrier (du voyageur) un tiers n'ayant pas contracté avec le patron (le commissionnaire de transports), et pour qu'on ne puisse pas équivoquer, un passant, un voisin qui reste chez lui, nous les ferons victimes de l'accident qui frappe l'ouvrier (le voyageur) et nous arriverons toujours à cette conséquence que le patron (le commissionnaire de transports) est responsable envers tous ou envers personne, ce qui est la négation énergique de la responsabilité dérivant du contrat, de la faute contractuelle, l'affirmation de la responsabilité régie uniquement par l'article 1382 ».

Mais alors comment se fait-il qu'immédiatement après, M. Lefebvre écrit : « Ce qui est vrai, c'est que si le patron (le commissionnaire de transports) ne peut pas être responsable envers l'ouvrier (le voyageur) sans l'être envers le tiers, il peut être responsable envers le tiers sans l'être envers l'ouvrier (le voyageur). Le patron (le commissionnaire de transports) est responsable envers le tiers toutes les fois qu'il commet une imprudence, une négligence, une inobservation des Règlements. Le contrat intervenu entre le patron (le commissionnaire de transports) et l'ouvrier (le voyageur), à moins de clauses expresses que nous laissons en dehors de cette discussion, oblige le patron (le commissionnaire de transports) *à toutes les suites que l'équité, l'usage ou la loi donnent à l'obligation d'après sa nature* (article 1135). N'y a-t-il donc, entre ces deux situations, comme semble le dire M. Lefebvre, qu'une question de nuances, et peut-on conclure avec lui « qu'il n'y a pas deux fautes, deux responsabilités de natures différentes. La faute est toujours délictuelle, la responsabilité est toujours le résultat d'une faute délictuelle. »

Non, répondrons-nous, cette unité d'appréciation et de sanction peut bien se concevoir au point de vue de la morale. Devant les Tribunaux, la situation est différente et M. Lefebvre nous l'a lui-même indiquée, lors-

qu'il indiquait comme critérium de la faute, dans le
contrat, l'inaccomplissement des « suites que l'équité,
l'usage ou la loi donnent à l'application d'après sa nature », et, en dehors de tout contrat, l'imprudence, la
négligence, l'inobservation des règlements. Or, nous ne
pouvons admettre que le traitement des deux situations
qu'il compare ne soit pas dissemblable, puisque les
données d'appréciation le sont elles-mêmes.

Dans le premier cas, les parties s'étant proposé un
but à atteindre, ont dû s'entendre sur les moyens propres à y parvenir, sur leur rôle respectif dans l'acte ; et,
par suite, sur les conséquences d'un insuccès et leur
responsabilité pour autant qu'il leur serait imputable.
L'inaccomplissement des obligations par l'une d'elles a
dû entrer en ligne de compte, pour être résolu par une
clause formelle du contrat ou laissé à l'appréciation des
parties contractantes. La faute fait donc, pour ainsi
dire, corps avec le contrat et au même titre que l'inexécution qui en est la conséquence.

Mais, au contraire, lorsqu'une personne, juridiquement étrangère à une autre, lui cause un préjudice, il
ne peut plus être question, pour la réparation du dommage, d'une entente préalable ; aussi la loi intervient-
elle alors pour prononcer souverainement. Tel est le
sens, telle est la portée de l'article 1382 ; sa situation
dans le Code, les termes qu'il emploie seraient déjà sans
doute une preuve en faveur de notre opinion. Mais « il

2

ne suffit pas de faire remarquer, dit M. Labbé (1), que
les articles 1382 et suivants, engendrent des obligations
qui, selon la rubrique du titre 4, livre 3 du Code civil, se forment sans convention, c'est-à-dire entre personnes qui n'ont pas préalablement contracté ensemble ;
car cela entraîne qu'un tiers peut invoquer ces articles,
et non pas qu'un contractant ne puisse pas, comme un
tiers, s'en prévaloir. On comprendrait que les causes
d'obligations délictuelles concourussent avec les causes
d'obligations contractuelles pour la plus grande sécurité
des personnes atteintes de dommages. Il n'y a pas entre
ces causes d'engagements incompatibilité absolue, pour
ainsi dire matérielle. Non, mais il y a incompatibilité
morale ou juridique. Les mêmes règles de responsabilité ne doivent pas régir les personnes qu'aucun contrat
n'a encore mises en rapport, et les personnes qui sont
unies, rapprochées par le lien du contrat. » Le motif
de cette différence ? C'est que le *contractant* commet
une faute en n'exécutant pas son *obligation*, et le *délinquant* en commet une en contrevenant au *devoir* général
exprimé dans cet adage : *neminem lædere.*

Cette idée, combien de Jurisconsultes l'ont déjà exprimée ? C'est M. Demolombe, en posant cette double règle (2) : « D'une part, les articles 1136, 1137 et 1146 et
suivants qui déterminent les conséquences de la faute
en matière de contrats, sont inapplicables en matière

(1) Labbé, note sous un arrêt, S. 1886. 2. 97.
(2) Demolombe, *op. cit.*, t. XXXI, n° 472, p. 407.

de délits ou de quasi-délits ; lesquels sont uniquement régis par les articles 1382 et 1383 ; — Comme aussi, d'autre part, réciproquement, les articles 1382 et 1383, qui déterminent les conséquences des fautes en matière de délits ou de quasi-délits sont inapplicables en matière de contrats ou de quasi-contrats, lesquels sont uniquement régis par les articles 1136, 1137 et 1146 ». Et M. Demolombe trouve la vérification de la seconde règle qu'il vient de poser, « soit dans les textes mêmes de notre Code, soit dans les principes généraux du Droit. Le législateur a réglé ce qui concerne le caractère des fautes, qui peuvent être commises dans l'exécution des contrats, et les dommages-intérêts, résultant de l'inexécution. Et les dispositions, qu'il a édictées à cet égard, ont ce double caractère qu'elles sont tout à la fois spéciales et complètes. D'où il suit qu'elles se suffisent à elles-mêmes et qu'on ne saurait introduire en cette matière, d'autres textes qui y sont étrangers. Nous venons en effet, de remarquer que les principes du Droit ne s'y opposent pas moins que les textes ; les obligations, qui dérivent des contrats, et les conséquences, qui peuvent résulter de leur inexécution, devant nécessairement toujours participer de la nature du contrat qui a eu lieu, et se trouver ainsi déterminées par les règles qui lui sont propres (1) ».

Tel est aussi l'avis de M. Guillouard. De longs développements eussent été superflus de sa part ; aussi

____

(1) Demolombe, *op. cit.*, t. XXXI, nᵒ 477, p. 413.

nous ne trouvons qu'une référence indirecte à l'opinion de M. Demolombe, dans le passage suivant, consacré à la réfutation d'un projet de modification des articles 1733 et 1734 du Code civil : « Ce ne sont pas, dit-il, les articles 1382 et 1383 étrangers à la matière des fautes contractuelles, qui régissent cette situation (1).... ».

M. Labbé, que nous avons eu déjà l'occasion de citer, donne de l'inaptitude de l'article 1382 à régler les rapports des personnes liées par un contrat la raison décisive suivante (2) : « Un contractant promet de réaliser au profit de l'autre la prestation d'un service convenu, le droit commun ne l'engageait à rien de semblable, il est sorti au profit de l'autre contractant du cercle de la liberté naturelle ; il doit uniquement ce qu'il a promis, et assurément la mesure de diligence fixée par l'article 1382 ne saurait s'appliquer à un acte que le droit commun ne prescrivait pas. Les soins qui doivent accompagner un acte sont régis par le même principe que l'obligation d'accomplir cet acte. Nous devons, en vertu du droit commun, respecter la vie, la réputation, la propriété d'autrui ; l'article 1382 reflète ce devoir et le sanctionne. Mais, si nous devons, en vertu d'une promesse spéciale par laquelle nous avons mis nos forces au service d'un créancier déterminé ; la manière plus ou moins zélée et prudente avec laquelle nous devons agir doit être proportionnée à la teneur du contrat qui nous

<hr>

(1) Guillouard, *op. cit.*, t. I, n° 256, p. 255.
(2) Labbé, note sous un arrêt, S. 1885. 4, 26, P. 1885. 4. 33.

oblige.... Serait-on tenté d'admettre le contraire par cette raison spécieuse qu'un contractant doit être, dans tous les cas, tout au moins responsable comme le serait un tiers, que le contrat n'affranchit pas du droit commun, que le contractant demeure un homme tenu de respecter tous ses semblables, même son contractant, conformément au droit commun de l'humanité? Cela est un mélange de vérité et d'erreur. Tout contractant doit, relativement à l'objet du contrat, la mesure de diligence fixée par le contrat lui-même. S'il est en faute aux termes du contrat, il est inutile d'invoquer contre lui l'article 1382 ; si d'après le contrat il n'est pas responsable, le recours à l'article 1382 ne saurait aggraver sa situation. C'est le développement nécessaire de l'idée que le contrat est la loi des parties, loi spéciale substituée ou mieux ajoutée, superposée à la loi générale ».

M. Fromageot (1) impartit à l'article 1382 ses véritables limites, en définissant la faute « un manquement voulu ou non voulu, mais toujours intentionnel (2) à un devoir juridique ». Mais, « comme en France, continue le même auteur, la théorie des fautes dans les contrats est depuis longtemps une matière fertile en controverses, c'est à l'idée d'un manquement à un droit conventionnel que la faute est le plus souvent rattachée. Il en

______

(1) Fromageot, *De la faute*, p. 4 et 5.

(2) Nous n'entreprendrons point d'analyser cette définition ; disons seulement pour la compléter et en même temps l'expliquer, que M. Fromageot distingue la *faute* dont il parle, du *dol* et de la *fraude* consistant dans un manquement voulu et intentionnel.

résulte que la définition qui est ainsi donnée n'est plus
applicable lorsque le devoir auquel il a été manqué n'est
pas né de la convention ». Comment donc distinguer
ces deux sortes de devoirs ? « Parmi les devoirs civils,
dit M. Fromageot (1), il en est qui incombent à tous les
individus en général : ils consistent à restreindre leur
propre liberté afin de ne pas gêner celle des autres et
d'assurer ainsi la jouissance commune de la vie en communauté ; c'est la loi qui les établit, d'où leur nom de
devoirs légaux. Parmi les devoirs civils, il en est d'autres
qui sont spéciaux à certains individus, et, de plus, n'ont
nullement pour cause le bien-être général de tous les
autres ; ils ne dérivent pas à proprement parler du fait
de vivre en communauté, ce qui n'en est que l'occasion :
leur seule et unique source est dans la volonté de ceux
qui s'y soumettent librement par l'effet des conventions.
Ces devoirs diffèrent profondément de ceux qui sont nés
de la loi elle-même ; car tandis que ces derniers peuvent
être appréciés à l'aide de principes et de règles uniformes, les premiers sont, au contraire, essentiellement
variables en étendue et en durée, et ne peuvent être
appréciés qu'à l'aide de la convention qui les a formés.
Aussi semble-t-il qu'on puisse à juste titre distinguer
entre le manquement aux premiers et le manquement
aux seconds, et c'est ce qui a fait adopter le nom de
faute quasi-délictuelle, extra-contractuelle ou légale
d'une part, et celui de faute contractuelle d'autre part ».

(1) Fromageot, *op. cit.*, p. 15.

Cette distinction si juste qui repose, tout à la fois, sur la différence de but, de cause et de moyens, peut encore se recommander de l'opinion de MM. Aubry et Rau (1); Larombière (2); Laurent (3); Sourdat (4).

Si nous n'insistons pas davantage sur l'opinion de ces différents auteurs, c'est peut-être parce qu'ils posent un principe général dont nous avons déjà rencontré la démonstration sous d'autres plumes autorisées. Mais on ne nous pardonnerait pas notre laconisme quand d'éminents Jurisconsultes posent, très nettement et compétemment, la distinction entre la faute délictuelle et la faute contractuelle, et, en conséquence, l'inapplication de l'article 1382 à ces dernières, au point de vue de la responsabilité des Compagnies de chemins de fer.

C'est ce que M. Lyon-Caen fait parfaitement ressortir, au cours de la critique qu'il présente de l'arrêt de la Cour de cassation du 10 novembre 1884 (5). « Cet arrêt, dit M. Lyon-Caen, a violé les principes en confondant la faute délictuelle et la faute contractuelle. Une personne peut être tenue de réparer le préjudice subi par une autre, dans deux classes d'hypothèses bien distinctes qu'il faut soigneusement séparer : a) une personne a

____

(1) Aubry et Rau, *op. cit.*, 3e édition, t.III, p. 66, n[te] 17 et p. 548, n[te] 6.

(2) Larombière, *op. cit.*, t. V, art. 1382, n° 6.

(3) Laurent, *op. cit.*, t. XX, n° 463.

(4) Sourdat, *op. cit.*, t. I, n° 6.

(5) Lyon-Caen, note sous un arrêt, S. 1885.1.129, reproduit dans *Revue critique*, 1886, p. 360.

contracté envers une autre une obligation. Cette obligation n'est pas exécutée, ou (ce qui revient au même) est mal exécutée, un dommage en résulte pour le créancier, le débiteur est tenu de le réparer. b) Une personne cause par sa faute un dommage à une autre personne envers laquelle elle n'avait précédemment contracté aucune obligation, l'auteur du dommage est tenu d'indemniser la personne lésée. Dans le premier cas, il y a ce qu'on appelle une faute contractuelle ; dans le second cas, il y a faute délictuelle..... Les cas de faute contractuelle et de faute délictuelle sont régis par des principes différents..... » Et M. Lyon-Caen en donne un exemple lorsque, dans son *Traité de Droit commercial* (1), il développe une des conséquences relativement au fardeau de la preuve.

C'est encore M. Sarrut, qui en rendant compte de l'ouvrage de M. Féraud-Giraud (2), se trouve amené à parler de l'arrêt de la Cour de cassation du 10 novembre 1884, et qui s'exprime en ces termes : non l'article 1382 ne peut pas réglementer le transport des personnes par chemins de fer ; cette solution est inexacte, « elle procède de la confusion si fréquente en Doctrine et en Jurisprudence, entre la faute contractuelle et la faute délictuelle ou quasi-délictuelle ».

Nous rencontrons également quelques arrêts qui basent leur décision sur la distinction fondamentale

(1) Lyon-Caen, *op. cit.*, t. III, p. 500.
(2) Sarrut, *Revue critique*, 1885, p. 138.

entre les fautes délictuelles et contractuelles, et qui, par conséquent, n'étendent pas la portée de l'article 1382 à la sanction de ces derniers.

C'est un arrêt de la Cour de Bruxelles du 28 novembre 1881, qui, faisant reposer sur le principe de la faute contractuelle la responsabilité des Compagnies de chemins de fer, écarte du débat l'article 1382, par la considération suivante : « Attendu, par ailleurs, qu'en supposant que la responsabilité de l'État découlât dans l'espèce des principes consacrés par l'article 1382..... encore n'y aurait-il pas lieu à l'application de cette thèse, la faute commise dans l'espèce consistant dans l'inobservation formelle d'une prescription réglementaire... » (1).

Nous pourrions également invoquer un arrêt de la Cour de Douai du 23 janvier 1883 (2), que nous avons déjà cité pour un autre motif; un arrêt de la Cour de Poitiers du 6 février 1888 (3); et un arrêt de la Cour de Paris du 21 juillet 1892 (4ᵉ Chambre) (4) qui, après avoir établi le principe de la responsabilité contractuelle, continue en ces termes : « Considérant que le voyageur accidentellement blessé au cours du transport, pendant que le voiturier a pris charge de sa personne, est donc protégé par la loi de son contrat, en dehors des dispo-

---

(1) Bruxelles, 28 novembre 1881, D. 1885.2.128.
(2) Douai, 23 janvier 1883, *Bull.*, 1883, p. 37.
(3) Poitiers, 6 février 1888, S. 1888.2.138.
(4) Paris, 21 juillet 1892, *Gaz. Trib.*, 8 et 9 août 1894.

sitions des articles 1382 et suivants du Code civil... (1) ».

En résumé, nous pourrons dire : la faute contractuelle et la faute délictuelle ne sont régies ni par les mêmes principes, ni par les mêmes règles, ni par les mêmes modes d'application ; — conséquence, ni de plus par la même sanction civile. Et voici notre conclusion : quand l'infraction à l'obligation contractuelle constitue un délit civil, rien ne s'oppose à ce que, dans l'assignation en dommages-intérêts, conséquence de cette faute, on se prévale de la violation de l'article 1382 du Code civil. Le manquement à une obligation contractuelle n'empêche nullement l'existence de la faute délictuelle ; mais l'article 1382 ne serait ici qu'une superfétation, puisque, dans ce cas, on pouvait arguer du manquement à une obligation contractuelle.

Tout au contraire, lorsque la cause de l'accident sera uniquement due à une faute contractuelle, c'est à cette notion seule qu'il faudra faire appel pour intenter une action en dommages-intérêts ; il ne pourra être question de l'article 1382, ce texte ne prévoit pas notre hypothèse.

_____

(1) Cette même théorie a été très nettement déduite dans différents arrêts et notamment dans celui de la Cour de Gand du 18 juin 1887 (S. 1889.4.1) ; mais nous préférons ne faire qu'indiquer cette référence, car l'arrêt n'a point trait à notre question spéciale des accidents de chemins de fer.

SECTION III. — Responsabilité délictuelle.

Quelle est donc la portée de l'article 1382
du Code civil.

Tels ont été les arguments invoqués tant en Doctrine qu'en Jurisprudence par les partisans et les adversaires de l'application du principe de la faute délictuelle aux accidents de chemins de fer. Nous appuyant sur l'autorité d'éminents jurisconsultes, nous avons été amenés à cette conclusion : que les articles 1382 et suivants du Code civil étaient insuffisants pour protéger les voyageurs contre le défaut de prévoyance des Compagnies qui négligent de prendre ces mille précautions susceptibles d'éviter de graves accidents, mais qui ne sont néanmoins pas prescrites par une Loi ou un acte de l'autorité administrative. La portée de nos articles est, en effet, excessivement limitée, n'embrassant comme champ d'action que la sanction des seuls devoirs légaux et ne faisant réprimer ni les imprudences, ni les infractions aux obligations purement contractuelles.

M. Hubert (1) reflète bien cette double tendance lorsqu'il écrit que, « par le contrat qu'elles forment avec le voiturier, les personnes deviennent créancières du droit

(1) Hubert, docteur en Droit. Critique d'un arrêt de Toulouse, du 5 décembre 1893 ; dans les *Annales de Droit commercial*, d'avril 1894, p. 29.

d'être transportées. Et là comme partout ailleurs, elles jouissent d'un droit propre aux personnes, celui d'être respectées dans leur vie et dans l'intégrité de leur corps. Ce droit est indépendant de tout contrat ; une convention est inutile pour le créer ; elle serait impuissante à le supprimer. Il faut donc distinguer soigneusement le droit au transport et l'inviolabilité de la personne ; celle-ci est sanctionnée par les principes de l'article 1382 ; celui-là subit toutes les règles des contrats. Si, pour une cause quelconque, le voyageur n'est pas transporté au lieu indiqué par son billet, dans les conditions garanties par la Compagnie, il invoquera son contrat qui est inexécuté, et ce contrat sera indispensable pour appuyer une réclamation. Mais s'il est victime d'un accident, s'il est blessé il se trouve atteint dans un droit qui lui est personnel, qui existe partout et toujours, dont l'existence n'est pas à démontrer. La seule question est de savoir par qui l'accident a été causé, si la faute en est imputable à la Compagnie ou au voyageur lui-même. Ce dernier ne sera irrecevable à se plaindre que s'il a commis une imprudence ou une contravention, pourvu que l'accident en ait été le résultat direct ».

Les décisions plus que rigoristes auxquelles devait mener un pareil système n'ont point été pour effrayer certaines Cours ou Tribunaux. Ainsi ont jugé : la Cour de Bordeaux dans un arrêt du 16 décembre 1885 (1) ; le Tribunal de commerce de Marseille, à la date du

______

(1) Bordeaux, 16 décembre 1885, *Le Droit*, 3 et 4 mai 1886.

22 avril 1887 (1) ; la Cour de Poitiers, qui motive son arrêt du 6 février 1888 par le considérant suivant : « Attendu qu'il est de Doctrine et de Jurisprudence que c'est à celui qui allègue une faute qui lui est préjudiciable à rapporter la preuve de cette faute, conformément aux dispositions des articles 1382, 1383 et 1384 du Code civil ;..... que les dispositions de l'article 1784 ne sont pas applicables au transport des personnes qui reste placé sous l'empire du droit commun... (2) ». Tel est aussi le système suivi par la Cour de Paris, le 16 décembre 1873 (3) ; par la 4e Chambre de la même Cour, qui s'exprime ainsi, à la date du 21 février 1894 : « Considérant... qu'à l'égard des personnes la responsabilité du voiturier est exclusivement réglée par les articles 1382 et suivants du Code civil... » (4) ; et par la 5e Chambre de la même Cour, qui contient l'attendu suivant : « Considérant, dit l'arrêt du 4 avril 1894 (5), que toute action en réparation d'un dommage imposant la preuve de la faute d'où le dommage est résulté, la demanderesse est tenue de prouver devant la Cour, que les blessures dont elle se plaint ont été causées par la faute de la Compagnie » ; et par la 4e Chambre de la même Cour (6), le 20 février 1895 (7).

(1) Marseille, 22 avril 1887 ; *Journal de Marseille*, 1887.1.170.
(2) Poitiers, 6 février 1888, S. 1888.2.138.
(3) Paris, 16 décembre 1873, S. 1874.2.216.
(4) Paris, (7, 14) 21 février 1894 ; *Gaz. Trib.*, 2 mars 1894.
(5) Paris, 4 avril 1894 ; *Gaz. Trib.*, 26 mai 1894.
(6) Paris, 20 février 1895 ; *Gaz. Trib.*, 27 mars 1895.
(7) Des décisions judiciaires conçues dans le même esprit et d'a-

Mais si les arrêts que nous venons de citer, en dernier lieu, semblent, dans bien des cas, interdire tout recours devant les Tribunaux aux victimes des accidents de chemins de fer, nous croyons avoir établi qu'une saine interprétation des articles 1382 et suivants du Code civil devait nous amener à cette conclusion. Résultat qu'il est nécessaire de bien faire ressortir, si, dans la suite de nos explications, on cherchait à nous vanter les largesses de l'article 1382 ; nous opposerons à cette prétention les conclusions auxquelles notre étude, guidée ou plutôt dictée par d'éminents interprètes du droit, nous a logiquement mené : l'article 1382 ne peut et ne doit s'appliquer qu'aux fautes *in committendo* ou *in omittendo* contraires à une prescription législative.

près les mêmes principes ont été rendues dans des procès en responsabilité intentés par des ouvriers contre leurs maîtres. Ce sont notamment : un arrêt de la Cour de Chambéry du 8 juin 1872 (S. 1872. 2.275) ; un autre de la Cour de Caen du 25 juillet 1881 (S. 1882.2.76), dans lequel nous remarquons ce considérant : « Attendu que, dit cet arrêt, la Compagnie des chemins de fer de l'Ouest n'est pas responsable, de plein droit, des accidents survenus à ses agents ou employés, qu'elle n'est responsable, que dans les termes de l'article 1382, c'est-à-dire, responsable seulement du dommage causé par sa faute ». Notons également une décision de la Cour de cassation du 31 mai 1886 (S. 1887.1.209) ; une autre du Tribunal de Moulins du 8 janvier 1887 (P. 1887.2.874) ; une autre de la Cour d'Orléans du 20 décembre 1888 (S. 1890.2.14, P. 1890.1.202) ; etc..

SECTION IV. — **Responsabilité contractuelle et
renversement de preuve.**

La Compagnie des chemins de fer répond-elle des cas fortuits ?

I

Un extrême en appelle un autre. D'une excessive
rigueur dans le domaine de la responsabilité délictuelle,
le cours de notre exposé nous fait passer, dans celui de la
responsabilité contractuelle, à une extension démesu-
rée (et nous ne l'approuverons d'ailleurs pas davantage).
C'est en effet M. Exner, et, après lui, son traducteur
M. Seligman, qui pose le principe suivant (1). « Certains
entrepreneurs répondent d'une façon absolue du dommage survenu aux biens ou aux personnes qui sont
confiés à leur industrie. Mais, par exception, ils sont
déchargés si c'est la force majeure qui a causé le dommage ». Nous entendrons, plus d'une fois, au cours de
nos explications ultérieures, formuler la même conception juridique sous des termes identiques ; le motif pour
lequel nous détachons celle-ci, afin de la présenter séparément, la justification de la qualification d'extrême
que nous lui avons donnée, se trouvent dans le sens que
M. Exner attache à ce terme *force majeure*.

(1) *La notion de la force majeure,* Théorie de la responsabilité dans
le contrat de transport, par R. Exner, professeur à l'Université de
Vienne. Traduit par Ed. Seligman.

« Suivant une théorie, dit M. Exner, le voiturier a le droit d'invoquer la force majeure chaque fois qu'il est exempt de faute. Les mots : *cas fortuit* et *force majeure* sont des expressions synonymes, ou, du moins, équivalentes au point de vue de la portée juridique. — Selon une autre théorie, il faut faire une distinction entre les cas fortuits de force majeure et les cas fortuits ordinaires. Le transporteur n'est exonéré que de ceux de la première espèce. Sa responsabilité s'étend non seulement aux accidents survenus par sa faute, mais encore à ceux qui sont la conséquence d'un cas fortuit simple ». M. Exner adopte cette seconde manière de voir, et, pour préciser davantage la distinction qu'il cherche à établir entre le cas fortuit de force majeure et le cas fortuit ordinaire, il ajoute : « La caractéristique d'une série de faits, que l'on voudrait qualifier force majeure, doit-elle se rechercher dans la consistance objective de ces événements? Est-ce quelque chose d'extérieur, de matériel, de sensible? Ou bien ne doit-on pas chercher cette caractéristique dans le rapport entre ces événements et la manière dont se comportent en face de leur action les personnes dont la responsabilité est en question ? Doit-on seulement s'attacher à considérer la nature de l'événement extérieur que l'on entend appeler force majeure ? Ou n'avons-nous pas à étudier une relation qui consiste dans la mesure subjective des efforts personnels employés pour éviter cet événement extérieur ou le rendre inoffensif ? » C'est à la théorie « objective » que M. Exner se

rallie, sans hésitation. Voyons donc la nature de l'événement extérieur qui constitue la force majeure ; les caractères en sont doubles : d'abord un élément qualifica-
tif, il faut que l'accident soit de provenance extérieure
à l'industrie du transport ; et en second lieu que « le cas
invoqué par le défendeur présente un caractère d'intensité qui dépasse manifestement ce que l'on doit prévoir
dans le cours ordinaire de la vie », ceci est l'élement
quantitatif.

Cette distinction et cette définition ne sont point particulières à M. Exner ; certains auteurs, surtout en
Allemagne, s'en sont inspirés dans leurs ouvrages. La
force majeure qui seule exonérerait le débiteur contractuel est pour M. Sintenis (1), « tout événement naturel
inévitable », pour M. Miterholzner (2), « un événement
absolument inévitable », pour M. Bluntschli (3), « tout
événement naturel ».

Ce serait une illusion de croire que cette théorie est
purement spéculative ; elle est un fait législatif. Et nous
ne voulons point seulement parler de la législation an-
glaise qui ne considère comme phénomène libérateur,
que « la force de Dieu ou des ennemis de la Reine » ;
mais, nous connaissons des Parlements qui ont intro-

(1) Sintenis, *Civilrecht*, t. II, p. 698.
(2) Miterholzner, *Obligationenrecht*, t. II, p. 734.
(3) Bluntschli, *Deutsches Privatrecht*, p. 333.

duit la notion de la force majeure, telle que l'établit M. Exner, dans des lois spéciales aux transports par chemins de fer. C'est d'abord la loi prussienne du 3 novembre 1838 (précédée, d'ailleurs, dans cette voie, par la Jurisprudence qui invoquait en sa faveur un prétendu principe coutumier allemand) (1) qui décide dans son paragraphe 25 : « les entreprises de chemins de fer sont responsables de tout dommage qui arrive, dans le transport, aux personnes transportées et à leurs biens, ou à d'autres personnes ou à leurs biens. Elles ne peuvent s'affranchir de cette responsabilité qu'en prouvant que le dommage est arrivé par une faute de la victime ou par un accident extérieur inévitable ». Cette loi a été étendue à l'empire allemand par une loi du 7 juin 1871 (2), qui s'exprime ainsi dans son article 1er : « Lorsque dans une exploitation de chemins de fer, un homme est tué ou blessé, l'entrepreneur de l'opération est tenu de réparer le préjudice qui en résulte, s'il ne prouve pas que l'accident a été causé par la force majeure ou par la propre faute de la personne tuée ou blessée ». La Compagnie est donc déchargée uniquement par la force majeure indépendante de tout fait émanant d'elle ou de ses agents, et elle doit répondre du fait personnel au chef de l'entreprise ou à ses subordonnés, quand bien

---

(1) Saleilles, *op. cit.*, p. 377.

(2) Loi du 7 juin 1871, concernant les indemnités dues à cause des morts ou des blessures occasionnées par l'exploitation des chemins de fer, du service, etc. *Annuaire de législation étrangère*, 1870-1871, p. 264.

même ce fait ne constituerait pas une faute à la charge de l'agent.

Mêmes principes formulés dans la loi autrichienne du 5 mars 1867 : « En cas de blessure ou de mort d'un homme survenue dans l'exploitation d'un chemin de fer mû par la vapeur, il y a présomption que l'accident est arrivé par la faute de l'entreprise. L'entreprise ne sera exonérée qu'au cas et dans la mesure où elle prouverait que l'accident est arrivé par un fait inévitable d'un tiers de la faute duquel elle n'est pas responsable ou par la faute de la victime. » La loi hongroise du 7 juillet 1874 est aussi nette lorsqu'elle déclare, dans son article 1er la Compagnie de chemins de fer responsable, « tant qu'elle ne prouvera pas que la mort ou les blessures ont été causées par une force majeure, ou le fait d'un tiers qu'elle ne pouvait pas empêcher, ou par la faute du blessé ou du mort lui-même (1) ».

La loi suisse du 1er juillet 1875 n'a fait que copier les législations que nous venons de citer, lorsqu'elle décide dans son article 2, que (2) : « Toute entreprise de chemins de fer ou de bateaux à vapeur est responsable pour le dommage résultant des accidents survenus dans l'exploitation et qui ont entraîné mort d'homme

______

(1) Loi hongroise du 7 juillet 1874, *Annuaire de législation étrangère*, 1874, p. 309.

(2) Consulter à cet égard : les « *Motifs du projet de Code de commerce suisse* », par M. le professeur Munzinger, en 1864 ; *La discussion de la loi de* 1875, par M. le Professeur Fick (à Zurich) ; *Le Message du Conseil fédéral* du 26 mai 1874.

ou lésions corporelles, à moins que l'entreprise ne
prouve que l'accident est dû soit à la force majeure, soit
à la négligence ou à la faute des voyageurs ou d'autres
personnes non employées pour le transport, sans qu'il
y ait eu faute imputable à l'entreprise, ou enfin que
l'accident a été causé par la faute de celui-là même qui
a été tué ou blessé » (1).

(1) Nous serions trop prolixe si nous voulions énumérer les législations étrangères qui, dans une matière connexe de celle des accidents de chemins de fer, dans la question de la responsabilité des
chefs d'industrie à l'égard de leurs ouvriers blessés, ont adopté le
même système et n'ont exonéré les usiniers, Compagnies ou particuliers, que lorsque le fait qui avait causé l'accident rentrait dans
la définition que M. Exner et les partisans de son système donnent
de la force majeure. Nous devrions une mention toute particulière au
projet de loi belge, sur le contrat de louage des ouvriers et des domestiques (les articles 13, 14, 15 et 16 de l'avant-projet sont la re-
production palpable de cette théorie), en raison de la haute valeur
juridique des travaux qui ont été présentés et des opinions qui ont
été émises par MM. les membres de la Commission, instituée auprès
du département de la Justice, pour rédiger un avant-projet sur ce
grave sujet. Nous le devrions aussi, pour reconnaître, autant que
faire se pourrait, l'amabilité avec laquelle M. Dejace, professeur à l'U-
niversité de Liège, et rapporteur de cette commission, daigna mettre à notre entière disposition, le savant et lumineux rapport qui
contenait le compte-rendu des séances et l'avant projet issu de toutes ces importantes communications. Mais l'abondance des matières
sur la question des accidents de chemins de fer nous force à passer,
sous silence, celle non moins intéressante des accidents du travail ;
avec d'autant plus de raison, peut-être, puisque la Belgique vient,
par une loi récente du 25 août 1891, de réglementer, à nouveau, le
problème de la responsabilité du commissionnaire de transports.
M. Dejace, tout le premier, comprendra notre laconisme, et l'excu-
sera. Contentons-nous, donc, d'indiquer seulement quelques-uns des
projets qui ont eu pour but d'introduire cette réforme juridique
dans le domaine de l'industrie, en France. Nous en avons un principal dû à M. Faure : « Proposition de loi tendant à établir et à régu-

II

Il ne suffit pas d'affirmer, il s'agit maintenant de démontrer : quels sont donc les arguments que M. Exner invoque en faveur du système qu'il propose ?

L'avantage que trouve M. Exner à ne considérer comme fait libérateur de la responsabilité des entrepreneurs de transports que l'irrésistible, l'inévitable, ce que les Romains désignaient par le *casus cui resisti non potest*, c'est d'assurer un critérium fixe aux appréciations de la Jurisprudence. Résultat que l'on n'obtient pas en assignant comme limite à la responsabilité des Compagnies de chemins de fer la prévoyance, la vigilance extrême qu'elles doivent apporter pour éviter le moindre accident. « On ne peut, ajoute cet auteur, donner une formule des mesures extraordinaires, parce que l'extraordinaire est toujours individuel, dépourvu

lariser la responsabilité en matière d'accidents de fabrique ou de toute exploitation industrielle, agricole ou commerciale 2°... » (Séance de la Chambre des députés du 11 février 1882 ; Annexe, n° 399, *J. Off.*, février 1882, *Doc. parlem.*, Chambre, p. 357), etc. Cette opinion est appuyée par M. Gaudouin dans son livre : *Accidents du travail, responsabilité des patrons, assurance*. Mais elle est combattue par M. Girard, dans les deux rapports qu'il présenta à la Chambre des députés, le 28 mars 1882 (*Doc. parlem.*, Annexe, n° 694, p. 1008 et s.), et le 16 février 1884 (*Doc. parlem.*, Annexe, n° 2634, p. 250 à 272, année 1884), sur les propositions de loi relatives à la responsabilité des accidents des ouvriers, etc. L'avis de M. Girard a été partagé par d'éminents jurisconsultes et économistes, tels que M. Marc Sauzet (La responsabilité des patrons, *Rev. crit.* 1883, p. 596 et s.); M. de Molinari (*Journ. des économ.*, 1889, 4ᵉ série, n° 43, p. 93); M. Vigouroux (*Rev. gén.*, t. 15, p. 382 et s.).

de type, et n'est pas susceptible de comparaison et de mesure ». D'où, « puisque, en général, il sera impossible de rapporter un tableau complet des circonstances concrètes qui ont causé le dommage, on veut que les circonstances ne soient pas prises en considération dans le litige sur la responsabilité ». Mais n'est-ce pas supprimer le problème plutôt que le résoudre ; et la justice distributive peut-elle tolérer qu'on esquive la question de responsabilité ? D'ailleurs, au point de vue simplement utilitaire, dans les cas où la force majeure est reconnue, on aboutit à la même solution que la doctrine qui exige, de la part des Compagnies de chemins de fer, les soins d'un *diligentissimus paterfamilias*, on les rend responsables de leur *culpa levissima* ; et puis, comment reconnaîtra-t-on ces cas de force majeure, si ce n'est par des débats judiciaires avec tout leur cortège de lenteurs et d'incertitudes ?

Mais ceci ne devait être qu'un avantage, quels sont donc les motifs qui ont été invoqués par M. Exner ?

Qu'on ne nous présente pas comme tel la situation financière des Compagnies de chemins de fer. Tout le monde sait que si la Compagnie du Nord parvient, à elle seule, à équilibrer son budget, les économies (1) qu'elle

---

(1) Ces économies se retournent contre elle ; témoin, l'accident d'Appilly occasionné par le trop petit nombre d'employés préposés au service de cette gare. Voici notamment un des jugements du Tribunal civil de la Seine, un des premiers échos de ce triste accident, en même temps qu'un des derniers jugements rendus sur la matière spéciale des chemins de fer ; il a accordé 50.000 francs à la sœur d'une

réalise se font au détriment de la sécurité des voyageurs. Tandis que les autres Compagnies qui usent du secours financier de l'État, y puisent, chaque année, une somme de plus en plus considérable (1). Ajouter encore à la liste des victimes dont elles sont pécuniairement responsables, n'est-ce pas aggraver davantage les charges des contribuables ; jusqu'au jour où ces mêmes Compagnies seront obligées d'élever leurs tarifs, afin de répartir, sur la masse générale des voyageurs, le montant des indemnités réclamées par ceux qui ont été blessés ou les héritiers de ceux qui sont morts.

M. Exner voudrait, nous connaissons cette prétention, faire retomber sur les Compagnies, sans débat judiciaire, la responsabilité des accidents dus à ce qu'il appelle, les cas fortuits ordinaires ; parce que, dit-il, « il est plus digne et plus juste que le juge n'ait pas à examiner la question des fautes, que de le contraindre à la juger sur des éléments produits par une seule des parties ». Mais, demanderons-nous, par qui seront produits

des victimes, et a de plus condamné la Compagnie à servir à sa mère une rente viagère de 300 francs. Jugement du 12 février 1895. *Gaz. Trib.*, 13 février 1895.

(1) Le crédit inscrit au budget de 1895, pour la garantie d'intérêt des seules lignes d'intérêt général, est de 96.800.000 (Ministère des Travaux Publics. 2ᶜ Section. *Dépenses extraordinaires*, chapitre 50) ; et encore n'est-ce qu'un crédit évaluatif !

Il faut ajouter, à ce chiffre, les annuités aux Compagnies concessionnaires de chemins de fer (conventions autres que celles approuvées par la loi du 20 novembre 1883) : 7.400.000 (chapitre 46) ; les annuités aux Compagnies de chemins de fer (conventions nouvelles approuvées par la loi du 20 novembre 1883): 28.500.000.

les éléments du procès, lorsque viendra, devant les Tribunaux, une question d'accidents, conséquence de la force majeure? Ici, comme pour le cas fortuit ordinaire, la Compagnie ne sera-t-elle pas seule à pouvoir présenter les pièces du débat? Nous ne saisissons pas le motif qui nous forcerait à rendre deux solutions diverses pour une seule et même question. Car, nous ne pouvons comprendre, comment il se fera que la victime d'un accident de chemins de fer ait des moyens d'investigation plus convainquants dans l'hypothèse d'un cas fortuit que dans celle d'un cas de force majeure. Au surplus, gardons-nous soigneusement de toute exagération de langage ; sans doute, le voyageur illettré serait en mauvaise posture, s'il lui fallait, à lui seul, découvrir la faute de la Compagnie qui l'a transporté et blessé, mais d'autres ne pourront-ils pas prendre en main ses intérêts, puiser dans les enquêtes, ouvertes à la suite de tout accident quelle que soit son importance, provoquer des dépositions de témoins ou y assister, chercher dans l'arsenal (il faut bien le reconnaître) des Règlements, si quelque infraction n'y a point été commise, en un mot, s'entourer de toutes les circonstances de fait et de droit propres à faire triompher l'équité.

On a dit aussi que cette garantie spéciale imposée aux Compagnies de chemins de fer n'était que la conséquence de la situation spéciale imposée aux voyageurs par les transports modernes. On oublie généralement, quand on fait ce raisonnement, que nombre d'accidents se pro-

duisent dans ce que nous pourrions appeler, les conditions ordinaires de la vie : dans les gares, sur les quais,
dans la traversée des voies, en montant ou en descendant des voitures, etc. Néanmoins, il est certain que,
renfermé dans son compartiment, livré à la discrétion
de la Compagnie qui le conduit à destination dans des
conditions de matériel, de mode de traction, de vitesse,
qu'elle seule peut apprécier, le voyageur est en droit de
réclamer, en retour, plus de précautions et d'égards.
Quelles exigences plus impérieuses pourrait-il formuler ? Est-ce que sa situation, si périlleuse soit-elle, n'est
pas une conséquence du mode de locomotion qu'il a
adopté et des imperfections inhérentes aux données encore incomplètes de la science ? Vouloir supprimer ces
risques, n'est-ce pas, du même coup, supprimer les
chemins de fer,... ou s'interdire tout voyage ?

Autre phase de la même question : M. Exner et ses
partisans voudraient constituer le commissionnaire de
transports responsable des cas fortuits ordinaires, sous
le prétexte que c'est lui qui a déterminé les conditions
du transport et qui, par conséquent, doit avoir veillé à
ce que son personnel et son matériel répondent aux
exigences du service qu'il s'est engagé à rendre. Mais,
comment rattacher la réparation du cas fortuit à la responsabilité du commissionnaire de transports ? Le cas
fortuit n'est point une conséquence du personnel ou du
matériel ; puisque, par essence et par définition, il est un
événement imputable au seul fait du hasard. On ne

pourrait l'imposer au commissionnaire de transports que si c'était son fait ; or ce n'est point cela qu'on dit puisqu'on le met sur le compte d'un mystère, que nous oserions nommer, mystère interne de la matière ou de la nature. La conclusion qui s'en dégage, c'est que l'imputabilité du cas fortuit aux Compagnies de chemins de fer ne peut être la résultante contractuelle et logique de leur responsabilité, elle n'en sera jamais qu'un surcroît purement légal et arbitraire.

Mystère interne de la nature, avons-nous dit ; pourquoi, dès lors, ne le point assimiler aux phénomènes extérieurs de la nature ? D'un côté, comme de l'autre, c'est la même cause qui agit. Pourrait-on arguer qu'elle soit l'œuvre du commissionnaire de transports, n'est-elle pas bien plutôt essentiellement et uniquement un événement dû aux seules forces naturelles. Et nous ne voyons pas le principe qui s'opposerait à ce que, mettant le cas fortuit ordinaire sur le compte des Compagnies de chemins de fer, on ne leur adjoiguit aussi les cas de force majeure ; mais nous saisissons parfaitement, au contraire, le motif juridique qui les excluerait l'un et l'autre du domaine de la responsabilité contractuelle. Car il s'agit, ici, que le cas fortuit soit ordinaire ou extraordinaire, cas fortuit simple ou cas de force majeure, désignez-le comme il vous plaira, d'une question de risques et non d'une question de fautes, et les principes juridiques veulent que la garantie des fautes mette seule en jeu la question de responsabilité, tandis que la garantie des risques est tout à fait étrangère à la matière de responsabilité.

Mais, ajoutons ceci qui complètera notre pensée sur ce point, la conclusion très ferme que nous venons de présenter doit se combiner avec cette autre idée non moins sûre : que si la loi ne permet pas de considérer les risques comme partie intégrante du contrat, une convention librement débattue entre les parties contractantes permet de les y adjoindre. Afin de ne pas surcharger cette discussion, nous nous permettrons de n'invoquer, à l'appui de notre dire, que l'opinion de M. Demolombe. Cet éminent auteur s'exprime ainsi : « La convention par laquelle le débiteur s'est chargé des cas fortuits, qu'est-elle, en effet, autre chose qu'un contrat d'assurance, par lequel il a pris les risques à sa charge (1) ».

En ce qui a trait spécialement à la question des transports de voyageurs par les chemins de fer Français, nous ferons deux observations cadrant avec l'ordre d'idées que nous envisageons.

La première, qui n'est qu'un rappel de principes : une Compagnie de chemins de fer ne pourrait se charger des cas fortuits que si une clause expresse d'un Tarif autorisait cette dérogation aux principes généraux. C'est ce qu'a très formellement décidé un arrêt de la Cour de cassation du 30 janvier 1884 (2).

(1) Demolombe, *op. cit.*, t. XXVIII, n° 776, p. 598.
(2) Cassation, 30 janvier 1884, D. 1884. 1. 255.

En second lieu, nous ferons remarquer que certaines marchandises paient, en outre de la prime d'assurance kilométrique qui entre pour une part dans l'établissement du prix de transport, un droit représentatif pour déchets de route, qui n'est, à bien considérer les choses, qu'une prime d'assurance contre des causes fortuites d'accident ou de détérioration plus fréquentes dont sont susceptibles certaines matières transportées. Or, en analysant, dans un chapitre précédent, les éléments constitutifs servant à établir le montant de la perception des Tarifs pour les voyageurs, nous n'avons rencontré ni l'un ni l'autre de ces éléments.

Cette considération spéciale nous détermine à repousser, avec plus de conviction, une théorie qui prétendrait, se basant sur les seuls principes de la responsabilité contractuelle, rejeter sur le compte des Compagnies de chemins de fer les conséquences juridiques et pécuniaires des accidents survenus à un voyageur par suite d'un cas fortuit ordinaire.

III

Ceci dit en thèse générale, M. Seligman s'efforce d'acclimater ces principes dans notre Droit civil français. Voici son raisonnement : les articles 103 et 230 du Code de commerce, envisagés séparément, semblent n'exclure de la responsabilité du commissionnaire de transports que les seuls cas de force majeure, ce qui justifierait sa prétention. Mais, on admet généralement, qu'ils doivent s'interpréter et se compléter par les dispositions de l'article 1784 du Code civil, qui étend l'exonération au cas fortuit. Donc, dit-on, les dispositions des articles 103 et 230 du Code de commerce, s'inspirant du principe déposé dans l'article 1784 du Code civil, doivent exclure de la responsabilité du voiturier le cas fortuit ordinaire au même titre que le cas de force majeure. Non, répond M. Seligman, car l'article 1782 du Code civil, qui précède et domine l'article 1784, renvoie pour l'appréciation de la responsabilité du voiturier aux articles du dépôt nécessaire relatifs aux aubergistes. Or, continue M. Seligman, en lisant l'article 1953 du Code civil, on se convainc que l'aubergiste est responsable de plus que de sa faute ou de celle de son personnel (1).

(1) M. Seligman invoque, à l'appui de la thèse qu'il soutient, deux autres arguments. On trouve dans l'article 1773 du Code civil, dit-il, en premier lieu, la confirmation ou plutôt la concordance avec notre situation, puisque cet article établit la distinction entre un cas fortuit et un cas de force majeure. Mais on serait très mal fondé, croyons-nous, à s'appuyer, pour légitimer la différence de situation juridique du cas fortuit et de la force majeure, sur l'article 1773 du Code civil. Ce texte, en effet, vise et règle la situation d'un preneur d'immeubles, en détermine la responsabilité ; nous ne voyons pas, du tout, le rapprochement qui peut s'établir entre ces deux hypothèses, ni comment on conclurait du régime juridique du preneur d'immeubles à celui que l'on voudrait appliquer au commissionnaire de transports, surtout lorsque ce voiturier s'est chargé de transporter des voyageurs.

L'autre argument de M. Seligman est le suivant. Cet auteur relèverait dans les discussions, qui eurent lieu au Conseil d'Etat, la préoccupation, chez les rédacteurs du Code civil, de distinguer le cas fortuit de la force majeure. Il tire, spécialement, argument de la

C'est, sans doute, cette théorie qui a inspiré (nous ne disons pas, dicté, car la décision judiciaire que nous nous proposons de citer, ne se réfère à aucun article du Code, pour ne se prévaloir que des seuls principes) un jugement du Tribunal de la Seine du 7 mars 1888 : « Attendu, en fait, dit ce jugement, qu'il s'agit d'une collision de deux voitures ; — Que l'accident dont il s'agit ne saurait être considéré comme résultant d'un cas de force majeure, l'exploitation de la Compagnie ayant pour objet les transports par voitures, pour lesquels il lui appartient de prendre toutes mesures soit dans le choix de son personnel, soit dans le choix de son matériel, à l'effet d'éviter les collisions de la nature de celles de l'objet du litige. — Attendu que, en sa qualité de transporteur, la Compagnie l'*Urbaine* est responsable, vis-à-vis des tiers qu'elle transporte, des accidents survenus en cours de route.... (1) ».

définition qu'aurait donnée Cambacérès de la force majeure, dans la séance du 20 janvier 1807 ; Cambacérès se serait écrié que « ce nom n'était donné qu'aux accidents que la vigilance et la prudence des hommes ne pouvaient ni prévoir, ni empêcher ». Et M. Seligman en conclut que le cas fortuit est un événement que la vigilance du défendeur ne pouvait empêcher, tandis que le cas de force majeure est celui que la vigilance des hommes, c'est-à-dire d'aucun homme, n'aurait pu empêcher. Mais cette conclusion et cette distinction sont de M. Seligman, rien ne prouve que Cambacérès eut voulu les signer. Nous n'avons pas, non plus, de preuve qu'elle ait été dans l'esprit des rédacteurs du Code civil et de Cambacérès ; nous n'en avons aucune qui nous permette davantage de certifier que cet homme d'Etat ait prétendu donner une définition juridique du cas de force majeure. Ce dernier argument invoqué par M. Seligman ne nous parait donc pas très probant.

(1) Tribunal de la Seine, 7 mars 1888, *La Loi* du 22 mars 1888.

C'est M. Seligman qui articulera la conclusion, en résumant ainsi ses prétentions. Les articles 103 et 230 du Code de commerce doivent être appliqués à la lettre, c'est-à-dire que le cas fortuit ordinaire doit être mis à la charge du voiturier ; et si l'on objecte l'article 1784 qui l'exonère du cas fortuit, M. Seligman répond par l'article 1954, « qui met certains cas fortuits à la charge du voiturier ».

A. — Mais il nous semble, tout d'abord, que cette théorie fait bien peu de cas du texte formel de l'article 1784, qui s'explique très nettement à ce sujet et exonère formellement le voiturier dans les deux situations : « cas fortuit et force majeure ». Avant donc de rechercher des interprétations par des références ou des analogies, il suffirait peut-être de lire l'article dont on discute, son texte seul lèverait bien des doutes.

Et si quelqu'un peut invoquer des références ou des analogies, nous croyons pouvoir le faire à meilleur titre que tout autre, quand nous disons que les articles 103 et 230 du Code de commerce doivent se compléter par l'article 1784 du Code civil, et non pas le contredire ; car les textes du Code civil forment la base de notre droit et ne peuvent être combattus que par des dispositions formelles des autres Codes ou des Lois postérieures. Or le texte des articles 103 et 230 n'est pas suffisant pour justifier une exception. Il n'est, en effet, qu'une des nombreuses manifestations de la terminologie de nos Lois Françaises qui assimilent, dans la généralité des situations, le cas fortuit au cas de force majeure. C'est ce qui explique comment le Code de commerce a pu, dans les articles 103 et 230, se contenter du terme « cas de force majeure », se référant implicitement à l'article 1784, qui devait, pour éviter toute hésitation, employer les deux termes de « cas fortuit ou force majeure ».

Nous venons d'avancer une allégation qui a besoin d'une justification. Que, en principe, le cas fortuit devra être assimilé au cas de force majeure, c'est ce qu'une simple lecture des textes suffirait à nous prouver, soit que ces textes emploient la redondance de « cas fortuit ou de force majeure », soit simplement qu'ils se servent du terme de « force majeure ».

Nous pourrions, aussi, invoquer, en notre faveur, l'opinion décisive de la plupart des commentateurs du Code civil, opinion que M. Sourdat résume et reproduit fidèlement, en écrivant que « on entend par cas fortuit et force majeure tout accident provenant d'une cause étrangère à l'obligé, indépendante de sa volonté et qu'il n'a pu empêcher ni éviter (1) ».

Rien de plus net, il nous semble, puisque cet auteur associe, dans une même définition, les deux termes litigieux. Nous serons aussi affirmatif quand nous aurons entendu M. Demolombe dire que, « ces mots : force

____

(1) Sourdat, *op. cit.*, t. I, n° 645.

majeure ou cas fortuit, sont souvent employés l'un pour l'autre ou même l'un et l'autre cumulativement, comme synonymes ; et ils expriment, en effet, également, l'idée d'une cause étrangère qui ne peut être imputée au débiteur (1). » Aussi M. Guillouard (2), peut-il, très justement, appliquer les mêmes principes juridiques pour l'une et l'autre situation dans la matière spéciale du louage.

Et qu'on ne se laisse pas arrêter, dans ce rapprochement qu'on voudrait établir, par une questien de signification ou de portée technique. M. Lyon-Caen (3), interprète, d'ailleurs, de la pensée de M. Demolombe (4), répondra : « Les expressions : cas fortuit et cas de force majeure sont souvent employées comme synonymes pour désigner les événements qu'il ne dépend pas d'un homme soigneux d'empêcher. A la rigueur, chacune de ces expressions a un sens différent... : les cas de force majeure sont des événements dans lesquels le fait de l'homme joue un certain rôle, tandis que les cas fortuits ne procèdent que du hasard ou ne résultent que de lois naturelles.... Mais, au point de vue pratique, il n'y a aucun intérêt à distinguer ces deux classes d'événements, leurs effets sont identiques, en ce sens qu'ils sont exclusifs de la responsabilité ».

(1) Demolombe, *op. cit.*, t. XXIV, n° 553, p. 550.
(2) Guillouard, *op. cit.*, t. II, n° 742, p. 309.
(3) Lyon-Caen et Renault, *op. cit.*, t. III, n° 599, p. 429.
(4) Demolonde, *op. cit.*, t. XXIV, n° 553, p. 550.

Nons aurions tort d'insister ; concluons donc que le Code civil et ses interprètes autorisés assimilent comme faits libérateurs de la responsabilité le cas fortuit au cas de force majeure.

B. — Toutefois, certains articles de nos lois contiennent des exceptions à cette règle ; les articles 1953 et 1954 du Code civil en sont un exemple. On se rappelle la marche logique qui avait amené M. Seligman à invoquer ces deux articles : l'article 1784 qui règle la responsabilité des voituriers, disait-il, est dominé par l'article 1782, lequel se réfère aux principes du dépôt nécessaire.

Lisons donc ces articles. Après avoir édicté le principe général de la responsabilité des aubergistes, en tant que dépositaires nécessaires, l'article 1953 s'exprime ainsi : « Ils sont responsables du vol ou du dommage des effets des voyageurs, soit que le vol ait été fait ou que le dommage ait été causé par les domestiques et préposés de l'hôtellerie, ou par des étrangers allant et venant dans l'hôtellerie.... » ; et l'article 1954 continue : « Ils ne sont pas responsables des vols faits avec force armée ou autre force majeure ».

M. Seligman en a extrait le raisonnement suivant : s'il est vrai que l'article 1782 renvoie aux articles 1953 et 1954, il faut appliquer aux Compagnies de chemins de fer les principes du dépôt nécessaire, et par conséquent les rendre responsables de plus que des fautes de leur personnel ou des défectuosités de leur matériel, en d'autres termes, leur imputer les cas fortuits ordinaires et ne leur permettre d'exciper que des cas de force majeure.

C'est ce dernier point que nous contestons, car il va à l'encontre d'un principe formel et général du Code civil, que l'on formule habituellement en disant, que les exceptions sont de droit étroit. Appliquons ici ce principe ; nous pourrons distinguer, avec l'article 1782, les deux termes de la responsabilité incombant au commissionnaire de transports : « La garde et la conservation des choses qui lui sont confiées ». Or, si le mot « garde » implique, pour le voiturier, l'obligation de rendre les marchandises, et, par conséquent, de veiller à ce qu'elles ne soient point volées ; le mot « conservation » a pour effet de l'obliger à donner tous ses soins pour qu'elles ne soient avariées en aucune façon, dans les différentes étapes du contrat.

En ce qui concerne cette seconde obligation, les articles 1784, 1782, aussi bien que l'article 1953, sont l'expression du principe général ; et l'on comprend que l'aubergiste ou le voiturier réponde des avaries causées par son personnel ou par des étrangers, car, dans l'un et l'autre cas, il n'a point apporté tous les soins susceptibles de rendre intactes les choses confiées, comme il s'y était pourtant engagé.

Mais le vol est, par essence, un cas fortuit, à moins qu'il n'émane d'un préposé. Il semblerait donc, qu'en dehors de ce cas, le voiturier ou l'aubergiste ne devraient pas en répondre. Le bon sens ne se révolte-t-il pas à la pensée que le voyageur confiant ses bagages à un hôtelier, l'expéditeur remettant ses marchandises à une Compagnie de chemins de fer, obligés l'un et l'autre, par le fait même de l'impossibilité complète dans laquelle ils se trouvent de veiller personnellement sur leurs bagages ou marchandises, obligés, par conséquent, de s'en remettre à la fidélité et à la vigilance des préposés de l'hôtellerie ou des employés de chemins de fer, ne pourraient pas les rendre responsables du vol commis pendant le dépôt à l'hôtellerie ou la durée du contrat de transport. Une logique inflexible, tout autant que l'équité la plus élémentaire, exigent que l'aubergiste ou le voiturier répondent du vol des choses qui leur sont confiées. Mais l'on comprend aussi que cette responsabilité doive être limitée au cas où l'on puisse imputer une négligence de leur part; et, par conséquent, ni l'un ni l'autre ne doivent être obligés de réparer le préjudice causé par des événements qu'ils n'auraient pu éviter. Nous pourrons donc dire, avec M. Laurent (1), que, « le voiturier est responsable aussi du vol. Cette obligation résulte de l'assimilation que l'article 1782 établit entre les voituriers et les aubergistes », or, ajoute M. Guillouard (2), « les articles 1953 et 1954 déclarent l'aubergiste responsable des vols, excepté de ceux qui ont été faits avec force armée ou autre force majeure ». Donc,

(1) Laurent, *op. cit.*, t. XXV, n° 524, p. 583.
(2) Guillouard, *op. cit.*, t. II, n° 748, p. 314.

conclut le même Jurisconsulte : « si c'est un vol ordinaire, commis sans l'emploi de la violence, le voiturier sera responsable, car il aurait pu l'éviter en gardant ou en faisant garder la chose avec plus de soin ; si, au contraire, c'est un vol à main armée, il y a là une véritable force majeure dont le voiturier ne peut être responsable ».

Cette doctrine est également professée par de nombreux auteurs, il nous suffira, peut-être, de citer MM. Aubry et Rau (1). Elle est aussi reproduite dans des arrêts dont les principaux sont : de la Cour de cassation du 2 thermidor an VIII (2), de la Cour de Paris, à la date du 3 mai 1831 (3), du 9 août 1853 (4) et du 15 janvier 1862 (5) ; et de la Cour de cassation du 4 mars 1863 (6).

Fort de l'unanimité des décisions judiciaires et de l'autorité qui s'attache au nom des Jurisconsultes, que nous venons de citer, nous pourrons, nous aussi, dire en manière de conclusion : sans doute, les articles 1784 et 1782 se réfèrent aux articles 1953 et 1954 ; d'où suit que la responsabilité du voiturier doit être calquée sur celle du dépositaire, ce qui implique qu'elle ne doit point l'étendre en quelque façon que ce soit. Or les articles du dépôt nécessaire, que l'on invoque, n'imputent

(1) Aubry et Rau, *op. cit.*, 3e éd., t. III, no 373, p. 378.
(2) Cassation, 2 thermidor an VIII, S. 1.1.345.
(3) Paris, 3 mai 1831, S. 1833.2.186.
(4) Paris, 9 août 1853, D. 1853.2.199.
(5) Paris, 15 janvier 1862, D. 1862.2.30.
(6) Cassation, 4 mars 1863, D. 1863.1.399.

point du tout, d'une façon générale, les cas fortuits ordinaires sur le compte de l'aubergiste ; ils se bornent uniquement à le rendre responsable du vol pur et simple, qui n'en est qu'un exemple, pleinement justifié d'ailleurs. Donc, par le fait même, les Compagnies de chemins de fer ne doivent pas supporter toutes les conséquences des cas fortuits ordinaires, elles ne répondent que des vols commis sans la force armée ou toute autre force majeure ;.... mais peut-on voler la personne même des voyageurs ?

Par conséquent, ni les textes, ni les principes généraux invoqués par M. Exner et ses partisans, ne peuvent justifier leur prétention ; et les cas fortuits ordinaires, comme les cas fortuits de force majeure, ne donnent lieu, de la part des victimes d'un accident de chemins de fer, à aucun recours contre la Compagnie (1). Or, dit M. Bédarride (2), « il y a cas fortuit et force majeure, lorsque l'accident, éclatant à l'improviste, ne peut être imputé ni à la négligence, ni à l'imprudence, ni à la faute et qu'il n'a pu être prévu ni empêché ». « Il n'y a, en effet, reprend M. Sarrut (3), aucun intérêt pratique à distinguer le cas fortuit de la force majeure. Dans l'un et l'autre cas, pour que la responsabilité de la Compagnie soit à couvert, il faut que l'événement n'ait pu être déterminé. Il faut que la cause de cet événement ne soit

____

(1) Lyon-Caen, Examen doctrinal. *Rev. crit.*, 1886, p. 359.
(2) Bédarride, *op. cit.*, n° 521.
(3) Sarrut, *op. cit.*, p. 459.

en aucune manière, ni de près ni de loin, imputable à
la négligence ou même à l'imprévoyance des employés
de la Compagnie : toutes les mesures doivent avoir été
prises pour l'éviter. Il faut enfin que les effets de l'événement soient des effets nécessaires, inévitables, de
telle sorte qu'une vigilance active eut été impuissante à
les empêcher de se produire » (1).

(1) Telle est également la conclusion que formule M. Marc Sauzet,
relativement à la responsabilité du chef d'industrie, vis-à-vis des
ouvriers qu'il emploie (Responsabilité des patrons. *Rev. crit.*, 1883,
p. 604, en note).

SECTION V. — Responsabilité contractuelle et renversement de preuve.

Le texte de l'article 1784 du Code civil permet-il d'en étendre l'application au transport des voyageurs ?

I

Mais, dans ces limites mêmes, alors que le cas fortuit ou le cas de force majeure n'existant pas, la responsabilité contractuelle de la Compagnie de chemins de fer est seule en jeu, une question délicate et primordiale se pose immédiatement : à qui incombera le fardeau de la preuve ? Sera-ce au voyageur, pour nous servir des expressions que nous venons de rapporter, d'avancer la preuve que la Compagnie n'a point « pris toutes les mesures pour éviter » l'accident dont il est victime ; ou bien la Compagnie devra-t-elle chercher à s'exonérer de la présomption de faute qui pèserait sur elle en arguant « de sa vigilance active, impuissante, néanmoins, à empêcher ce facheux événement de se produire ».

Cette seconde théorie a dicté l'article 1784 du Code civil relativement aux objets transportés par les voituriers. Ce texte s'applique-t-il aux voyageurs ?

Oui, ont répondu certains auteurs, parmi lesquels il nous suffira de citer M. Sourdat. Ce Jurisconsulte écrit, en effet, que « l'article 1784 s'applique, *a fortiori*, au transport des personnes. La protection due à celle-ci ne peut être moindre que celle que l'on accorde aux marchandises (1) ». « Sans doute, ajoute-t-il, le texte ne vise expressément que les marchandises, il s'occupe *de eo quod plerumque fit*, ou plutôt il comprend sous ce nom générique tout ce qui fait l'objet des transports (2) ».

Ainsi s'expriment et concluent MM. Emion (3), Verne de Bachelard (4), Sarrut (5), etc.

L'embarras, presque, nous prend si on nous demande de choisir, parmi les arrêts, ceux qui posent d'une façon plus catégorique, l'application aux voyageurs, victimes d'un accident de chemins de fer, de l'article du Code, dans les termes mêmes où il est conçu. Citons, toutefois, comme plus saillants : un arrêt de la Cour de Paris, du 27 novembre 1866, qui motive ainsi sa décision : « Considérant que le voiturier répond de l'avarie des choses à lui confiées, à moins qu'il ne prouve qu'elles ont été avariées par cas fortuit ou force majeure. Considérant que ce principe s'applique à plus forte raison au transport des personnes et protège la sécurité des voyageurs... (6) ». — Un autre de la même Cour du

(1) Sourdat, *op. cit.*, t. II, n° 1058, p. 281.

(2) *Id.*, p. 284.

(3) Emion, *Manuel pratique, ou Traité de l'exploitation des chemins de fer*, n° 150, p. 139.

(4) Verne de Bachelard, *op. cit.*, p. 144.

(5) Sarrut, *Rev. crit.*, 1885, p. 139.

(6) Paris, 27 novembre 1866, *Le Droit*, 1ᵉʳ décembre 1866, S. 1867, 2. 320, D. 1885.1.434 en note.

16 décembre 1873 (1). — On nous permettra d'invoquer à l'appui de notre dire, des décisions judiciaires émanant de Tribunaux étrangers, mais nullement déplacées dans notre exposé, puisque les principes et les textes juridiques en vigueur dans cette nation voisine sont la copie des nôtres. C'est ainsi que nous lisons dans un arrêt de la Cour Suprême de Justice de Luxembourg, daté du 2 août 1877, les considérants suivants : « Attendu qu'aux termes des articles 1784 du Code civil et 103 du Code de commerce, le voiturier répond de l'avarie des choses à lui confiées, à moins qu'il ne prouve qu'elles ont été avariées par cas fortuit ou force majeure ; — Attendu que ce principe doit s'appliquer *a fortiori* aux personnes, la sécurité et la protection due aux voyageurs ne pouvant être moindre que celle qu'on accorde aux marchandises... (2) ». La Cour de Bruxelles adopte le même système basé sur le même texte, dans de nombreux arrêts, dont les principaux ont été rendus le 11 décembre 1879 (3), le 28 novembre 1881 (4), le 23 janvier 1882 (5), le 14 mars 1883 (6), le 17 octobre 1888 (7), et dans lesquels nous remarquons les considérants suivants : « Attendu que, spécialement pour

(1) Paris, 16 décembre 1873, S. 1874.2.126.
(2) Cour Supérieure de justice de Luxembourg, 2 août 1877, D. 1885.1.434 en note.
(3) Bruxelles, 11 décembre 1879, *Pas. bel.*, 1880, 2.60.
(4) Bruxelles, 28 novembre 1881, *Pas. bel.*, 1882, 2.136.
(5) Bruxelles, 23 janvier 1882, *Pas. bel.*, 1882, 2.148.
(6) Bruxelles, 14 mars 1883. Inédit.
(7) Bruxelles, 17 octobre 1888, *Pas. bel.*, 1889, 2.59.

le cas d'accident, tout exploitant d'un chemin de fer assume l'obligation du voiturier nettement formulée en l'article 1784 du Code civil comme en l'article 103 du Code de commerce ». — Enfin pour revenir en France, nous pouvons noter ici deux jugements récents, l'un du Tribunal civil de la Seine, du 11 mars 1891 (1) et l'autre du Tribunal de commerce de la Seine du 16 août 1893 (2), qui, tous deux, se réfèrent à l'article 1784 du Code civil et dont l'un, notamment, invoque à l'appui de sa décision, la considération suivante : « Attendu qu'aux termes des articles 1784 du Code civil et 103 du Code de commerce, les voituriers sont responsables des avaries des choses dont le transport leur est confié, que ce principe s'applique *a fortiori* au transport des personnes, dont la sécurité, en cours de route, doit être assurée par le voiturier... »

Non, répondrons-nous, cet argument a, nous le reconnaissons, le mérite évident d'être profondément favorable ; il a malheureusement le tort de n'être point juridique. La seule lecture du texte, la coordination des termes qu'il emploie, suffiraient à nous convaincre que l'article 1784 vise uniquement les marchandises trans-

(1) Tribunal civil de la Seine, 11 mars 1891, *Gaz. Trib.*, 8 et 9 août 1892.

(2) Tribunal de commerce de la Seine, 16 août 1893. *Gaz. Trib.*, 26 mars 1894.

On peut citer dans le même sens un arrêt de la Cour d'Aix du 12 décembre 1887, auquel nous avons antérieurement fait allusion.

portées. Pesons bien tous les termes de ce texte ; non seulement il se réfère aux « choses qui sont confiées », mais il parle de « leur perte et de leurs avaries ». Ces expressions pourraient-elles donc se rapporter aux voyageurs ? La négative s'impose. L'arrêt de la Cour d'Amiens du 29 décembre 1881 (1) a parfaitement saisi la portée de cet article et la signification des termes qu'il emploie. Et l'arrêt de la Cour de cassation du 10 novembre 1884 contient, à cet égard, le considérant suivant : « Attendu qu'en déclarant, dans l'article 1784, les voituriers responsables de la perte et des avaries des choses qui leur sont confiées, à moins qu'ils ne prouvent qu'elles ont été perdues ou avariées par cas fortuit ou force majeure, le législateur a clairement indiqué, par les expressions mêmes dont il s'est servi, qu'il ne s'occupe que du transport des choses et marchandises et non du transport des personnes (2) ». Nous rencontrons également des arrêts de la Cour de Paris au moins aussi catégoriques que ceux de la Cour de cassation. Ce sont ceux du 21 février 1894 (4ᵉ Chambre), du 4 avril 1894 (5ᵉ Chambre) (3), du 27 juillet 1894 (4ᵉ Chambre), et du 20 février 1895 (même Chambre) (4), dans lesquels nous trouvons des considérants aussi brefs que péremp-

---

(1) Amiens, 29 décembre 1881, D. 1882. 2. 162 ; *Jurisprudence des audiences de la Cour d'Amiens*, 1881, p. 240.

(2) Cassation, 10 novembre 1884, D. 1885. 1. 433, S. 1885. 1. 129.

(3) Paris, 4 avril 1894 (5ᶜ Chambre), *Gaz. Trib.*, 26 mai 1894.

(4) Paris, 20 février 1895 (4ᵉ chambre), *Gaz. Trib.*, 27 mars 1895.

toires : « Attendu, dit l'arrêt du 27 juillet 1894, que les expressions dont le législateur s'est servi, dans la rédaction de l'article 1784 du Code civil, ne permettent pas d'appliquer au transport des personnes la règle que cet article a édictée... pour le transport des choses... (1) » ; « Attendu, dit celui du 21 février 1894, qu'il résulte avec évidence, des termes de cet article 1784 que la responsabilité qu'il édicte, n'est applicable qu'au transport de choses (2) ».

M. Picard invoque le même argument de texte pour repousser la règle de l'article 1784 dans le transport des voyageurs (3). M. Sainctelette a très justement pu dire que « la règle écrite dans le texte de l'article 1784, n'est pas, comme expression de la volonté du législateur, applicable aux personnes; puisqu'elle ne parle que des choses (4) » ; de même que M. Lyon-Caen pouvait écrire, avec non moins de justesse, que « l'article 1784 n'était pas applicable, dans son texte, au transport des personnes (5) », car « il vise exclusivement le transport de marchandises (6) » : « il suffit de le lire pour en être convaincu ».

---

(1) Paris, 27 juillet 1894 (4e Chambre), *Gaz. Trib.*, 26 août 1894.

(2) Paris, 21 février 1894 (4e Chambre), *Gaz. Trib.*, 2 mars 1894.

(3) Picard, *op. cit.*, t. III, p. 489.

(4) Sainctelette, *op. cit.*, p. 93.

(5) Lyon-Caen, Examen doctrinal, *Rev. crit.*, 1886, p. 360.

(6) Lyon-Caen et Renault, *op. cit.*, t. III, p. 500.

II

« Mais c'est là une question de texte tout à fait secondaire », continue le même auteur. Si l'article 1784 du Code civil édicte la responsabilité des Compagnies de chemins de fer et leur présomption de faute au cas de transport de marchandises, ne peut-on pas étendre ces dispositions au transport des voyageurs ? N'y aurait-il pas là un argument *a fortiori,* ont pu dire certains interprètes du Code civil ? Non, ces sortes de raisonnements, pour être pleinement valables, en métaphysique aussi bien qu'en droit, doivent essentiellement se rapporter à deux ordres de faits de tous points concordants. Or, les situations ne sont pas identiques, que l'on considère les marchandises ou les voyageurs. « Attendu, dit en effet un jugement du Tribunal civil de la Seine du 18 mars 1893, que la disposition de l'article 1784 ne s'applique qu'aux choses qui sont des objets inertes, et non aux personnes (1) ». « Attendu, dit un autre jugement du même Tribunal, en date du 7 février 1893 (2), réformé par un arrêt de la Cour de Paris (7ᵉ Chambre), du 23 juillet 1894 (3), que ces dispositions ne s'appliquent qu'aux choses qui sont des objets inanimés et non aux

(1) Tribunal civil de la Seine, 18 mars 1893, *Gaz. Trib.*, 26 mai 1894.

(2) Tribunal civil de la Seine, 7 février 1893, *Gaz. Trib.*, 7 décembre 1894.

(3) Paris (7ᵉ Chambre), 23 juillet 1894, *Gaz. Trib.*, 7 décembre 1894.

personnes qui sont capables d'agir et responsables de leurs agissements ».

Voici qui pose la distinction, sans réplique possible. L'article 1784 n'a pu édicter pour les personnes des règles semblables à celles qu'il a établies pour les choses ; et lorsqu'un texte parle de la responsabilité des voituriers, relativement aux marchandises qu'ils transportent, les décisions de ce texte ne peuvent être étendues aux voyageurs.

Mais nous n'irons pas jusqu'à prétendre que, puisqu'un article de loi édicte une règle de responsabilité concernant les marchandises, on doit en prendre le contre-pied pour l'appliquer aux personnes. MM. Demolombe (1), Aubry et Rau (2) nous mettent en garde contre les dangers des arguments *a contrario* ; deux arrêts de la Cour d'Aix du 5 juillet (3) et du 12 décembre 1887 contiennent un aperçu très juste à cet égard : « Attendu, dit le second arrêt, que si l'article 1784 formule l'application de ce principe (renversement de preuve ; responsabilité moins les cas fortuits) au transport des choses, on ne saurait induire de son silence quant aux personnes que cette application doit être écartée ; loin de là, le silence du législateur s'explique par cela même qu'un texte spécial n'a point paru et n'était,

<hr>

(1) Demolombe, *op. cit.*, t. Ier, no 116.
(2) Aubry et Rau, *op. cit.*, t. Ier, § 40.
(3) Aix, 5 juillet 1887, S. 1887. 2. 230, P. 1887.1. 1127.

en effet, point nécessaire (1) » ; et M. Sarrut a lieu de nous rendre plus sceptique à l'égard de ce moyen d'argumentation, lorsqu'il écrit: « Il est vrai que les articles 1784 du Code civil et 103 du Code de commerce s'occupent du transport des choses et des objets, et par là même, semblent exclure de leurs dispositions le transport des personnes. Mais les arguments *a contrario* sont, en général de faible portée : *L'argument a contrario sensu*, dit Merlin, *n'est pas toujours concluant lorsqu'il s'agit d'interpréter une loi ou un contrat.* Par lui-même, l'argument *a contrario* est insuffisant, car il faut toujours remonter à l'origine du texte et rechercher le motif juridique ou rationnel qui l'a fait édicter. Le texte rappelle-t-il un principe de droit commun ? Qu'importent ses expressions, en apparence limitatives, puisque, même à défaut du texte, ce principe régirait la matière ? Le texte pose-t-il, au contraire, une disposition exorbitante du droit commun, consacre-t-il une exception aux règles générales ? Il faut l'interpréter restrictivement et l'argument *a contrario* qu'il fournit est irrésistible (2) ».

Nous nous permettrons de compléter le raisonnement de cet auteur, en anticipant un peu, il est vrai, sur nos explications antérieures, et nous dirons : L'article 1784 pose, à l'égard des marchandises transportées,

______

(1) Aix, 12 décembre 1887, S. 1888. 2. 138, P. 1888. 1. 834.

(2) Sarrut, note sous un arrêt, D. 1885. 1. 433. Rappelons-nous, d'ailleurs, que cet auteur, loin d'invoquer à l'encontre des personnes, l'argument *a contrario*, a étendu en leur faveur les règles de l'article 1784, par un argument *a fortiori* (*Rev. crit.*, 1885, p. 139).

l'application d'un principe général ; et de ce fait, nous rentrons dans le premier terme de l'alternative posée par M. Sarrut ; mais, comme les personnes, êtres raisonnables, ne peuvent pas être régies par les mêmes principes que les marchandises, objets inanimés, nous l'avons dit, il y a un instant, on ne peut étendre, par un argument *a fortiori* les règles de l'article 1784 aux voyageurs, victimes d'un accident de chemins de fer, pas plus qu'on ne pourrait les écarter par un argument *a contrario*.

*Peut-on appliquer pour le transport des personnes
les principes du dépôt.*

Donc, à ne considérer que le texte, l'article 1784 du
Code civil est inapplicable dans les relations des voyageurs avec les Compagnies de chemins de fer. Aussi,
n'est-ce point, à cet égard, que la lutte s'est déclarée
ardente. Les efforts tentés pour assimiler la situation
juridique des personnes transportées à celle des choses
se sont combinés sur un rapprochement de principes,
sur une constatation de phénomènes analogues qui devaient, au dire des éminents auteurs qui ont défendu
ce système, faire conclure de la situation juridique des
uns à celle des autres.

Et d'abord les principes :

Celui qui saute aux yeux, c'est celui que les textes
eux-mêmes nous suggèrent. Car l'article 1784 du Code
civil, qui doit être complété par l'article 1782 pourrait se lire de la façon suivante : les Compagnies
de chemins de fer sont responsables de la perte et des
avaries des choses qui leur sont confiées dans les
termes où les articles 1952 et suivants du Code civil
l'ont établi pour le dépôt nécessaire. S'il est vrai, pour-
rait-on dire, que la responsabilité du voiturier soit

assimilable à celle du dépositaire, lorsqu'il s'agit de marchandises transportées ; le même principe conduirait à cette conclusion que les entrepreneurs de transports doivent être déclarés responsables des accidents survenus aux voyageurs, non pas qu'ils leur soient remis en dépôt, on n'ose employer ces termes, mais qui sont confiés à leur garde.

I

Que l'article 1784 se réfère aux principes juridiques du dépôt, on ne nous le contestera guère ; pas plus, nous l'espérons, qu'on ne nous reprochera de nous répéter, ayant, il est vrai, fait, une fois déjà, appel à ce rapprochement, mais dans un tout autre but. Aussi, nous suffira-t-il, peut-être, de nous contenter d'invoquer, à l'appui de notre dire, l'opinion de M. Lyon-Caen doublement concluante par les arguments qu'elle invoque et les faits qu'elle rapporte : « Le contrat de transport de marchandises tient à la fois du dépôt et du louage d'ouvrage, écrit cet auteur (1) ». « Dans le projet de Code de commerce, l'article 105 déclarait que *le marché fait avec des voituriers par terre et par eau, est un contrat mixte qui participe de la nature du contrat de louage et de celui du dépôt.* Cet article fut retranché sur la demande de la section de législation du Tribunat, non à raison de

(1) Lyon-Caen et Renault, *op. cit.*, t. III, nº 701, p. 496, nº 709, p. 500 ; Lyon-Caen, note sous un arrêt, S. 1885. 1. 129, *Rev. crit.*, 1886, p. 360.

ce qu'il lui paraissait exprimer une idée fausse, mais parce qu'il avait un caractère purement doctrinal. C'est à raison de cette nature mixte du contrat de transport que quelque incertitude s'éleva sur le point de savoir si les dispositions du Code civil concernant les obligations du voiturier devaient être placées dans le titre du dépôt ou dans le titre du louage (1) », et que la discussion du contrat de transport, commencée à la séance du 14 nivôse an XII, fut, sur la demande du consul Cambacérès, reportée après la discussion du titre du dépôt, et reprise devant le Conseil d'Etat à sa séance du 28 nivôse an XII (2). MM. Troplong (3), Laurent (4), Féraud-Giraud (5) sont tout aussi concordants et concluants sur la genèse juridique de l'article 1784, et la Jurisprudence nous paraît tout à fait fixée dans le même sens. C'est l'arrêt de la Cour de cassation du 10 novembre 1884 qui pose le principe en disant que « la règle édictée par l'article 1784 n'est que l'application au dépôt nécessaire de la chose transportée entre les mains du voiturier..... (6) » ; et c'est un arrêt de la Cour de Douai du 31 mars 1890 qui a développé ce principe, en invoquant à l'appui de la décision qu'il rendait, le considérant

---

(1) Lyon-Caen et Renault, *op. cit.*, t. III, n° 566, p. 406.
(2) Locré, *Législation de la France*, t. XIV, p. 369.
(3) Troplong, *op. cit.*, t. III, n°s 904, 905, 906.
(4) Laurent, *op. cit.*, t. XXV, n° 520, p. 578.
(5) Féraud-Giraud, *op. cit.*, t. III, n° 420, p. 316.
(6) Cassation, 10 novembre 1884, S. 1886.1.129, P. 1885.1.279, D. 1885.1.433.

suivant : « Attendu que l'article 1784 du Code civil, qui
dispose que le voiturier est responsable de la perte ou
de l'avarie de la chose qui lui a été confiée, à moins
qu'il ne prouve que cette avarie est le résultat d'un vice
de la chose elle-même ou d'un événement de force majeure, n'est que la conséquence du principe général qui
veut que le voiturier soit tenu, ainsi que tout autre dépositaire d'un corps certain, de le rendre en bon état, à
moins qu'il justifie de l'extinction de son obligation (1) ».

Mais, pour être impartial, il nous faut relever une
note discordante. C'est M. Sourdat qui rompt l'harmo-
nie, lorsqu'il dit : « Si l'on devait voir dans la remise
des objets à transporter une sorte de dépôt nécessaire,
à raison du monopole de fait qu'exercent les Compagnies, il en serait de même des voyageurs, mais il n'est
pas plus exact, pour les uns que pour les autres, de dire
qu'il y a contrat de dépôt proprement dit, ni surtout
dépôt nécessaire, suivant la définition de l'article 1949
du Code civil (2) ». Et cet auteur invoque comme argument la place des articles 1782 à 1786 qui font partie
du titre du louage et nullement de celui du dépôt.

De cet extrait, nous voulons retenir deux propositions. La première, que nous combattons, consiste à
dire que le contrat de transport des marchandises ne

<hr>

(1) Douai, 31 mars 1890. *Jurisprudence de la Cour d'appel de Douai*,
1890, p. 99. *Sic* : Paris (4e Chambre) 20 février 1895. *Gaz. Trib.*,
27 mars 1895.

(2) Sourdat, *op. cit.*, 4° édition, t. II, n° 1058, p. 283.

se réfère pas aux règles du dépôt. Nous avons déjà expliqué, avec MM. Locré, Lyon-Caen et Renault, le motif qui avait déterminé le législateur à placer les articles relatifs à la responsabilité du voiturier sous la rubrique du « louage d'ouvrage et d'industrie ». Et, de ce fait, tombe l'argument que M. Sourdat voulait tirer de la situation de notre article. Mais il y a plus ; et nous n'hésitons pas à répéter que l'on doit se référer, pour le régime de la responsabilité des Compagnies de transports des messageries, aux principes déposés par le législateur, dans les articles 1952 et suivants du Code civil, qui déterminent la responsabilité du dépositaire nécessaire. Pour deux motifs : le premier de texte, l'article 1782 ; le second d'analogie. Ne saisit-on pas, en effet, sans même qu'il soit besoin d'insister (nous avons, d'ailleurs, déjà fait valoir cet argument), le lien, le rapprochement, la connexité qui unissent ces deux situations : le voyageur contraint de déposer ses bagages dans une hôtellerie, ou nécessairement obligé de les confier à un entrepreneur de transports. Nous ajouterions, même, au point de vue des faits, que la situation de l'expéditeur est plus critique que celle de la personne qui dépose ses bagages dans une hôtellerie ; car au moins, celle-ci peut, généralement, choisir l'hôtelier qui lui offrira plus de garanties de sécurité, tandis que celui-là n'a jamais cette faculté. A côté de cette raison de pure observation, il en est une autre de nature toute juridique. Il était impérieux d'appliquer au voiturier les règles du dépôt nécessaire ; car, sans cela, il eut été tenté d'invoquer les règles du dépôt ordinaire qui l'eussent mis dans une situation bien plus avantageuse, puisqu'il ne devait « apporter, dans la garde de la chose jugée, que les mêmes soins qu'il apporte dans la garde des choses qui lui appartiennent » (article 1927) ; et qu'il n'était « tenu de rendre la chose déposée que dans l'état où elle se trouve au moment de la restitution » (article 1933).

Donc, il ne peut, nous osons l'espérer, subsister de doute à l'égard de ce principe : le commissionnaire de transports est un dépositaire nécessaire par rapport aux marchandises qu'il transporte.

II

Mais, par le fait même que cette première proposition est plus fermement établie, par une conséquence logique des arguments plus nombreux et plus péremptoires que nous avons présentés pour assimiler la situation de l'entrepreneur de messageries à celle de l'hôtelier ; inversement, nous serons porté à conclure, avec plus de raison et de conviction, à des incompatibilités radicales entre les précédentes et celles des Compagnies de chemins de fer transportant des voyageurs et nous combattrons ainsi la seconde proposition de M. Sourdat, exprimée dans ces termes : « Si l'on devait voir dans la remise des objets à transporter, une sorte de dépôt nécessaire, à raison du monopole de fait qu'exercent les

Compagnies, il en serait de même des voyageurs ».

Laissant de côté les considérations générales qui militent en faveur de la distinction juridique à établir entre le transport des personnes et celui des choses; nous invoquerons, au point de vue spécial qui nous intéresse, la définition que donne l'article 1915, du dépôt : « Le dépôt, en général, dit cet article, est un acte par lequel on reçoit la chose d'autrui, à la charge de la garder et de la restituer en nature ». Donc on ne peut pas appliquer aux voyageurs les règles du dépôt rappelées à propos du contrat de transport des marchandises, puisque le dépôt ne peut s'appliquer qu'à des *choses* animées ou inanimées.

Mais, ne serait-il pas possible de dire, pour rendre les Compagnies responsables, qu'en vous confiant à elles, qu'en leur abandonnant votre personne, vous étiez fondé à attendre, de leur part, en retour, une sorte de sauvegarde ? Quand vous avez contracté avec un voiturier, n'était-il pas entendu, avec lui, qu'il devenait votre gardien, et que vous étiez prémuni contre les menaces sans nombre d'accidents dont vous étiez entouré, par la vigilance que ses préposés devaient exercer autour de vous, afin de vous en préserver ? Non, répond M. Guillouard, « le contrat de transport des voyageurs ne donne point au voiturier la garde des voyageurs qu'il transporte. Le voyageur est libre de continuer son voyage jusqu'à l'endroit convenu, ou de s'arrêter à la première station : il est libre de se conformer aux Règlements de la Compagnie qui le transporte, ou de commettre des imprudences ; en un mot, il est son *propre gardien*. Cela est tellement vrai, qu'il ne viendrait à l'idée de personne de rendre le voiturier responsable de la disparition du voyageur qu'il doit conduire, tandis qu'il est certainement responsable, d'après l'article 1784, de la disparition des marchandises ou des animaux qu'il doit transporter (1) ». Ces explications sont les plus nettes et les plus juridiques que nous ayons trouvées sur ce sujet ; aussi nous garderons-nous bien d'ajouter le moindre commentaire à une réfutation aussi péremptoire (2).

En résumé : les auteurs qui veulent appliquer au transport des voyageurs les règles de l'article 1784, se voient repoussés, dans leur tentative, par un nouvel argument, argument de principe, ajouté à l'argument de texte ; c'est, qu'en effet, l'article 1784 est basé sur les règles applicables au dépôt nécessaire, or les voyageurs, en tant que personnalités juridiques, ne sont point susceptibles de constituer l'élément d'un dépôt, donc les Compagnies de chemins de fer ne peuvent pas être rendues responsables, *a priori*, des accidents qui sont advenus aux voyageurs.

(1) Guillouard, *op. cit.*, t. II, n° 765, p. 335.
(2) De nombreux arrêts ont invoqué la même marche juridique, après avoir nettement établi que les dispositions de l'article 1784 du Code civil se référaient aux règles du dépôt nécessaire, ils concluaient que ces mêmes dispositions ne pouvaient être étendues aux voyageurs des chemins de fer. Ainsi ont décidé, choisis entre de nombreux arrêts, celui de la Cour de cassation du 10 novembre 1884, celui de Douai du 31 mai 1890, celui de Paris (1re Chambre) du 31 janvier 1895 et (4e Chambre) 20 février 1895, précédemment rapportés. Voir dans le même sens Dalloz, *Rép, Sup.* Vo *Commissionnaire*, n° 95 et Vo *Responsabilité*, n° 95.

SECTION VII. — Responsabilité contractuelle et renversement de preuve.

Peut-on appliquer pour le transport des personnes les principes
découlant de l'obligation de restituer la chose en bon état.

Les partisans de la responsabilité contractuelle des
Compagnies de chemins de fer, nous devrions dire plutôt, les partisans du renversement de preuve, ne se
tiennent pas pour battus. Sans doute ils n'invoquent
plus le texte même de l'article 1784, pas plus qu'ils ne
cherchent à appliquer, par analogie, les principes du
dépôt nécessaire au transport des voyageurs. Néanmoins, c'est de ce même article qu'ils se prévalent pour
résoudre la question de responsabilité des accidents de
chemins de fer advenus aux personnes ; parce que, disent-ils, cet article n'est que l'application, pour un cas
particulier, des règles de droit déposées dans l'article 1302 du Code civil.

I

Que l'article 1302, déterminant les conditions dans
lesquelles la perte de la chose due, opère comme mode
d'extinction des obligations, que cet article, disons-nous,
s'applique au voiturier qui transporte des marchandises, qu'il inspire l'article 1784, en tant que cet article

réglemente la responsabilité des Compagnies de chemins de fer à l'égard de la perte et des avaries des choses qui leur sont confiées, personne, nous le croyons, ne nous le contestera, surtout si nous pouvons invoquer l'opinion à peu près unanime des auteurs et les conclusions particulièrement convaincantes de M. Guillouard (1) (se référant aux principes énoncés par M. Demolombe (2), à propos de l'article 1302). « L'article 1784, dit cet auteur, n'édicte point une règle exceptionnelle, mais bien l'application au voiturier de la règle générale écrite dans l'article 1302 pour tout détenteur d'un corps certain, obligé, en vertu d'un contrat, de le restituer au propriétaire... L'obligation de rendre la chose en bon état oblige le voiturier à lui donner les soins nécessaires à sa conservation, pendant qu'elle est confiée à sa garde ; cette obligation générale qui existe pour tout voiturier est rappelée, pour les Compagnies de chemins de fer, par l'article 49 du Cahier des charges 1857-1859, lequel s'exprime ainsi : *La Compagnie sera tenue d'effectuer constamment avec soin, exactitude et célérité le transport des bestiaux, denrées, marchandises et objets quelconques qui lui seront confiés* » (3).

(1) Guillouard, *op. cit.*, t. II, n° 743, p. 310.

(2) Demolombe, *op. cit.*, t. XXVIII, n°ˢ 762 et s.

(3) Citons parmi les auteurs qui ont principalement insisté sur ce rapprochement : MM. Laurent, *op. cit.*, t. 25, n° 520 ; Lyon-Caen et Renault, *op. cit.*, t. IV, n° 603, p. 431, 432, n° 709, p. 500 ; Bravard-Veyrières, *op. cit.* ; Fromageot, *op. cit.*, p. 244.

II

Mais voici le point délicat : comment la portée de l'article 1302 pourrait-elle être étendue jusques et y compris les accidents de chemins de fer dont sont victimes les voyageurs ? La réponse nous sera fournie par M. Sourdat. Cet auteur, après avoir assimilé les personnes aux choses et entrepris d'établir un rapprochement entre le contrat de transport et le dépôt, écrit : « Au surplus, qu'il s'agisse de louage ou de dépôt, la règle relative à la libération est toujours celle que renferment les articles 1302 et 1315, sur lesquels la Cour de cassation cherche à fonder sa décision (1) ».

Peut-être cette argumentation manquerait-elle de preuves concluantes et nous serions tenté de considérer, comme réponse suffisante, l'opinion de M. Lyon-Caen (2), que la Cour de cassation a, dans son arrêt du 10 novembre 1884, auquel faisait allusion M. Sourdat, très bien rendue, en invoquant, parmi ses considérants, la raison juridique suivante que : « L'article 1784 du Code civil... n'est que l'application... des principes généraux... sur la preuve de libération, principe d'après lequel le voiturier doit, comme tout autre dépositaire d'un corps certain, le rendre en bon état à celui qui le lui a remis, ou bien justifier de l'extinction de son obli-

_____

(1) Sourdat, *op. cit.*, 4ᵉ édition, t. II, nᵒ 1058, p 283.

(2) Lyon-Caen, Examen doctrinal, *Rev. crit.*, 1886, p. 360, S. 1885. 1. 129.

gation par paiement ou par cas fortuit ou force majeure (1) ».

Cette réplique n'a pas paru péremptoire à M. Sarrut ;
et, si l'attaque de notre premier adversaire ne nous a
point émotionné, la riposte de celui-ci pourrait peut-
être nous impressionner. « On peut même soutenir, dit
M. Sarrut, que les articles 1784 du Code civil et 103 du
Code de commerce découlent, pour les personnes, aussi
bien que pour les choses, de l'article 1302, relatif à la
perte des corps certains. Si surprenante que soit, en
fait, la prétention de classer les personnes parmi les
corps certains, elle ne heurte cependant pas les concep-
tions juridiques, car il n'existe, en théorie, que des corps
certains ou des quantités, et la personne qui se confie
à un voiturier n'est point une quantité (2) ». Nous
avouons, très humblement, avoir été surpris (comme
M. Sarrut lui-même) de la hardiesse avec laquelle cet
auteur entreprend d'englober les personnes dans un di-
lemme dont elles ne pourraient se départir : corps certain ou quantité. Nous croyons qu'on ne pourrait les
tenir, pour ainsi dire, emprisonnées entre les deux termes de ce raisonnement, car elles les dépassent et les

(1) Cassation, 10 novembre 1884, D. 1885. 1.433, S. 1885, 1.129, P.
1885, 1.279.

(2) Sarrut, D. 1885. 1.433, en note. Voir, dans le même sens, l'analyse que fait cet auteur de l'ouvrage de M. Féraud-Giraud, *Rev.
crit.*, 1885, p. 139, 1er alinéa, *in fine*.

Consulter également : Verne de Bachelard, *op. cit.*, p. 13 et 14.

dominent de toute l'élévation de leur libre arbitre. Cette classification n'a jamais pu et ne peut être appliquée qu'aux choses ; la signification seule des termes ne nous fait-elle pas comprendre qu'il ne peut s'agir, ici, que d'êtres considérés dans leur quotité ou dans leur unité impersonnelle et aveugle, non pas, à vrai dire, sujets, mais objets du contrat ? Et si, par hasard, un doute aurait pu s'élever à cet égard, l'article 1320 du Code civil suffirait à les bannir tous. Le Code n'a pu associer, dans le grave problème de la responsabilité d'autrui, les choses, corps certain ou quantité, êtres animés ou inanimés, qui ne peuvent se mouvoir que par les lois naturelles de l'instinct et de la pesanteur, ou par l'impulsion d'une volonté agissante, aux personnes, êtres responsables, intelligents et libres. Par conséquent, lorsqu'un texte de nos lois édicte une solution juridique, d'après laquelle : « Lorsque le corps certain et déterminé qui était l'objet de l'obligation vient à périr, est mis hors du commerce, ou se perd de manière qu'on en ignore absolument l'existence, l'obligation est éteinte, si la chose a péri ou a été perdue sans la faute du débiteur et avant qu'il fut en demeure » ; cette solution, ni au point de vue de la philologie, ni à celui du raisonnement pur, pas plus qu'à celui de l'argumentation juridique, ne peut s'appliquer aux personnes.

*La Compagnie de chemins de fer peut-elle faire une promesse
général de sécurité?*

Oserions-nous espérer avoir convaincu nos juges que
l'argument d'analogie tiré des principes juridiques con-
tenus dans l'article 1302 du Code civil ne peut être
invoqué par les victimes d'un accident de chemins de
fer, pas plus que cet autre tiré des règles du dépôt nécessaire, ou que le texte lui-même de l'article 1784 du
Code civil ? Mais alors ?... Alors, les adversaires que
nous avons la témérité de combattre, élèvent le débat,
et nous les entendons déclarer que les Compagnies de
transports sont responsables *a priori* de la mort, des
blessures des voyageurs, en vertu des principes généraux qui régissent les obligations contractuelles.

Essayons de les suivre sur ce nouveau terrain.

I

Mais, au préalable, qu'il nous soit permis de formuler un souhait, ou, pour mieux dire, de le formuler à
nouveau ; les circonstances dans lesquelles nous l'ex-
primons, donneront à nos accents une plus grande
opportunité et une insistance d'autant plus vive. S'il est
vrai que la responsabilité des Compagnies de chemins

de fer à l'égard des voyageurs qu'elles transportent,
doive être déterminée d'après les principes généraux de
la responsabilité contractuelle, rien ne pourrait s'opposer, bien que la chose put paraître inutile, à ce qu'elle
fut expressément formulée dans un texte législatif ;
mais, s'il est vrai que la responsabilité des Compagnies
de chemins de fer doive être déterminée d'après les
principes généraux de la responsabilité contractuelle,
rien, aussi, n'est plus contesté et la nécessité d'une loi,
sur cette matière, prend, dès lors, une importance considérable.

Ainsi l'ont compris les membres des Parlements de
Belgique. La situation des victimes d'un accident de
chemins de fer, devant les Tribunaux Belges, aux différents degrés de juridiction, était, à peu de chose près,
la même que celle des voyageurs en France ; ballottés
entre les principes de la responsabilité délictuelle et de
la faute contractuelle, tantôt obligés de prouver la faute
de l'État, commissionnaire de transports (1), tantôt dis-
pensés du fardeau de la preuve et imputant, *a priori*, la
responsabilité de l'accident au voiturier. Néanmoins, un

(1) Il ne sera peut-être pas sans intérêt, de rappeler que la Cour
de cassation Belge avait, dans un arrêt du 23 février 1850, déclaré
l'Etat non responsable, en tant qu'ayant fait une création nationale
en vue des intérêts genéraux. Mais, dans un arrêt du 27 mars 1852,
la Cour Suprême de Belgique s'était hâtée de revenir sur sa précédente Jurisprudence et de déclarer l'Etat responsable, comme tout
autre voiturier.

courant très marqué s'était prononcé vers l'adaptation aux personnes de la solution écrite dans l'article 1784. A part deux arrêts de la Cour de Bruxelles du 23 janvier 1884 (1) qui déclarent que : « l'action est fondée sur les articles 1382, 1383 et 1384 du Code civil ; ...que chacun est responsable du dommage qu'il a causé par son fait, sa négligence, ou imprudence, et que la faute la plus légère suffit pour engager la responsabilité de celui auquel elle est imputable », à part ces deux arrêts, disons-nous, la Jurisprudence de la même Cour (l'État Belge ne s'est pourvu en cassation contre aucun de ces arrêts, fait remarquer M. Sainctelette) motivait ses décisions par des considérants tels que ceux-ci : « Attendu que l'État Belge, appelant, a contracté envers l'intimé l'obligation de le transporter avec tout le soin que comporte la sûreté des voyageurs ; qu'il est constant que... (la négligence des agents de l'État a occasionné une faute, dont)... les conséquences doivent être réglées conformément aux dispositions des articles 1147 et 1149 du Code civil (2) », ou par une argumentation, presque

____

(1) Bruxelles, 23 janvier 1884. *Pas. Bel.*, 1884.2.213. — Malgré nos actives recherches, nous n'avons pu découvrir quatre arrêts de la même Cour, rendus à la même date, et que M. Sainctelette (*op. cit.*, p. 97) invoque à l'appui de son système, comme se référant aux principes qu'il défend, en vertu du considérant suivant : « Attendu que l'action est fondée sur l'article 1784 du Code civil ; Attendu que l'Etat Belge n'a pas prouvé le cas fortuit ou la force majeure qui, seule, pouvait dégager sa responsabilité ».

(2) Bruxelles, 28 novembre 1881. *Pas. Bel.*, 1882.2.136, D. 1885. 2.128.

aussi développée qu'un exposé théorique, en décidant :
« que tout exploitant d'un chemin de fer, en se chargeant du transport d'un voyageur, s'engage envers celui-ci à apporter à l'organisation et à l'exécution de ce service, tout le soin et toute la vigilance que commande la sécurité des personnes ; que, spécialement, pour le cas d'accident, il assume l'obligation du voiturier nettement formulée en l'article 1784 du Code civil, comme en l'article 103 du Code de commerce, et doit, pour dégager sa responsabilité, établir que le dommage causé est le résultat d'un cas fortuit ou d'une force majeure (1) ».

Aussi est-ce pour fixer la Doctrine et la Jurisprudence dans ce sens, qu'un projet de loi, adopté par la Chambre des représentants, le 12 décembre 1890, par le Sénat ; le 17 mars 1891 ; soumis, de nouveau, à l'approbation des deux Chambres, est devenu, le 25 août 1891, la « Loi portant révision du titre du Code de commerce concernant les contrats de transport (2) ». L'article 4 est capital pour le point de vue qui nous concerne ; il est ainsi formulé : « Il (le commissionnaire ou le voiturier) est responsable de l'avarie ou de la perte des choses, ainsi que des accidents survenus aux voyageurs, s'il ne prouve pas que l'avarie, la perte ou les accidents proviennent d'une cause étrangère qui ne peut lui être

(1) Bruxelles 14 mai 1883. Inédit. Consulter dans le même sens : Bruxelles, 11 décembre 1879, *Pas. Bel.;* 1880.2.60 ; 23 janvier 1882, *Pas. Bel.*, 1882.2.148 ; 17 octobre 1888, *Pas. Bel.*, 1889.2.59 ; etc.

(2) *Moniteur* du 26 août 1891 ; *Recueil des lois et arrêtés royaux de Belgique*, année 1891, p. 389 à 399.

imputée ». L'article 10 de la même loi applique ces dispositions aux exploitations de chemins de fer ; il en résulte, qu'un voyageur, victime d'un accident de chemins de fer, n'a, pour réclamer des dommages-intérêts, qu'à justifier du contrat passé par lui avec l'Etat, commissionnaire de transports, et du préjudice à lui causé par cet accident, sans avoir, à se préoccuper, en aucune façon, d'avancer la preuve de la faute ou de la négligence du voiturier ou de l'un de ses préposés. L'Etat, de son côté, pourra n'échapper à la demande du voyageur blessé, qu'en se prévalant d'un cas fortuit ou de force majeure (1).

(1) Sans avoir, nullement, la prétention de traiter la question au point de vue international, nous pourrions citer comme se référant aux mêmes principes, et édictant la même solution : la loi des Pays-Bas, du 9 avril 1875, « sur le service et l'exploitation des chemins de fer » qui décide dàns son article 1er que : « Les entreprises de transports par chemins de fer sont responsables des dommages éprouvés, à l'occasion de l'exploitation, par des individus, des marchandises et autres objets, à moins que le dommage n'ait été causé sans leur faute ou celle de leurs fonctionnaires ou employés ». Ce serait encore, en Russie, la « décision du Conseil de l'Empire, du 25 janvier 1878... réglant les indemnités dues par suite de mort ou de blessure (le traducteur fait remarquer qu'il serait préférable de traduire par : atteinte à la santé) occasionnée lors de l'exploitation des entreprises de transport ». Elle est ainsi conçue : « Les articles du Code civil (Tome X, 1re partie) relatifs à cette matière sont modifiés et complétés ainsi qu'il suit : Article 1er. Les propriétaires d'une entreprise de chemins de fer ou de bateaux à vapeur (Etat, Compagnie, particuliers) sont tenus d'indemniser quiconque aurait subi des pertes ou dommages par suite de mort ou de blessures causées par des accidents de chemins de fer et de batellerie à vapeur. Article 2. Les propriétaires des entreprises mentionnées au paragraphe 1er sont affranchis de l'obligation d'indemniser les personnes qui auraient subi des pertes et des dommages, dans le cas seulement, où les Compagnies parvien-

II

A. — Mais, revenons en France. De ce côté de la frontière, la parole est à qui veut la prendre, sans pouvoir, peut-être, se flatter de contraindre les dissidents au silence. Doctrine et Jurisprudence, tantôt se combattent et tantôt se liguent, pour émettre la prétention d'imposer aux Compagnies de chemins de fer la preuve de la faute de la victime ou des cas fortuits et de force majeure, qui, seuls, devraient les exonérer de la responsabilité de la mort ou des blessures causées aux voyageurs par un accident. C'est, qu'en effet, pour parvenir au même résultat, deux voies ont été tentées, et toutes deux partant du même point initial.

Certains auteurs ont déclaré que, puisque les principes directeurs des obligations exigeaient qu'en matière de contrat, le débiteur fut obligé de prouver la cause de sa libération, les Compagnies, ayant fait aux voyageurs une promesse générale de sécurité, étaient tenues, du fait même de leur mort ou de leurs blessures, d'établir la cause qui put justifier de l'inexécution de leur obligation.

D'autres ont imparti aux obligations des Compagnies une moindre portée. Il leur a suffi, pour aboutir à un renversement de preuve, de comprendre, parmi les con-

---

draient à prouver que le sinistre est arrivé par suite de force majeure ou sans qu'il y ait faute de la part de l'administration ou de ses employés (*Annuaire de législation comparée*, 1878, p. 648).

ditions du contrat, une promesse plus spéciale de vigilance et de mesures préventives. Un accident survient-il, disent les partisans de cette seconde opinion, la responsabilité du commissionnaire de transports est en jeu. Peut-il prouver qu'il a pris toutes les précautions requises par les Règlements ou dictées par la prudence ; alors, mais alors seulement, il n'aura point à en supporter les conséquences.

On ne peut contester, et nous tenons à le déclarer, de suite, très ouvertement, on ne peut, disons-nous, contester le principe qui sert de point de départ à ces deux opinions. « Quand un créancier, dit M. Lyon-Caen, réclame des dommages-intérêts à raison du préjudice que lui a causé l'inexécution ou la mauvaise exécution d'un contrat, c'est au débiteur, qui prétend ne devoir aucune indemnité, à prouver le cas fortuit ou de force majeure qu'il allègue…. Ce principe se justifie rationnellement et on aurait peine à comprendre qu'il ne fut pas admis par la loi. Etes-vous obligé envers moi par un contrat, si vous prétendez qu'un cas fortuit vous a empêché d'exécuter votre obligation ; vous alléguez un fait nouveau et extraordinaire, vous m'opposez une exception et *reus in excipiendo fit actor* (1) ». « Il est bien certain, dit M. Trolley de Prévaux, que le débiteur, étant prouvée son obligation contractuelle, ne peut attendre la preuve de sa faute quant à l'objet dû ; il est débiteur,

(1) Lyon-Caen. Examen doctrinal, *Rev. crit.*, 1886, p. 361.

par l'effet du contrat, jusqu'à ce qu'il invoque et prouve une cause de libération (article 1315, C. civ.) (1) ».

« Mais, continue le même auteur (2), le contrat ne dispense de prouver la faute, que si on réclame l'objet même dont le contrat renferme la promesse ; l'admission de cette dispense, en ces termes, laisse encore rechercher, en cas de contrat, quel est, précisément, l'objet de ce contrat, l'objet qu'on peut réclamer en attendant la preuve de sa libération ». Le voyageur a-t-il requis de la Compagnie son transport sain et sauf ; — a-t-il stipulé qu'elle dut prendre à son égard les précautions dont un accident prouverait à lui seul l'omission ?

B. — Telles sont les deux opinions qu'il nous faut maintenant discuter.

La première a de redoutables partisans, redoutables par le nombre et surtout par le talent. « Le voiturier, disent MM. Lyon-Caen et Renault, est tenu de prendre soin de la personne du voyageur, de façon à ce qu'il parvienne sain et sauf au lieu de sa destination (3) ». « Par suite, le voiturier est notamment responsable envers le voyageur ou ses héritiers dans les cas, soit de blessure ou de mort de celui-ci survenue durant le trajet (4) ».

______

(1-2) Cette opinion a été développée par M. Trolley de Prévaux, professeur à la Faculté libre de Lille dans le *Répertoire alphabétique de Dalloz* au mot : Responsabilité (D. *Rép. Suppl.*, t. XV, V° *Responsabilité*, n° 57, p. 475).

(3) Lyon-Caen et Renault, *op. cit.*, t. III, n° 707, p. 498.

(4) Lyon-Caen et Renault, *op. cit.*, t. III, n° 707, p. 499.

« C'est par un contrat, continue M. Lyon-Caen, que le voiturier est obligé de transporter le voyageur dans le lieu convenu et de faire en sorte qu'il y parvienne sain et sauf. Quand le voyageur ou ses héritiers réclament des dommages-intérêts au voiturier, à raison de ce que le voyageur a été blessé ou tué en route, c'est de l'inexécution ou de la mauvaise exécution du contrat qu'ils se plaignent. Il s'agit là d'une faute contractuelle, comme dans le cas où des dommages-intérêts sont réclamés pour perte ou avaries des marchandises (1) ». Comment se justifie cette assimilation ? Parce que, répondent MM. Lyon-Caen et Renault (2), « à défaut de texte spécial, les principes généraux du droit conduisent à admettre, au point de vue de la charge de la preuve pour le transport des personnes, une solution identique à celle que donne l'article 1784 pour le transport des marchandises ». Or, continuent ces mêmes auteurs, « quand il s'agit de la responsabilité contractuelle, c'est au débiteur qui allègue le cas fortuit à le prouver. L'article 1784 du Code civil ne fait qu'appliquer ce dernier principe au transport des marchandises. Ce principe régit, comme le montrent les articles 1147 et 1315 du Code civil, non seulement les obligations de donner ou de délivrer un corps certain, mais toutes les obligations contractuelles, spécialement les obligations de faire. Or la responsabilité de voiturier est contractuelle dans le transport des

(1) Lyon-Caen, Examen doctrinal, *Rev. crit.*, 1886, p. 362.
(2) Lyon-Caen et Renault, *op. cit.*, t. III, n° 707, p. 500.

personnes comme dans le transport des choses. Le voiturier est responsable en vertu du contrat de transport, à raison de ce qu'il s'est obligé par ce contrat à transporter le voyageur sain et sauf jusqu'au lieu de destination. La doctrine contraire aboutit à ce résultat singulier que les condamnations à des dommages-intérêts, s'obtiendraient plus aisément à raison de la perte ou des avaries des marchandises, qu'à raison de la mort ou des blessures des personnes (1) ».

« Qu'est-ce, en fait, que le contrat de transport, se demande M. Sainctelette. Une convention par laquelle le voiturier, pour un prix déterminé, s'oblige à porter l'objet dont il s'agit du lieu de départ au lieu d'arrivée. Porter un objet d'un lieu dans un autre, n'est-ce pas, selon le sens commun et la bonne foi, le remettre à l'arrivée tel qu'on l'a reçu au départ ; c'est-à-dire sans altérations survenues pendant le transport et surgies du transport ? C'est d'un transport ainsi fait, d'un transport laissant l'objet sain et sauf que vous avez stipulé et dont je vous ai promis le prix. Si l'objet dont il s'agit n'arrive pas à destination tel qu'il était à l'expédition, sain et sauf de tout risque de transport, votre obligation n'est pas exécutée et ne peut être réputée telle, à moins que vous ne prouviez que l'altération provient d'une cause étrangère qui ne peut vous être imputée (2)... La règle écrite dans le texte de l'article 1784, a été comme

(1) Lyon-Caen et Renault, *op. cit.*, t. III, n° 709, p. 500.
(2) Sainctelette, *op. cit.*, p. 92, n° 3.

précepte de raison, comme principe de droit naturel adoptée par le législateur, et elle régit le transport des personnes avec la même énergie que le transport des choses (1) ».

« Quand un voiturier prend en charge un colis ou un voyageur, dit M. Sarrut, il s'engage à les transporter à destination dans un délai déterminé et en bon état. Le voiturier est lié par un contrat, donc, au cas d'inexécution de ses obligations, il est présumé en faute et responsable. *Vous deviez remettre à destination ma marchandise en bon état*, dira l'expéditeur ; *vous deviez me transporter sain et sauf*, dira le voyageur. *La marchandise est avariée, je suis blessé, prouvez que vous êtes exempt de faute ou indemnisez-moi.* Ainsi se présente la situation juridique des parties. Est-il nécessaire, pour la déterminer de la sorte, de recourir aux articles 1784 du Code civil et 103 du Code de commerce ? Assurément, non. Il suffit de consulter les articles 1315 et 1147 du Code civil qui disposent, que celui qui *se prétend libéré doit justifier le fait qui a produit l'extinction de son obligation* et que *le débiteur est condamné toutes les fois qu'il ne justifie pas que l'inexécution de son obligation provient d'une cause étrangère qui ne peut lui être imputée.* Les articles 1784 du Code civil et 103 du Code de commerce sont donc inutiles, ils apparaissent comme une répétition des articles 1147 et 1315 (2) ». Et ailleurs, le même

(1) Sainctelette, *op. cit.*, p. 93, n° 4, p. 132, n° 10.
(2) Sarrut, note sous un arrêt, D. 1885.1.433.

auteur précise et résume en disant : « La Compagnie de chemins de fer est liée envers moi par un contrat que constate mon billet ; elle doit me transporter à destination dans des conditions déterminées de délai et de sécurité. Il a été bien entendu, j'imagine, quand j'ai payé mon billet, que j'arriverais sain et sauf. Je suis blessé ou tué : la Compagnie n'a pas rempli son obligation, il y a faute contractuelle (1) ».

« A nos yeux, dit M. Sourdat, le contrat est le même, qu'il s'agisse du transport des personnes ou de celui des choses. La Compagnie fournit ses wagons, ses locomotives, son personnel, et, de plus que le voiturier ordinaire, la voie de fer qu'elle a construite et qu'elle est chargée d'entretenir en état parfait de viabilité. L'usage spécial de toutes ces choses, dans le but spécial que les parties se proposent, doit être assuré au voyageur avec toute garantie de sécurité (2) ».

Ainsi ont pensé, s'inspirant des idées et des conclusions des illustres Jurisconsultes dont nous venons de reproduire l'opinion, MM. Bédarride (3), Emion (4), Verne de Bachelard (5), Fromageot (6), et le rédacteur du *Répertoire alphabétique de Dalloz* au mot : « Commis-

(1) Sarrut, *Rev. crit.*, 1885, p. 138 et 139.
(2) Sourdat, *op. cit.*, 4e édition, t. II, n° 1058, p. 283.
(3) Bédarride, *op. cit.*, t. II, n°s 431 et s.
(4) Emion, *op. cit.*, p. 441.
(5) Verne de Bachelard, *op. cit.*, p. 13 et 14.
(6) Fromageot, *op. cit.*, p. 244 et 245.

sionnaire (1) ». Les conclusions très nettes de M. Fromageot nous serviront de résumé précis. « De ce que l'obligation de conserver et de restituer est la conséquence du contrat de transport, il résulte que cette obligation incombe au transporteur, quel que soit l'objet à transporter, il n'y a pas à distinguer si c'est une personne ou une chose ; et comme l'ordre des preuves n'est que la conséquence du caractère contractuel de cette obligation, il doit être le même dans les deux cas. Il est vrai que la loi ne fait l'application des principes généraux qu'au cas où ce sont des choses qui sont transportées, mais cela ne peut empêcher que la même solution soit donnée lorsque ce sont des personnes... Si celui qui confie un colis à un entrepreneur de transports est présumé entendre que ce colis arrive sain et sauf à destination, à plus forte raison en est-il de même de celui qui confie sa propre personne. Ce sera donc au voiturier à prouver que l'inexécution de ses obligations ne lui est pas imputable, ou qu'elle provient soit de la force majeure, soit du cas fortuit, soit de la *contributory negligence* du voyageur (2) » (3).

(1) D. *Rép. Supp.* V° *Commissionnaire*, n° 95. — Notons que le même Recueil donnera au mot : *Responsabilité*, sous la signature de M. Trolley de Prévaux, une tout autre solution.

(2) Fromageot, *op. cit.*, p. 244 et 245.

(3) N'oublions pas de faire remarquer que, dans une matière analogue à la nôtre (nous avons eu déjà plusieurs occasions d'établir ce rapprochement), des auteurs ont émis la prétention d'assurer à l'ouvrier, par le seul jeu des principes du contrat, la vie absolument sauve, pendant toute la durée de son travail ; et, par conséquent,

« La Jurisprudence, reprend M. Sarrut, a toujours admis que le voiturier contracte l'obligation de transporter avec tout le soin qu'exige la sécurité des personnes, et qu'en vertu du contrat de louage il est responsable de plein droit. Si cette Jurisprudence est exacte, si le voiturier a contracté l'obligation de transporter le voyageur sain et sauf, comment, au cas d'accident, le voyageur pourrait-il dégager sa responsabilité, autrement qu'en suivant les règles particulières à la libération des obligations contractuelles (1) ». Mais M. Sarrut exagère en assignant aux décisions judiciaires une direction uniforme, nous en avons, nous-même, signalé, antérieurement, bien des dissidentes. Néanmoins, il en est d'assez importantes qui mettent la Compagnie de transports dans l'obligation d'alléguer une cause qui puisse la décharger de la responsabilité qu'elle encourt par le seul

d'imposer à l'industriel l'obligation d'accorder une indemnité pour la mort ou les blessures qui lui seraient advenues, dans toutes les hypothèses où il ne pourra invoquer pour sa défense : un cas fortuit ou de force majeure, ou la faute de l'ouvrier. Ce sont principalement : MM. Prosper Staes, *Des accidents du travail* (Bruxelles) ; Marc Sauzet, Responsabilité des patrons, *Rev. crit.*, 1883, p. 596 ; Vavasseur, *De la responsabilité des accidents de fabrique* ; de Courcy, *Le droit et les ouvriers* ; A. le Saulnier, *Des ouvriers des usines ou des manufactures au point de vue économique et juridique* ; Henri Noirot, De la responsabilité des accidents industriels, *Journal la Loi* du 29 octobre 1885. — Les conclusions de Mᵉ Court, avocat à la Cour de cassation, dans l'affaire dont l'arrêt a été rendu le 31 mai 1886, D. 1887.1.163, S. 1887.1.209. — De nombreux projets de loi et amendements introduisant cette réforme ont été, maintes fois, déposés sur les bureaux des Chambres.

(1) Sarrut, note sous un arrêt, D. 1885.1.433.

fait de la mort ou des blessures dont aurait souffert un voyageur.

Ce sont notamment des arrêts de la Cour de Paris du 27 novembre 1866 (1), précédés, nous dirions presque, encouragés par un arrêt de la Cour de cassation du 1er mai 1855 (2). Citons ensuite parmi les plus saillants : un arrêt d'Amiens du 9 mars 1879 (3), que nous remarquerons davantage, par suite du changement considérable de Jurisprudence, que la même Cour a consacré, deux ans après. Les arrêts de la Cour d'Aix et notamment ceux du 5 juillet (4) et du 12 décembre 1887 (5), ont formellement exprimé la même théorie. Ces dernières années, le Tribunal de commerce de la Seine a fait sienne cette manière de voir, dans de nombreux jugements, dont les principaux datent du 13 avril 1885 (6), qui contenait le considérant suivant : « Attendu qu'en prenant en charge la personne du voyageur, la Compagnie générale des voitures à Paris s'obligeait implicitement à la remettre saine et sauve à la destination indiquée, qu'il est intervenu entre elle et le voyageur un véritable contrat de transport. » — du 2 mars 1893 (7), qui s'exprime ainsi :

(1) Paris, 27 novembre 1866, *Le Droit*, 1er décembre 1866, S. 1867. 2.320, P. 1867. 1222, D. 1876. 5.387.

(2) Cassation, 1er mai 1855, D. 1855, 1.157.

(3) Amiens, 9 mars 1879, *Jurisprudence de la Cour d'Amiens*, 1879, p. 207.

(4) Aix, 5 juillet 1887, S. 1887.2.230, P. 1887.1.1227.

(5) Aix, 12 décembre 1887, S. 1888.2.138, P. 1888.1.834.

(6) Tribunal de commerce de la Seine, 13 avril 1885, D. 1885.1.433.

(7) Tribunal de commerce de la Seine, 2 mars 1893. *Gaz. Trib.*, 2 mars 1894.

« Attendu que la Compagnie de voitures doit être considérée comme garante de la sécurité des personnes
qu'elle transporte.... » — du 21 juin 1893 (1), qui établit parfaitement le contrat, les obligations du voiturier
et leurs conséquences. « Attendu, dit cet arrêt, que par
le fait de l'occupation par la personne victime, demanderesse en dommages-intérêts, d'une voiture de la Compagnie de voitures, un contrat de transport s'est formé ;
que la Compagnie s'engageait à transporter le voyageur
en veillant à sa sécurité et à le déposer sain et sauf à
l'endroit qu'il avait désigné au préposé de la Compagnie ; et attendu qu'il est constant que, par le fait de
l'accident survenu, le contrat dont il s'agit n'a point
reçu sa complète exécution ». Ce sont les mêmes principes qui ont inspiré au même Tribunal son jugement
du 9 mai 1894 (2). Certaines chambres de la Cour d'appel de Paris ont voulu, également, imposer au voiturier
l'obligation de rendre le voyageur sain et sauf à l'endroit que celui-ci lui désignait. Nous rencontrons spécialement un arrêt de la 4e chambre, en date du 21 juillet 1892 (3), qui renferme ce considérant : « Attendu
que par le fait qu'un voyageur a pris place dans une des
voitures de la Compagnie et que celle-ci s'est chargée de
son transport, il s'est formé entre les parties un contrat,

(1) Tribunal de commerce de la Seine, 21 juin 1893, *Gaz. Trib.*,
26 août 1894.

(2) Tribunal de commerce de la Seine, 9 mai 1894, *Gaz. Trib.*,
27 mars 1895.

(3) Paris, 21 juillet 1892 (4e Chambre), *Gaz. Trib.*, 8 et 9 août 1892

en vertu duquel la Compagnie a assumé l'obligation d'effectuer le transport avec le soin nécessaire pour que le voyageur arrive sain et sauf au lieu de sa destination ; que ce contrat doit produire ses conséquences normales », lesquelles sont, dit l'arrêt, l'application des articles 1147 et 1315. La 7ᵉ Chambre de la même Cour décidait, le 23 juillet 1894 (1), que, « en se chargeant de transporter le voyageur, le voiturier assumait l'obligation d'effectuer le transport de manière qu'il arrive sain et sauf à sa destination ».

Nos citations ont pu paraître longues ? Nous répondrons, qu'arrivés à ce point capital de la discussion, la parole de nos adversaires devait se faire entendre dans son plein développement. Nous espérions que, malgré la richesse de la forme, le peu de solidité du fond apparaîtrait dans toute son étendue. Y avons-nous réussi ? Essayons, pour nous en convaincre, de résumer leur argumentation,... en deux points. Les Compagnies de chemins de fer doivent, dit-on, garantir la vie sauve aux voyageurs, parce qu'elles leur ont promis la sécurité. Elles le doivent d'autant plus, qu'elles ont fait la même promesse aux expéditeurs de marchandises, pour celles qu'ils leur confiaient. Un argument de raison ; un argument de fait : voilà, nous croyons, le bilan sincère.

(1) Paris, 23 juillet 1894 (7ᵉ Chambre), *Gaz. Trib.*, 7 décembre 1894.

En premier lieu, les raisons juridiques.

Les Compagnies de chemins de fer ont pris, vis-à-vis de tout voyageur, dit-on, l'engagement de le faire parvenir sain et sauf à son point de destination. Donc, en vertu des articles 1147 et 1315 du Code civil, toutes les fois que ce dernier aura subi quelque blessure, il pourra intenter contre la Compagnie de chemins de fer qui l'a transporté, une demande en dommages-intérêts basée sur l'inexécution du contrat.

C'est le point de départ que nous attaquons, et, par conséquent, la conclusion que nous rejetons. D'où découle, demandons-nous, l'obligation pour la Compagnie de transporter le voyageur en vie sauve et sans blessures ? De ce que le contraire est absurde, répond M. Saincte-lette ; et lui seul élève la voix. « S'engager, dit-il en effet, à faire le transport de personnes ou de biens par un mode aussi compliqué et aussi dangereux que le che-min de fer, c'est garantir de tout mal provenant du transport la personne ou le bien. Car comment pour-rait-on, sans cesser d'être loyal, se réserver, à part soi, de le faire par des voies impraticables, avec un matériel en désarroi et un personnel sans préparation ? Et com-ment admettre que le voyageur ou le chargeur ait été indifférent à la sûreté de sa personne ou de son ba-gage ? (1) ».

Cette réponse contient une part très réelle de vérité ; et une autre, d'erreur, du moins à notre humble avis.

____

(1) Sainctelette, *op. cit.*, p. 132, n° 10.

Il est certain, en effet, que le voyageur n'a pu rester
indifférent au bon fonctionnement du mode de transport qu'il emploie ; il est bien évident, par ailleurs, que
la Compagnie ne peut pas s'acquitter de son obligation,
d'une façon quelconque, en employant un personnel in-
capable et un matériel défectueux. Mais de ce que le
voyageur soit en droit d'exiger de la part des Compagnies la plus grande somme de précautions possibles ;
de ce que, d'autre part, la Compagnie se soit engagée à
accomplir le trajet dans les conditions les plus favora-
bles pour en assurer la sécurité, il ne s'ensuit pas
qu'elle ait promis la sauvegarde complète et le voyageur
n'est pas en droit de la lui réclamer. « Le voyageur, dit
M. Trolley de Prévaux, a-t-il stipulé de la Compagnie
l'absence de tout accident, en sorte que la blessure reçue
dans le voyage puisse être considérée, de plein droit,
comme l'inexécution d'un fait promis par contrat, permettant d'attendre une preuve de libération ? N'est-ce
pas exagérer la portée du contrat de transport, que d'y
faire entrer, en termes généraux, la sécurité de la personne, pour permettre d'attendre plutôt la preuve d'une
faute du voyageur ou d'un cas fortuit, que la preuve de
la faute de la Compagnie ». Et le même auteur ajoute :
« L'insécurité inhérente aux voyages n'exclut-elle pas,
au contraire, une pareille idée, et ne ramène-t-elle pas
à la nécessité de prouver une faute, base de l'indemnité
qu'on réclame ? (1) ».

(1) Trolley de Prévaux, D. *Rép. Sup.* V° *Responsabilité,* n° 57.

Et, en effet, cette convention de sécurité qu'on voudrait imposer, les Compagnies ne pourraient pas la souscrire. Les tâtonnements de la science moderne, la dépendance absolue dans laquelle les Compagnies se trouvent fatalement subordonnées aux imperfections de la matière ou à la faiblesse de l'homme ne les y autorisent pas plus, que ne le permettent les récriminations des voyageurs, qui, par la rapidité plus grande qu'ils réclament de jour en jour dans l'industrie des transports, augmentent considérablement, de ce fait, les dangers de l'exploitation. Tous ces phénomènes et toutes ces circonstances ne peuvent pas se concilier avec une garantie complète que les Compagnies auraient assurée dans le contrat, tel que nous l'avons étudié dans notre droit français, sans qu'aucune convention expresse n'ait souligné cet état de choses.

Que faut-il pour qu'un sinistre se produise ? Un rail qui saute de ses éclisses sous le frémissement imprimé par la vitesse du train, et l'express roule au bas du talus ! Une de ces mille pièces de métallurgie dont se compose le matériel roulant vient à se briser : c'est une bielle de machine qui se rompt, c'est un essieu qui casse, et les débris de plusieurs voitures jonchent la voie. Faut-il quelquefois plus que l'extinction d'un feu réglementaire, pour occasionner les heurts, les colli-

---

Sic : MM. Lefebvre, (*Rev. crit.*, 1886, p. 521), et Labbé (S.1889.4.1) établissent que cette même idée d'insécurité se rencontre dans le contrat de louage d'ouvrage.

sions les plus violentes. Et que l'on songe à la faillibilité, aux préoccupations, au malaise soudain d'un seul employé : un aiguilleur qui succombe à la fatigue, un mécanicien de train-léger pris d'un accès de folie sur la machine qu'il dirige !

Sans doute, dans chacun de ces cas, la responsabilité des parties en cause devra être déterminée, mais nous contestons qu'il en faille chercher le règlement dans une promesse générale de sécurité que prétend invoquer le voyageur, à l'appui de sa demande en dommages-intérêts fondée sur le seul fait de l'accident.

Il est certain qu'aucune convention pareille n'est intervenue entre le voyageur et la Compagnie. De convention tacite il n'en existe pas davantage, car la Compagnie ne peut pas sous-entendre les conditions d'un engagement que les circonstances de l'acte, auquel elle consent, ne lui permettraient pas de remplir.

Et puis, autre argument : Ne faudrait-il pas que le voyageur acquittât, entre les mains de la Compagnie, une certaine somme représentative de la garantie expresse ou tacite à laquelle elle souscrirait ? Or, en établissant les bases de la perception du prix du transport pour les voyageurs, nous n'avons pas rencontré ce facteur important, semble-t-il.

On pourrait, pourtant, se prévaloir contre nous de notre propre aveu, lorsque nous constations que les Compagnies répartissaient sur le prix de chacun des billets délivrés, le montant total des indemnités qui lui étaient réclamées par les victimes d'un accident. N y aurait-il donc pas, dans ce fait que le voyageur acquitte une portion du coût des accidents, la reconnaissance de la part des Compagnies d'une garantie de sécurité ? Nous ne le croyons pas, car il est essentiel de ne point confondre une question d'indemnité avec une question de responsabilité. Sans doute, l'une engendre l'autre ; mais nous ne renversons point l'ordre de ces conséquences juridiques, quand nous permettons aux Compagnies de répartir sur un plus grand nombre de voyageurs le montant des indemnités qu'elles devront verser dans l'éventualité d'un accident, sans engager, le moins du monde, vis-à-vis de chacun d'eux, sa propre responsabilité. Sous une autre forme, nous pouvons dire que s'il est vrai que la Compagnie prélève, sur le prix versé par chacun des voyageurs, une certaine somme destinée à constituer un fonds d'assurance, à son profit, chacun des voyageurs, en acquittant cette portion du prix, n'a point versé, ce qu'on appelle en termes juridiques, une prime d'assurance.

La conclusion qui se dégage de tout ceci, c'est que la Compagnie n'a pu faire au voyageur de promesse générale de sécurité, et que, par conséquent, si un accident survient, elle n'en pourra être déclarée responsable *a priori*.

SECTION IX. — **Responsabilité contractuelle
et renversement de preuve.**

*En fait, la situation du voyageur est-elle assimilable
à celle du colis ?*

Il nous reste encore à discuter et à écarter l'argument
de fait qu'on nous présente comme devant contribuer
à ce résultat.

Plusieurs fois déjà, en essayant de répondre aux raisonnements juridiques présentés par nos adversaires
pour assimiler la responsabilité de la Compagnie de
transports des personnes à celle du voiturier de marchandises, nous avons rencontré, comme motif déterminant pour certains auteurs, l'assimilation faite par eux
entre le colis voituré et le voyageur transporté par une
Compagnie de chemins de fer. Nous nous sommes con-
tenté, pour lors, d'y répondre d'une façon succincte
et spéciale ; nous réservant de le faire ultérieurement
d'une façon plus complète et plus générale.

Il est temps d'aborder cette controverse.

I

Que servirait pour nous convaincre de sa réalité, de
rapporter ici les différents passages de ces auteurs qui
se réfèrent à ce rapprochement ; d'autant plus que certaines de ces citations ont déjà été reproduites à un au-

tre titre. Il nous suffira donc de placer ici l'opinion de M. Sourdat, qui les résume parfaitement toutes. « Quant à la personne transportée, dit cet auteur, elle se remet aux mains et à la garde du transporteur, dans des conditions tout à fait semblables à celles de tout autre corps certain. Le voyageur n'a aucune action sur la marche du convoi, sa direction, sa vitesse, sa correspondance avec d'autres trains marchant dans le même sens ou en sens contraire. Il doit obéir à toutes les prescriptions des agents de la Compagnie, ayant pour objet la police du convoi, dès qu'elles sont conformes aux Règlements. Il est donc placé dans la dépendance de l'entrepreneur ; il lui est confié au même titre qu'un objet quelconque, que toute espèce de choses constituant le trafic. En réalité, il voyage de la même manière que les marchandises, avec cette seule différence, qu'il peut quelquefois commettre une faute, une imprudence, s'exposer lui-même au danger, comme il peut aussi l'éviter dans certains cas et procéder à son propre sauvetage, un accident étant survenu. Donc (1) l'esprit de la loi ne peut être douteux. Les deux hypothèses sont régies par la même disposition et les mêmes principes. La cause et la nature des obligations du transporteur sont identiques. Par suite, si un accident arrive, en dehors de toute action

____

(1) Nous ferons même timidement observer que ce « donc » avait sa place marquée, ici, moins que partout ailleurs ; puisque l'auteur venait d'énumérer des différences entre les voyageurs et les colis il n'était pas logique d'en conclure à leur ressemblance.

personnelle au voyageur, c'est-à-dire par rupture de voitures, déraillement, rencontre de deux trains, etc., celui-ci n'a rien à prouver, la réparation lui est due, sans difficulté, si la Compagnie ne fait pas la preuve de la force majeure, d'un cas fortuit, ou de la faute du demandeur qui aurait été la cause directe du dommage (1) ».

Ainsi, c'est bien net, pas de doute possible à cet égard, certains auteurs établissent une assimilation complète entre le voyageur et le colis, complète non seulement au point de vue de l'étendue, mais encore à celui de la durée.

Et pourtant, à ce dernier point de vue, peut-on assimiler les accidents qui se produisent dans une gare à ceux qui surviennent en cours de route ? Les circonstances dans lesquelles ils se présentent, ne correspondent-elles point à un état de fait tellement différent, qu'il doive entraîner l'application de règles juridiques différentes ?

Non, répond M. Emion (2). Ne point vouloir, dit cet auteur, assimiler au colis le voyageur, même descendu de voiture, c'est confondre deux choses distinctes : les mesures de précaution que peut prendre le voyageur et celles que doit assurer la Compagnie. Et il continue :

---

(1) Sourdat, *op. cit.*, 4ᵉ édition, t. 2, nᵒ 1058, p. 284.

(2) On peut consulter, dans le même sens, MM. Sourdat, *op. cit.*, 4ᵉ édition, nᵒ 1058, p. 285 ; Lyon-Caen, note sous un arrêt, S. 1885. 1.129 ; Sarrut, note sous un arrêt, D. 1885.1.483.

« Sans doute, le voyageur doit éviter de commettre une imprudence, par exemple, de mettre la tête hors de la portière, de descendre du train avant qu'il ne soit arrêté, mais il ne peut prendre, dans son intérêt, aucune mesure de précaution en ce qui concerne le service, et se protéger, sous ce rapport, contre l'imprudence de la Compagnie (1) ».

Nous croyons que cette argumentation se retourne contre son auteur, et que, principalement, elle tendrait à prouver qu'il y a une distinction à établir entre les deux situations d'un voyage — avant ou après — et durant le trajet. Car, il n'est pas admissible qu'une fois descendu de voiture, « le voyageur ne puisse prendre dans son intérêt aucune mesure de précaution ». Il n'est plus soumis, comme dans un compartiment, à la force aveugle de la matière ; « à partir de ce moment, il a repris possession de lui-même, il peut se mouvoir et se conduire librement, il est donc impossible de le considérer comme un colis (2) ».

Enregistré sur le quai du départ, ce dernier est porté jusqu'au convoi, à l'entière et complète disposition des employés, qui prendront, pour ce faire, les moyens et les précautions qu'ils jugeront opportuns. Dès l'instant même de l'enregistrement (3), l'expéditeur a perdu tout

(1) Emion, *op. cit.*, n° 150, p. 139.

(2) Mémoire présenté à la Cour de cassation, pour le règlement de l'affaire Recullet, en 1884.

(3) Strasbourg, 11 décembre 1868, S. 1870. 2. 24.

son pouvoir sur la direction à donner au transport de
son colis, qui tombe sous la mainmise de la Compagnie. Peut-on en dire autant du voyageur ? Où voit-on
que la Compagnie ait pris empire sur sa personne au
point qu'il ne s'appartienne plus. Mais la Compagnie
lui donne des ordres ? — Les lui impose-t-elle ? Ou ne
lui fait-elle pas bien plutôt cette proposition ? Voyageur,
voulez-vous vous rendre à votre destination ? Avancez
sur le troisième quai ; pour y parvenir veuillez me suivre, sinon je dégage toute responsabilité. Absolument
(question contractuelle mise de côté) comme l'ouvrier
qui travaille sur un toit et prévient les passants, par un
obstacle mis au travers de la route, du risque de recevoir sur la tête une tuile ou une ardoise.

II

Aussi, cherchant à répondre à cette critique, qui était
adressée au système de l'identification générale du voyageur à la marchandise, certains auteurs ont voulu la
restreindre à la seule hypothèse d'un voyageur placé
dans sa voiture. « Le seul cas, dit M. Cotelle, où l'une
des parties, dans le louage d'ouvrages, soit recevable à
représenter sa propre personne comme une chose remise
et confiée à l'autre partie, c'est lorsqu'il s'agit de la responsabilité du voiturier pour des accidents arrivés à un
voyageur en cours de route. Pourquoi les voituriers ré-
pondent-ils seulement des choses et non des personnes
dont ils ont assuré le transport ? Les voyageurs, une fois

placés dans un wagon ou dans une voiture, y jouent un
rôle entièrement passif qui ne les distingue pas des simples colis. Par conséquent, la présomption de faute ou,
si on le préfère, l'assurance, la garantie imposées au
voiturier par les articles 1782 et 1784 doivent être étendues aux personnes transportées (1) ».

Placée sur ce terrain plus limité, nous croyons néanmoins que l'assimilation entre le voyageur et le colis est
complètement erronée.

Nous n'arguerons pas, il est vrai, pour la combattre,
de ce fait que la Compagnie de chemins de fer, ayant
reçu les marchandises en bon état, doit nécessairement
les rendre telles (2) ; dans le même ordre d'idées, nous
n'invoquerons pas davantage, en faveur de notre système, les formalités que la Compagnie exige pour la réception des marchandises avant leur prise en charge (3),
car, ces formalités, au cas même où elles pourraient
exister avant le départ du voyageur, ne mettraient pas
la Compagnie à l'abri des suicides ou des morts subites,
cas fortuits, inhérents à la personnalité humaine, ce
dont elle ne pourra point toujours établir la réalité, et
par conséquent se disculper.

Nous n'irons point, non plus, prétendre que la Com-

____

(1) Cotelle, *Rev. prat.*, 1884, t. 55, p. 529.
(2) M. Jacqmin: Des conditions du contrat de transport, *Rev. gén.*
1885, p. 343, part de ce principe pour déclarer l'article 1784 inapplicable aux voyageurs.
(3) Picard, *op. cit.*, t. IV, p. 668.

pagnie ayant reçu les marchandises en bon état, il existe par là même, à son encontre, une présomption que le fait dommageable a eu lieu durant le temps de sa possession ou par la faute de ses employés ; car nous faisons reposer la responsabilité de l'article 1784 sur l'obligation de restituer la chose qui a été confiée et non sur une présomption de faute (1).

Mais voici ce qui différencie essentiellement la condition juridique du voyageur de celle du colis.

Non seulement, celui-ci échappe à la direction de l'expéditeur, dès le moment où il est enregistré ; tandis que le voyageur s'appartient toujours : contraste que nous avons développé il y a un instant, et que fait parfaitement ressortir le mémoire de la Cour de cassation (affaire Recullet). « Le voiturier, y est-il dit, est mis en possession des objets, choses inanimées, incapables de se surveiller elles-mêmes, l'expéditeur est contraint de se dessaisir et d'abdiquer toute surveillance ; depuis la remise d'un objet à l'entrée d'une gare jusqu'à sa livraison et à la sortie d'une autre gare, la Compagnie peut seule veiller à la sûreté. Il en est tout autrement d'une personne, être intelligent, actif, libre, capable d'éviter,

____

(1) Partisans du système basé sur la présomption de faute : Troplong, *op. cit.*, t. II, n° 936 ; Persil et Croissant, *op. cit.*, n° 13 ; Bravard Veyrierès, *op. cit.*, t. II, p. 356 ; Alauzet, *op. cit.*, n° 905 ; Boistel, *op. cit.*, n° 560, p. 392.

Partisans du système basé sur l'obligation de rendre : Laurent, *op. cit.*, t. 25, n° 523 ; Lyon-Caen et Renault, *Précis de droit commercial*, t. I, n° 892.

avec un peu de prudence, bien des dangers même pendant le séjour dans l'intérieur du wagon ».

C'est qu'en effet, à ce moment là même, le libre arbitre du voyageur ne disparaît pas complètement. Le transporteur place la marchandise à l'endroit qui lui convient, il la dispose suivant ses préférences, prend pour son équilibre et sa conservation, les mesures que son expérience ou ses Règlements lui prescriront ; tandis que le voyageur choisit sa place. Précaution bien illusoire, nous répondra-t-on, dans la plupart des cas ; mais qui lui laisse néanmoins la faculté de changer de compartiment, si la voiture dans laquelle il se trouve lui semble mal suspendue ou mal attachée. De plus, en cours de route, au cas d'événement imprévu ou d'attaque, le voyageur aura la ressource suprême de la sonnette d'alarme !

Sans doute, et c'est cette considération qui a surtout ému les partisans du système que nous combattons, le voyageur ne peut plus exercer sa direction sur la voiture qui l'emporte. Mais, s'il ne peut plus, par lui seul, prendre les précautions qui le prémuniront contre les accidents, l'État les a prises pour lui, en se substituant, au nom des intérêts généraux qu'il représente, aux intérêts particuliers de chacun des voyageurs. Et si la Compagnie de chemins de fer ne se conforme pas aux prescriptions qui lui sont imposées par les nombreux actes du pouvoir réglementaire, auxquels nous avons fait allusion au cours de cette étude, bien plus, si elle n'adopte pas les modes de locomotion les plus perfectionnés et les plus sûrs, et que le voyageur puisse prouver qu'elle n'a pas observé l'une ou l'autre de ces prescriptions, elle sera d'autant plus responsable, que les unes et les autres lui étaient plus impérieusement commandées par la situation plus dépendante du voyageur.

Enfin, la distinction entre le voyageur et le colis s'éclairera davantage par cette autre idée qu'une fois remise entre les mains du voiturier, la marchandise échappe au contrôle de l'expéditeur ou du destinataire (1), pour n'être plus soumise qu'aux Règlements de la Compagnie, sans que personne ne sache ce qu'il en advient jusqu'au jour de sa remise à destination. Le voyageur, au contraire, est libre de contrôler la régularité du service, et si son ignorance en matière de Règlements, de signaux, d'Ordres de service (ce qui est le cas général), ne lui permet pas à lui seul de déterminer la part de responsabilité de la Compagnie dans un accident, les enquêtes et les expertises, qui en sont toujours la conséquence, lui permettront d'appuyer sa demande en dommages-intérêts sur des arguments précis et irréfragables.

Par conséquent, la règle écrite dans l'article 1784 ne peut pas s'appliquer aux personnes voyageant en chemin de fer; et les Compagnies ne leur ayant point garanti la vie sauve pendant tout le trajet, la blessure ou la mort qui leur surviendrait pendant la durée du contrat, n'entraînerait point forcément et *a priori* leur responsabilité.

(1) Sarrut, note sous un arrêt, D. 1890. 1. 211.

SECTION X. — Responsabilité contractuelle et
renversement de preuve.

*La Compagnie de chemins de fer doit prendre les précautions
les plus minutieuses, en faut-il conclure au renversement de
preuve.*

Nous approchons du terme, faudra-t-il rendre les
armes à nos adversaires ; et, à la fin de cette lutte dont
l'enjeu est le fardeau de la preuve, le laisser retomber
de tout son poids sur les épaules des Compagnies.

Essayons de prouver que ce serait à tort. Nous avons
déjà formulé la donnée du problème, dont la solution se
pose actuellement devant nous. On se rappelle, sans
doute, le dernier argument invoqué contre les Compagnies, pour mettre les voyageurs blessés dans la situation
de demandeurs au procès, sans avoir à justifier de la
cause qui a déterminé l'accident dont ils sont victimes.
Les Compagnies de chemins de fer, disait-on, assurent
l'obligation de transporter les voyageurs avec toutes les
précautions que comporte la vie humaine, et ne satis-
font à leurs engagements que lorsqu'elles ont essayé de
conjurer le risque « en prenant toutes les mesures que
la prudence suggère et que la science actuelle comporte (1) ». Or, concluent les mêmes auteurs, l'arti-

(1) Labbé, note sous un arrêt, S. 1889.4.1.

cle 1147 du Code civil rend passible de dommages-intérêts le débiteur d'une obligation à raison de son inexécution, « toutes les fois qu'il ne justifie pas que l'inexécution provient d'une cause étrangère qui ne peut lui être imputée, encore qu'il n'y ait eu mauvaise foi de sa part ». Par conséquent, et c'est sur la conclusion que nous attirons l'attention, le seul fait d'un accident montre que toutes les mesures de sécurité n'ont point été prises et met la Compagnie dans l'obligation de prouver qu'un cas fortuit l'a empêché d'exécuter ses engagements.

Nous aussi, nous prétendons que les Compagnies de chemins de fer sont obligées de transporter les voyageurs avec toutes les précautions possibles et les moyens de sécurité les plus perfectionnés. Mais, nous ne concluons pas du fait d'un accident à un renversement de preuve. Il faudra, croyons-nous, et ceci est de toute nécessité, que le voyageur prouve l'obligation spéciale qu'avait prise vis-à-vis de lui la Compagnie, et dont l'inexécution a entraîné l'accident. « Le caractère contractuel donné à l'obligation, dit M. Trolley de Prévaux (1), ne dispense pas de prouver la faute, car il faut bien prouver l'inexécution de l'obligation, laquelle se confond ici avec la faute, et ne résulte point du seul fait de la blessure, comme elle résulterait pour le locataire

____

(1) Trolley de Prévaux, *art. cit.*, n° 57.

ou le dépositaire d'une chose, du seul fait de ne pas la rendre. Enfin cette nécessité admise, il restera aux Tribunaux à régler, sur les circonstances, leurs exigences quant aux faits à admettre en preuve... En matière de transport, la mort ou la blessure reçues dans un train, en cas de déraillement ou de collision, fera apparaître par elle-même la faute du voiturier ; la mort ou la blessure d'un voyageur livré à lui-même dans une gare et qu'un train a tamponné laissera plus à faire pour prouver cette faute. L'équité trouvera ainsi satisfaction, non dans le renversement de la preuve, mais dans l'appréciation de ses éléments (1) ».

De ce qu'un accident s'est produit, il ne s'ensuit pas inévitablement que la Compagnie n'ait point accompli les obligations de son contrat ; il faut établir que cet accident provient d'un manque de vigilance, à laquelle la Compagnie était tenue, d'après l'intention des parties.

Prétendre, comme l'avancent nos adversaires, que le fait seul d'un accident entraîne pour la Compagnie l'obligation de se disculper, n'est-ce point d'ailleurs aboutir à un résultat juridique que nous avons combattu

______

(1) Notons ici quelques-unes des opinions les plus saillantes qui ont admis la même manière de voir dans la question des accidents du travail : Desjardins, *Revue des Deux-Mondes*, 15 mars 1888 ; Glasson, *Le Code civil et la question ouvrière* ; Lefort, *Rev. gén.*, 1889, p. 283 ; Planiol, note sous plusieurs arrêts.

Contra : Labbé, note sous un arrêt, S. 1885.4.25 ; 1886. 2. 97 ; 1889.4.1 ; Fuzier-Herman, La responsabilité des accidents du travail. *Rev. gen.*, 1893, p. 295 ; Vavasseur, *De la responsabilité des accidents de fabrique* ; Henri Noriot, *De la responsabilité des accidents industriels*

antérieurement, et qui consiste à faire rentrer, dans les termes du contrat de transport, une promesse générale de sécurité, ou du moins l'absence de tout accident. « Or cette sorte d'assurance, dit un arrêt de la Cour de Paris du 4 avril 1894 (1), n'a jamais été contractée par les Compagnies de voiture, dont l'obligation consiste à transporter les voyageurs d'un point à un autre, dans un délai déterminé, avec toutes les garanties de prudence et de sécurité prescrites par les lois générales, et les règlements spéciaux à l'industrie des loueurs, tant par rapport aux voitures qu'aux chevaux et à ceux qui les conduisent... ». Les Compagnies ne sont pas forcées d'assurer, en thèse générale, la vie des voyageurs ; mais elles sont tenues d'une obligation de précautions variant suivant les cas. Et ce ne sont point elles, débitrices pourtant des dommages-intérêts, qui devront prouver leur libération ; c'est au voyageur, victime d'un accident, qu'incombe la charge de prouver l'existence de leur dette (2).

Et nous ne croyons pouvoir mieux terminer ces observations, qu'en reproduisant la conclusion que M. Guillouard propose à son étude sur le contrat de transport des voyageurs par chemins de fer. « Le contrat du voiturier et du voyageur, dit cet éminent auteur, n'oblige pas le voiturier à veiller sur la personne du voyageur, mais il

_____

(1) Paris, 4 avril 1894 (5e Chambre), *Gaz. Trib.*, 26 mai 94.
(2) Planiol, *Rev. crit.*, 1888, p. 282.

l'oblige à ne pas commettre de fautes de nature à compromettre la sécurité de celui-ci....... Ce sera donc à la victime d'un accident ou à ses héritiers à démontrer que le voiturier a commis une faute (1) ».

(1) Guillouard, *op. cit.*, t. II, n° 765, p. 336.

NOTRE SYSTÈME

SECTION I. — **Exposé de notre système.**

Placés en face de cette alternative, ayant à nous déterminer, pour le règlement juridique des accidents de chemins de fer dont sont victimes les voyageurs, entre les principes de la responsabilité délictuelle et ceux de la responsabilité contractuelle, nous n'hésitons pas à appliquer toutes les conséquences du contrat dont nous avons constaté l'existence entre le voyageur et la Compagnie.

1ᵉʳ POINT. — Le doute, s'il en existait quelqu'un à l'égard du voiturier en général, ne pourrait subsister devant le texte particulièrement formel de l'article 49 du Cahier des charges, qui s'exprime à cet égard de la façon suivante : « La Compagnie sera tenue d'effectuer constamment avec soin... le transport des voyageurs..... »

Donc, et cette conséquence logique trouve immédiatement sa place, en vertu des principes que nous avons rappelés dans la section II de notre chapitre précédent, nous ne pourrons appliquer, pour le règlement des fautes simplement contractuelles, les principes des articles 1382 et suivants.

2ᵉ POINT. — Comment établirons-nous la respon-

sabilité des parties en cause ? Nous nous souvien-
drons, pour résoudre ce problème, que le contrat de
transport des voyageurs comprend à la fois deux objets
distincts : un louage de choses pour la place que le
voyageur occupe dans son compartiment, et un louage
de services pour le transport considéré en lui-même.

Il est logique de déduire les conséquences qu'exige
cette double situation.

3ᵉ Point. — En ce qui concerne le louage de choses,
la Compagnie doit assurer, nous l'avons dit, la parfaite
jouissance de la place choisie par le voyageur. Donc, si
celui-ci prouve que la détérioration de la place qu'il oc-
cupait (ce sera à lui de déterminer laquelle), lui a occasionné une blessure, la Compagnie lui devra, de ce chef,
des dommages-intérêts, à moins qu'elle ne puisse invoquer, pour expliquer l'accident, un cas fortuit ou de
force majeure.

4ᵉ Point. — En ce qui concerne le louage de services,
il est un premier principe à établir, c'est l'obligation
pour la Compagnie de prendre, en vue du transport des
voyageurs, les soins les plus parfaits, les précautions
les plus minutieuses.

Nous évitons ainsi le reproche que nous adressent
les partisans de la responsabilité délictuelle, prétendant
que l'article 1382 du Code civil seul a cette étendue
d'application, tandis que les fautes contractuelles devraient s'apprécier aux soins ordinaires que donne à ses
affaires un bon père de famille.

Spondet peritiam artis (1), « la responsabilité est en raison directe de l'autorité qu'on exerce (2) », répondons-nous ; principe déposé dans l'article 1135 du Code civil, applicable d'après les termes de l'article, à toutes les obligations, à plus forte raison, aux obligations de faire, pour lesquelles le Code s'est abstenu de fixer des règles précises, alors qu'il en traçait, notamment dans l'article 1302, pour les obligations de donner, laissant ainsi plus libre, pour les premières, le domaine de la convention ou de l'interprétation (3). Et cette latitude prend ici son plein développement, par suite même des situations toutes spéciales dans lesquelles se trouvent les parties en présence ; les précautions extrêmes exigées des Compagnies de chemins de fer venant contrebalancer l'autoritarisme de leur monopole et le danger inhérent à leur mode de locomotion.

5ᵉ Point. — La conséquence, et voici notre second principe, qui ne sera que le résumé et la conclusion de

(1) Guillouard, *op. cit.*, t. II, nº 765.

(2) Sainctelette, *op. cit.* — Pour M. Cotelle (note sous un arrêt, S. 1887. 1. 211), cette phrase est « sans portée »; — M. Labbé la trouve, au contraire, inspirée d'une « vue profonde » (note sous un arrêt, S. 1885. 4.25).

(3) Aubry et Rau, *op. cit.*, t. IV, § 308; Larombière, *op. cit.*, t. I, nº 15, art.1148, nº 1 ; Laurent, *op. cit.*, t. XX, nº 489, t. XXV, nº 523; Labbé, note sous un arrêt, S. 1885.4.25 ; S. 1889.4.1 ; Sarrut, note sous des arrêts, D. 1890.1.211 ; Fuzier-Herman, art. cit. *Rev. gén.*, 1893, p. 307 ; — Cassation, 23 août 1858, D. 1858.1.359 ; 3 janvier 1874, D. 1876. 1.371 ; 9 janvier 1884, D. 1884.1.94 ; — Bruxelles, 28 novembre 1881, *Pas. bel.*, 1882.2.136; — Goldschmidt, Traité du receptum nautarum *Revue générale de Droit commercial allemand*, t. III.

notre discussion sur les principes de la responsabilité
contractuelle : chaque fois qu'un accident survient à un
voyageur pendant la durée de son contrat, il lui suffira,
pour justifier sa demande en dommages-intérêts, d'établir l'obligation spéciale qu'avait, à ce moment précis,
contractée, vis-à-vis de lui, la Compagnie de chemins
de fer. Elle ne pourra se disculper que par un cas
fortuit ou de force majeure, et devra répondre des manquements à cette obligation, que celle-ci lui ait été imposée par un texte formel, commandée par les précautions
les plus essentielles, ou inspirée par les perfectionnements les plus récents (1).

Nous n'admettons point, dès lors, le système de
M. Féolde. « Pour les voyageurs, dit cet auteur, en cas
d'accident, c'est l'accident lui-même qui détermine la
nature de la faute du transporteur ; y a-t-il violation
d'un Règlement ayant force de Loi, la faute est contractuelle, le transporteur est présumé en faute ; n'y a-t-il
aucune violation d'un Règlement ayant force de Loi, la
faute est quasi-délictuelle, et c'est à la victime qu'incombe la charge de la prouver (2) ».

Ces quelques lignes amènent une double réflexion.
La première, c'est que, croyons-nous, l'obligation contractuelle des Compagnies comprend à la fois l'applica-

____

(1) MM. Sourdat, *op. cit.*, t. II, n° 1058 *ter* ; Rebel et Juge, *op. cit.*,
n° 480 ; Laurent, *op. cit.*, t. XX, n° 450, estiment que la responsabilité de la Compagnie cesse avec les prescriptions de l'administration.
(2) Féolde, *Du contrat de transport par chemins de fer*, p. 316.

tion des Règlements formellement imposés par les textes, et celle des prescriptions dictées par la prudence ;
l'interprétation contractuelle avancée par M. Féolde
nous semble, en effet, beaucoup trop restrictive. Cet
auteur, il est vrai, nous présente des résultats identiques à ceux que nous voulons atteindre, mais, nous
ne le croyons pas en droit d'y prétendre ; car ce que
nous mettons sur le compte de la faute contractuelle,
M. Féolde en charge la faute quasi-délictuelle de négligence ou d'omission ; or nous avons développé — dans
la section II de notre chapitre précédent, que ces deux
causes de responsabilité ne pouvaient exister concurremment dans l'hypothèse d'une faute simplement contractuelle — et dans la section III que la faute délictuelle
ne pouvait s'entendre que de la faute *in committendo*
contraire à une prescription législative.

La seconde réflexion que nous suggère ce système
tient peut-être à notre défaut de clairvoyance. Il nous
semblait, en effet, que M. Féolde cherchait à enlever,
autant que possible, au voyageur le fardeau de la preuve.
Pour cela, il présumait la Compagnie en faute, chaque
fois qu'il y avait violation de Règlement, pour n'imposer
la preuve au voyageur que dans le seul cas de faute délictuelle de la Compagnie. — L'objection que nous faisons à ce système, c'est que nous ne savons pas, on ne
nous le dit pas, à qui incombera la charge de faire la distinction entre l'une et l'autre, qui devra avancer la preuve
que dans tel accident, il y a eu violation d'un Règle-

ment, et dans tel autre, violation d'un précepte de prudence ; et nous nous demandons si ce ne serait pas au
voyageur de prouver qu'il y avait dans le premier cas,
un Règlement qui prescrivait telle mesure (sauf à la
Compagnie de se disculper ensuite) et par conséquent
si le fardeau de la preuve ne lui incomberait pas, dans
les deux cas, à des titres différents, il est vrai, mais contrairement à l'attente de M. Féolde.

SECTION II. — **Conséquences juridiques de notre système.**

Maintenant que nous connaissons le principe de la responsabilité des Compagnies de chemins de fer, il nous reste à déduire les conséquences juridiques et pratiques que celui-ci entraîne. Nous le ferons d'abord pour les premières, nous proposant, à cet égard, d'étudier quelques questions relatives à l'indemnité réclamée par le voyageur ; — aux clauses de non responsabilité que la Compagnie pourrait exiger de celui-ci ; — et aux causes d'exonération qu'invoquera utilement le voiturier.

I

Le règlement des indemnités demandées par les victimes ou leurs ayants droit à la suite d'un accident de chemins de fer qui leur a occasionné des blessures ou la mort, donne lieu à des débats souvent très vifs ; nous ne prétendons point en faire disparaître l'amertume, ni l'acuité.

La question semblerait devoir être résolue tout entière dans la section IV du titre des Obligations qui a trait aux « dommages-intérêts résultant de l'inexécution de l'obligation ». En réalité, les articles placés sous cette rubrique n'examinent que trois aspects de cette importante question : le fondement de la demande en dommages-intérêts, le taux de l'indemnité, et un troisième, qui rentre dans les précédents, la recevabilité de la clause forfaitaire. Il sera nécessaire de compléter cette étude, en discutant les droits des diverses personnes qui pourraient prétendre à une indemnité, du fait d'un accident.

A. — Le fondement de l'action en indemnité, abstraction faite de la question de personnalité, repose uniquement dans le préjudice causé. C'est la solution qui découle, très nette et très précise, des principes de la responsabilité contractuelle. La seule inexécution du contrat ne serait pas suffisante, il faut de plus qu'il s'y joigne une question de dommage, d'ailleurs il serait inutile de discuter plus longuement : ici, en matière d'accidents de chemins de fer, l'inexécution des contrats devant nécessairement amener un préjudice. Chaque fois que nous pourrons établir un rapprochement entre une souffrance, sous quelque aspect qu'elle se présente, et un accident de chemins de fer dû à la faute de la Compagnie, nous devrons conclure au bien fondé d'une demande en dommages-intérêts contre la Compagnie, l'action fut-elle même intentée à une date assez éloignée de l'accident (1), circonstance qui peut advenir, lorsque l'accident a produit des dérangements internes, des troubles nerveux ou cérébraux.

Cette base une fois établie, il est logique de décider que le voyageur, après avoir obtenu une première in-

____

(1) Féraud-Giraud, *op. cit.*, t. III, p. 405 et 491. — Tribunal de Marseille, 8 août 1868.

demnité, peut en réclamer une seconde pour une aggra-
vation anormale dont les suites de l'accident seraient
la cause (1). A plus forte raison, reconnaîtrons-nous ce
droit aux personnes qui subiront un préjudice personnel par le fait de la mort du voyageur survenue quelque
temps après l'accident, dans des circonstances que les
premières constatations médicales n'avaient pu faire
prévoir (2).

Ce droit existerait pour la victime d'un accident ou
ses ayants droit, au cas même où elle se serait engagée,
vis-à-vis de la Compagnie, à ne plus rien réclamer à
l'avenir, son consentement ayant été entaché d'erreur (3).

B. — La seconde question qui se pose est celle de
savoir quel est le montant possible d'indemnités que
pourra réclamer la victime d'un accident. Question
d'autant plus importante pour nous autres partisans de
la responsabilité contractuelle, puisque notre système
entraîne, dit-on, des conséquences préjudiciables aux
intérêts des voyageurs.

(1) Paris, 11 août 1868; 24 août 1868 ; Cassation 23 mai 1870 ; Tribunal de la Seine, 7 juin 1889 ; 15 novembre 1889, *Gaz. Pal.*, 1890.
1er *Supp.* 67 ; Aix, 2 avril 1870, D. 1871.2.241.
Ce droit n'est pas reconnu aux voyageurs en Angleterre.
(2) Féraud-Giraud, *op. cit.*, t. II, p. 419. Tribunal civil de Marseille, 12 février 1870. *Bull.*, 1872, p. 87 ; Aix, 14 juin 1870, D.
1872.2.97 ; Paris, 15 juillet 1875, D. 1877.2.120.
(3) Féraud-Giraud, *op. cit.*, t. III, n° 419. Paris, 11 août 1868, D.1868,
2.186.

En effet, ce sont nos adversaires qui parlent ainsi, il n'est pas douteux que l'application des règles de la responsabilité délictuelle entraîne, dans la fixation de la réparation pécuniaire, des degrés variant avec la situation, la profession, la famille de la personne blessée ; toutes ces circonstances influent, disent-ils, sur le préjudice souffert, et lui seul est le critérium dans les questions de délit et de quasi-délit. — Au contraire, pensent-ils, et, avec eux, quelques partisans autorisés de la responsabilité contractuelle (1), la sécurité, étant un des éléments du contrat, doit y entrer au même titre, à l'égard des voyageurs de 1re classe, que de ceux de 3e classe.

D'autre part, le contrat passé avec l'un ou l'autre ne prévoit ni le talent, ni la fortune, ni le rang du voyageur, ne se réfère ni au but du voyage entrepris, ni aux intérêts qui sont engagés dans son accomplissement. Toutes ces considérations n'ayant pu, dit-on, entrer en ligne de compte des prévisions de la Compagnie, il n'est pas possible de les ranger parmi les données du problème de la réparation pécuniaire.

Nous répondrons au premier argument que si la question de sécurité engendre nécessairement une question d'indemnité, en tant que principe, elle ne peut influer sur elle, en tant qu'évaluation.

L'autre argument tiré de l'article 1150 sur lequel on

____

(1) Sainctelette, *op. cit.*, p. 104, n°ˢ 18 et s.

se base pour nous interdire toute évaluation concordante avec la situation respective de chacun des voyageurs, tombe précisément, parce que cet article qu'on invoque n'est pas applicable dans notre situation. Nous ne l'écarterons point uniquement, parce que la façon rapide dont se conclut le voyage, empêche de déterminer à l'avance l'indemnité, argument de fait qu'il faut néanmoins ne pas négliger.

Mais la Compagnie de chemins de fer, pouvant être considérée à bon droit comme un service public est obligée de recevoir tout le monde. Il n'est pas plus admissible d'estimer que tous les voyageurs aient une égale valeur (nous demandons pardon d'employer ce mot dans le sens d'argent), que de considérer la Compagnie comme ayant ignoré cette situation.

Aussi, croyons-nous pouvoir avancer que cet article 1150 n'a pas ici son domaine d'application ; qu'il se réfère à la situation de deux personnes qui se sont entendues expressément ou implicitement sur les dommages-intérêts, conséquence de l'inexécution du contrat qu'elles passent ; et non à celle d'un contractant quelconque qui n'a point, en donnant son consentement, visé spécialement les dommages-intérêts, surtout lorsque ce contractant, dans notre hypothèse, le voyageur, avait pu prévoir qu'il ne serait commis aucune dérogation aux règles de la sécurité, et qu'ainsi il arriverait sans encombre à sa destination. Cette promesse n'est-elle pas accomplie, le montant des dommages-intérêts doit être tel, pour la victime, que les choses soient remises au même état; que si la promesse était réalisée.

« Sans doute, ajouterons-nous avec MM. Lyon-Caen et Renault, le voiturier n'est pas instruit de la condition de chacun des voyageurs, et, par suite, ne peut pas prévoir le dommage qu'un accident pourra causer à chacun d'eux ; mais il sait du moins qu'il a à transporter des personnes de conditions différentes, et que, pour cette raison même, les dommages causés par un accident varieront avec les personnes blessées. Cela suffit pour justifier l'allocation des dommages-intérêts qui varient avec les personnes (1) ».

Et puis, continuent ces mêmes auteurs, comment admettre que les Compagnies s'engagent à payer des indemnités différentes pour deux colis pesant le même poids, mais contenant des matières essentiellement différentes et refuseraient d'allouer des dommages-intérêts variables pour deux voyageurs de même classe, ou *a fortiori* pour des voyageurs de classes différentes ?

Donc, un voyageur ou ses ayants droit peuvent faire entrer en ligne de compte de la demande en dommages-intérêts qu'ils forment contre une Compagnie de chemins de fer, à la suite de blessures ou de mort (2), tous les éléments d'appréciation qui peuvent influer sur

(1) Lyon-Caen et Renault, *op. cit.*, t. III, n° 714.
(2) Féraud-Giraud, *op. cit.*, t. III, n° 430.

l'évaluation du préjudice causé. Mais c'est le préjudice seul qu'il faudra considérer, et les demandeurs ne pourront tenir compte dans leur assignation, des conditions extrinsèques, telles que leur fortune ou celle des Compagnies de chemins de fer.

De plus, pour que l'article 1149 trouve ici son application, il est de toute nécessité que la perte éprouvée ou le gain manqué se rattachent, d'une façon directe et immédiate, à l'accident de chemins de fer (1) dont on veut tirer argument pour intenter un procès.

Les Tribunaux ont considéré comme tels, pris entre bien d'autres bases d'appréciation : les frais de maladie, l'absence de travail durant un certain temps (2), les sommes destinées à rétribuer les services des tiers qui les ont remplacés durant ce temps (3), l'impossibilité de se livrer désormais à ses occupations (4), l'obligation d'abandonner son commerce (5) ou le préjudice causé par la perte d'un associé (6).

(1) Féraud-Giraud, *op. cit.*, t. III, n° 409. Besançon, 1er décembre 1880, S. 1881.2.20, P. 1881.2.219, D. 1881.2.15.

(2) Tribunal de Valenciennes, 2 février 1885. Cour de Douai, 19 mai 1885 (12.000 francs en somme principale, et 150 francs de pension mensuelle pour un ingénieur obligé de cesser ses travaux, pendant le temps de la suspension de travail).

(3) Féraud-Giraud, *op. cit.*, t. III, n° 433.

(4) Féraud-Giraud, *op. cit.*, t. III, n° 434. Bruxelles, 2 janvier 1875, Lanckmann, n° 69. (110.000 à un entrepreneur de travaux publics qui a perdu une jambe et ne pourra plus se livrer à ses travaux).

(5) Féraud-Giraud, *op. cit.*, t. III, n° 431.

(6) Paris, 27 mai 1876, *Bull.*, 1886, p. 130 ; Tribunal civil de la Seine, 12 février 1895. *Gaz. Trib.*, 13 février 95. Picard, *op. cit.*, t. III, p. 491.

Les auteurs et la Jurisprudence s'accordent généralement pour déclarer bien fondée une demande en dommages-intérêts basée sur un préjudice simplement moral (1). Dans cet ordre d'idées, on a pu faire entrer en ligne de compte : la perte de parents, avec ses tristesses et ses tracas (2), et spécialement en faveur d'une veuve et d'orphelins, le dommage moral causé par le manque de direction paternelle (3). Des espérances matrimoniales légitimement fondées, seraient, au dire de certains auteurs, suffisantes pour déterminer un procès en dommages-intérêts (4).

C. — Nous nous réservons d'étudier les questions que soulève l'emploi de la clause forfaitaire dans le contrat de transport des voyageurs par chemins de fer, conjointement avec celles que fait naître la clause de non responsabilité.

D. — Passons de suite à un autre sujet, sur lequel le Code est muet, mais dont la solution ne demandera, croyons-nous, que l'application des principes généraux. Quelles sont les personnes qui ont droit à une indem-

(1) Féraud-Giraud, *op. cit.*, t. III, n° 409. Aix, 6 mai 1872, D. 1873.2.57.

(2) Féraud-Giraud, *op. cit.*, t. III, n° 411. Paris, 27 mai 1866, *Bull.*, 1880, p. 127 ; 10 novembre 1871, D. 1872.2.62 ; 20 décembre 1872. *Bull.*, 1890, p. 99 ; Tribunal civil de la Seine, 12 février 1895. *Gaz. Trib.*, 13 février 1895.

(3) Aix, 6 mai 1872, D. 1873.2.57.

(4) Féraud-Giraud, *op. cit.*, t. III, n° 431. Picard, *op. cit.*, t. III, p. 494.

nité, du fait des blessures ou de la mort survenues à un voyageur?

Evidemment, en premier lieu, la victime de l'accident (1). Et si sa mort survenait avant la fin des débats, ses héritiers pourraient, de son chef, continuer l'instance au procès (2).

La question juridique devient plus intéressante, lorsque le voyageur est mort sans avoir pu, lui-même, actionner la Compagnie de chemins de fer en dommages-intérêts. Quelles sont, dans ce cas, les personnes qui peuvent valablement ester en justice? Le titre d'héritier suffit-il, est-il nécessaire? Il nous semble que MM. Lyon-Caen et Renault reconnaissent à cette qualité juridique tout droit pour prendre en main les intérêts du défunt : « Le voiturier, écrivent ces auteurs, s'engage éventuellement, quand il se charge d'un transport d'une personne, à réparer le dommage pouvant résulter pour elle-même ou pour ses héritiers de l'accident qui pourrait lui arriver (3) ». Ce point de vue est-il exact? Nous osons ne pas le croire, et nous pensons, au contraire, que le contrat de transport des voyageurs est un de ceux dont le caractère personnel « résulte de la nature de la convention » (article 1122 du Code civil). Par conséquent, ce n'est point à la qualité d'héritier que nous attacherons le droit aux dommages-intérêts (4); nous

(1) Féraud-Giraud, *op. cit.*, t. III, n° 405.
(2) Féraud-Giraud, *op. cit.*, t. III, n° 419.
(3) Lyon-Caen et Renault, *op. cit.*, t. III, n° 709.
(4) Picard, *op. cit.*, t. III, p. 491.

ferons appel, pour le règlement de cette question, au principe qui nous a guidé dans toute cette étude, et nous accorderons une indemnité aux personnes pour lesquelles l'accident aura été préjudiciable (1).

II

Nous nous proposons d'étudier, comme seconde conséquence juridique du système que nous avons adopté pour le règlement des accidents de chemins de fer, la question de la clause de non responsabilité que la Compagnie aurait fait souscrire au voyageur, en vue de la formation du contrat. Nous joignons, à cette étude, celle de la stipulation à forfait (2) que le voyageur aurait cru pouvoir accepter ; notre réponse devant être la même dans les deux cas.

Nous ne nous efforcerons point, en effet, de trancher le débat qui s'est engagé vif et serré entre la Doctrine et la Jurisprudence au sujet de ces deux questions en ce qui concerne le transport des marchandises. Nous ne voulons point paraître nous prononcer sur le bien

(1) Féraud-Giraud, *op. cit.*, t. III, n° 417. Cassation, 20 février 1863, S. 1863.1.321, P. 1864.623, D. 1864.1.99 ; 21 juillet 1869, D. 1872. 5.386 ; Besançon, 1er décembre 1880, *Bull.*, 1881, p. 47.

(2) On peut citer comme exemples de stipulations à forfait : la loi du Massachusetts du 12 avril 1881, qui fixe, entre 500 et 5000 dollars, les indemnités qui peuvent être la conséquence d'une blessure occasionnée par les voyages en chemins de fer ; — la loi du district de Colombie, aux Etats-Unis, qui limite, à 10.000 dollars, l'indemnité due au cas de mort survenue dans les mêmes conditions ; — la fixation d'un maximum de 2525 francs, pour les blessures survenues aux ouvriers voyageant, en Angleterre, dans les trains d'ouvriers.

ou mal fondé de l'interprétation que donne la Cour de
cassation aux clauses forfaitaires relatives à l'expédition des colis, en décidant que, même au cas de
préjudice, le taux fixé par la convention ne pourra être
dépassé (1). Nous n'avons point non plus l'intention
de décider qui a raison, des partisans de la nullité (2)
ou de la validité (3) de la clause de non garantie, spécialement à l'égard du transport des bagages, ni de
nous prononcer sur la logique de l'interprétation que
lui donne la Cour de cassation (4).

(1) Ainsi ont décidé, pris entre beaucoup d'autres, les arrêts de la
Cour de cassation du 21 février 1887, D. 1887.1.468 ; du 22 février
1888, D. 1890.1.223 ; et, plus récemment, celui du 8 août 1894, *Gaz.
Trib.*, 9 août 1894. MM. Lyon-Caen et Renault, *op. cit.*, t. III, n° 619 ;
Laurent, *op. cit.*, t. XXV, n° 538, adoptent cette manière de voir,
que la Cour de cassation Belge condamne (4 février 1870).

(2) Sourdat, *op. cit.*, t. II, n° 995 ; Pardessus, *Cours de droit commercial*, t. II, n° 542 ; Duverdy, *op. cit.*, n° 30 ; Aubry et Rau, *op.
cit.*, t. IV, § 373 ; Boistel, *op. cit.*, n° 542 ; Ruben de Couder, *op. cit.*,
t. II, V° *Chemin de fer*, n°ˢ 292, 308, 310 ; Massé et Vergé, *Le droit
commercial dans ses rapports avec le droit des gens et le droit civil*,
t. IV, § 709 ; Desjardins, *Droit commercial*, t. II, n° 276 ; D. *Rep.*, V°
Commissionnaire, n° 343 ; D. *Rep. Supp.* V° *Commissionnaire*, n° 148.
— Cassation, 26 janvier 1869, D. 1859.1.66.

(3) Lyon-Caen et Renault, *op. cit.*, t. III, n° 625 ; Lyon-Caen, note
sous un arrêt, S. 1887.1.121 ; de Courcy, *Questions de droit maritime*,
2° série, p. 76 à 126 ; Sarrut, note sous un arrêt, D. 1890.1.209 ;
Fromageot, *op. cit.*, p. 206, 242 ; Sainctelette, *op. cit.*, p. 59 et s. ;
Verne de Bachelard, *op. cit.*, n° 78.

(4) Bordeaux, 5 mars 1860, D. 1860.2.176 ; Rouen, 28 mai 1873,
D. 1874.5.75 ; Cassation, 4 février 1874, D. 1874.1.305. Depuis cette
époque, la Jurisprudence de la Cour de cassation n'a pas varié et
s'est manifestée à de très nombreuses reprises. Elle est approuvée
par MM. Guillouard, *op. cit.*, t. II, n° 761 ; Troplong, *op. cit.*, t. III,
p. 942 ; Aucoc, *op. cit.*, t. III, n° 1359 ; Bédarride, *op. cit.*, t. I,
n° 75 ; Féraud-Giraud, *op. cit.*, t. II, n° 797 ; Bonfils, Examen doc-

Nous élevons le débat à la hauteur de la dignité et de la responsabilité humaine ; c'est de la vie d'un homme qu'il s'agit ici, ne l'oublions pas. Nous la compromettons, objecte-t-on, en nous inspirant des principes de la responsabilité contractuelle? Mais les partisans de la responsabilité délictuelle la sauvegardent-ils davantage, lorsque certains des leurs permettent de n'exclure cette clause que devant un délit de droit pénal (1). Nous prétendons que la question qui nous occupe est plus haute et plus noble qu'une querelle de principes juridiques, et que la sécurité publique exige de considérer comme nulles les clauses forfaitaires, aussi bien que les clauses de non responsabilité (2). Car n'y a-t-il pas témérité à prétendre, avec quelques auteurs, que l'imprudence la plus légère, cause de la

trinal de Jurisprudence commerciale, *Rev. crit.*, 1889, p. 371 ; Laurent, *op. cit.*, t. XXV, n° 531.

(1) Il est en effet certains auteurs qui disent que la clause de non responsabilité ne tombe que devant un délit pénal. Ce sont notamment : MM. de Courcy, *op. cit.*, p. 87 ; Labbé, *Annales de Droit commercial*, t. I, p. 187.

D'autres reconnaissent que cette clause tombe devant un quasi-délit de droit civil. Sainctelette, *op. cit.*, n° 6, p. 18 ; Thaller, *Annales de Droit commercial*, t. I, p. 189, 190. Ainsi a jugé la Cour de Dijon, 24 juillet 1874, S. 1875.2.73.

(2) Ainsi le permet la loi allemande du 7 juin 1871 ; la loi hongroise du 7 juillet 1874 ; la loi fédérale suisse du 1er juillet 1875 ; la Décision du Conseil de l'Empire de Russie du 25 janvier 1878 ; la loi belge du 25 août 1891, dont l'article 17 est ainsi formulé : « Il est interdit à l'administration d'insérer dans ses Tarifs où Règlements, des stipulations qui modifient, en ce qui concerne les accidents survenus aux voyageurs, la responsabilité qui lui incombe d'après le droit commun ».

moindre blessure, est toujours un délit, et, comme
telle, permet d'écarter, dans tous les cas, la clause de
non responsabilité (1).

Et, par conséquent, transportant ces principes à
la question des chemins de fer, nous disons que si une
convention particulière survenue entre un voyageur et
une Compagnie, avait approuvé cette clause inique, les
Tribunaux judiciaires ne devraient pas hésiter à l'annuler au double titre d'illicite et d'illégale. Si, au contraire, un Ministre des Travaux Publics avait cru pouvoir
homologuer, suivant les formes prescrites, un Tarif contenant cette clause, ce serait aux particuliers, lésés par
l'application de ce Tarif, d'en demander l'annulation
devant le Conseil d'État.

III

Le troisième problème juridique que nous nous
étions proposé d'étudier est la détermination des causes qui peuvent faire disparaître ou simplement diminuer la responsabilité d'une Compagnie de chemins de
fer, en cas d'accident survenu à un voyageur.

A. — Le cas fortuit ou de force majeure, disons-
nous d'abord, exonère complètement la Compagnie.
Le doute ne peut pas exister à l'égard du principe ; il
ne réside que dans l'appréciation des faits. Tel voit un

______

(1) Sainctelette, *op. cit.*, nᵒˢ 15 et 23, p. 103 et 109 ; Demangeat.
Rev. prat., t. LV, p. 558 ; Planiol, *Rev. crit.*, 1888, p. 285 ; Surrut,
note sous un arrêt, D. 1890.1.209.
Contra : Lyon-Caen et Renault, op. cit., t. III, nᵒ 625, 626.

cas fortuit où d'autres décident qu'il y a faute de la Compagnie.

Mais la responsabilité des Compagnies réapparaît pleine et entière si le cas fortuit était précédé d'une faute de la Compagnie, et notamment si celle-ci n'avait pas pris toutes les précautions pour l'éviter (1).

Montrons, par quelques exemples choisis parmi les causes les plus fréquentes d'accidents, l'application de ce principe.

On considère généralement comme cas fortuits, certaines conditions atmosphériques (2), telles qu'une tempête assez violente pour occasionner un déraillement (3), et, principalement, la gelée (4). Mais la gelée elle-même ne deviendrait un cas d'exonération pour le voiturier, que si celui-ci avait pris au préalable toutes les mesures susceptibles d'en éviter les inconvénients (5).

(1) Picard, *op. cit.*, t. III, p. 764 et 785. — Cass., 6 janvier 1869, D. 1869.1.9 ; 17 février 1874, D 1878.1.302 ; 21 juillet 1873, D. 1875. 1.39.

(2) Bédarride, *op. cit.*, t. II, n° 256 ; Féraud-Giraud, *op. cit.*, t. I, n° 526, t. II, n° 878. Tribunal de commerce de la Seine, 5 décembre 1850, P. 1851.2.223.

(3) Picard, *op. cit.*, t. III, p. 495. Tribunal de commerce de la Seine, 13 novembre 1868, *Bull.*, 1868, p. 336.

(4) Sarrut, *op. cit.*, n° 759. Nancy, 3 décembre 1872, D. *Rép. Supp.* V° *Commissionnaire*, n° 189, p. 735 ; Tribunal de commerce de la Seine, 15 janvier 1873, *Bull.*, 1873, p. 52 ; Tribunal de commerce de Lille, 27 juillet 1875, *Bull.*, 1876, p. 65 ; Cassation, 24 juillet 1877, D. 1879.1.29; Tribunal de commerce d'Arles, 25 mai 1880, *Bull.*, 1880, p. 111.

(5) Féraud-Giraud, *op. cit.*, t. III, n° 880. Cassation, 17 janvier 1872, D. 1872.1.124.

Certains auteurs reconnaissent le caractère de cas
fortuit à un incendie qui causerait de nombreux dommages ; d'autres, au contraire (1), et nous le pensons
avec eux, estiment que l'incendie n'a pu s'allumer que
par suite d'une faute du voiturier (2).

Un sinistre, occasionné par la mort subite ou acci-
dentelle du mécanicien, peut-il être rangé parmi les
événements dus à un cas fortuit. M. Verne de Bachelard opine pour l'affirmative, M. Exner voit, dans cette
hypothèse, une application de son système et attribue
ce cas à une faute de la Compagnie, celle-ci ayant dû
prendre des précautions pour que le train ne restât pas
sans guide. Nous estimons que la Compagnie serait
responsable non pas de cette mort, pur cas fortuit qui
ne peut lui être imputé, mais des suites de l'accident,
si elle avait négligé de se conformer aux Règlements
prescrivant la présence sur la locomotive d'un chauf-
feur pouvant éventuellement remplacer le mécanicien.

La rupture d'un rail, la désorganisation des voies, le
dérangement d'une pièce de la machine ne peuvent,
par contre, être considérés, *a priori*, comme des cas de

(1) Laurent, *op. cit.*, t. XXV, n° 523.

(2) La Cour d'Aix a eu à juger un cas presque analogue ; elle a
décidé, le 6 mai 1872 (D. 1873. 2. 57), qu'une explosion produite par
des poudres de guerre transportées en contravention avec les Règlements était néanmoins un cas de force majeure lorsque leur expédition avait été prescrite par le Gouvernement pour les besoins de la
défense nationale. L'arrêt ajoutait que la responsabilité des Compagnies n'en existait pas moins du fait que les caisses étaient mal ar-
rimées. M. Verne de Bachelard approuve cette Jurisprudence.

force majeure ; le caractère d'un vice du matériel fixe ou roulant apparaît tout d'abord, et la Compagnie en reste responsable, à moins qu'elle ne parvienne à leur assigner une cause fortuite (1).

B. — Il peut aussi se rencontrer, nous le verrons dans un instant, que la Compagnie ne soit pas la seule à qui l'on puisse imputer la responsabilité d'un accident.

Ecartons tout d'abord le cas où l'on ne peut lui reprocher aucun manquement à ses obligations, le voyageur devra, par suite, subir seul les conséquences de l'accident dont il est seul la cause (2).

Mais l'hypothèse assez fréquente est celle où les deux parties, en présence, ont respectivement des torts à se reprocher. Les auteurs et la Jurisprudence admettent qu'il y a dans cette situation partage de responsabilités, et par conséquent, partage ou mieux diminution de dommages-intérêts abandonnée au pouvoir discrétionnaire du juge (3).

---

(1) Bédarride, *op. cit.*, t. II, n° 438.

(2) Demolombe, *op. cit.*, t. XXXI, n°ˢ 499, 500. Féraud-Giraud, *op. cit.*, t. III, n°ˢ 31 et 421.

(3) Demolombe, *op. cit.*, t. XXXI, n°ˢ 501, 502, 503 ; Sourdat, *op. cit.*, t. I, n° 108 ; Aubry et Rau, *op. cit.*, 3ᵉ édit., t. III, § 307 ; Picard, *op. cit.*, t. III, p. 495 ; Féraud-Giraud, *op. cit.*, t. III, n° 422. — Cassation, 9 août 1837, D. 1840.1.353, S. 1837.1.813 ; 12 janvier 1849, D. 1849.1.39 ; Riom, 11 mars 1851, D. 1852.2.76 ; Lyon, 19 juillet 1862, D. 1863.5.329 ; Cassation, 8 février 1875, S. 1875.1. 204, P. 1875.500 ; D. 1875.1.320 ; Aix, 10 janvier 1877, D. 1877.2. 204 ; Cassation, 1ᵉʳ juillet 1878, D. 1880.1.234 ; Cassation, 20 août 1879, D. 1880.1.15 ; Caen, 17 mars 1880, S. 1880.2.176, P. 1880.789, D. 1881.2.79 ; Cassation, 20 juillet 1880, S. 1880.1.150, P. 1880.

Une Compagnie de chemins de fer pourra donc opposer à un voyageur, qui la poursuit du chef d'un accident, l'imprudence, la faute, cause personnelle, non pas déterminante, mais constitutive de l'accident dont il est victime. Bien plus, certains auteurs admettent que si la faute du voyageur revêtait le caractère d'une infraction pénale (1), la responsabilité de la Compagnie serait tout à fait dégagée, pourvu, ajoute M. Demolombe (2), qu'il y ait entre ces deux faits correspondance ou mieux relation de cause à effet.

C'est l'application de ces principes qu'il nous reste à développer.

854, D. 1881.1.456 ; Tribunal Seine, 17 octobre 1891, *Le Droit,* 13 novembre 1891.

(1) Demolombe, *op. cit.,* t. XXXI, n° 506 ; Sourdat, *op. cit.,* t. I, n° 108 ; Laurent, *op. cit.,* t. XX, n° 491 ; Lyon, 17 janvier 1844, S. 1844.2.402 ; Paris, 6 août 1850, S. 1850.2.404 ; Cassation, 12 mai 1851, S. 1851.1.349.

(2) Demolombe, *op. cit.,* t. XXXI, n° 507 ; Douai, 20 décembre 1839, D. 1841.2.30, S. 1840.2.471.

SECTION III. — **Conséquences pratiques de notre système.**

L'intitulé de cette section suffirait à détourner de sa lecture, par la longueur même des développements qu'elle paraîtrait devoir appeler ; chaque accident ne pouvant être apprécié que d'après les circonstances qui le caractérisent, donnerait lieu à une plaidoirie et non à un exposé de règles générales. La limite et la portée d'une thèse nous prescrivent pourtant cette seconde méthode ; qu'on veuille donc nous pardonner le vague et l'indéfini qui en résulteront certainement.

Afin d'éviter autant que possible les répétitions, on nous permettra de ne pas parcourir une à une les étapes de ce voyage accidenté, mais de ramener le contrat de transport à quelques phases générales.

I·

A. — Tout d'abord, dans les gares. Qu'il nous suffise, à ce point de vue, de décider avec la Jurisprudence, qu'une Compagnie de chemins de fer peut être déclarée responsable de la mauvaise tenue ou de l'encombrement des gares (Cassation, 13 juillet 1868) (1). Nous reconnaîtrons également aux Tribunaux le droit d'ac-

(1) Cassation, 13 juillet 1868, S. 1871.1.232, D. 1871.1.135, P.1871. 728. Féraud-Giraud, *op. cit.*, t. III, n° 390. Bédarride, *op. cit.*,t. II, n° 445.

corder à la victime d'un accident des dommages-intérêts basés sur les dispositions défectueuses de la gare,
alors même qu'elle eût été établie conformément aux
prescriptions de l'administration (Cassation, 10 mai
1870) (1).

B. — La plupart des sinistres se produisent au moment de la traversée des voies par le voyageur. La personne, qui pénètre dans l'une des gares de la Compagnie du Nord, peut lire les recommandations suivantes
qui lui sont adressées :

« La plus grande prudence est recommandée aux
voyageurs.

Ils sont instamment priés, quelle que soit la gare
dans laquelle ils se trouvent :

1° De se tenir toujours à distance de la bordure des
trottoirs ;

2° De ne jamais traverser les voies avant d'y avoir
été invités par les employés de service ».

Il résulte de cet avis très précis (2) qu'un voyageur
blessé sur le quai ou dans la traversée des voies ne
pourra obtenir des dommages-intérêts de la Compagnie

(1) Cassation, 10 mai 1870, S.1870.1.316, D.1871.1.140, P.1870.
795. Ruben de Couder, *op. cit.*, t. II, v° *Chemin de fer*, n° 427.

(2) On comprend aisément que les Compagnies aient imposé aux
voyageurs des précautions plus minutieuses, car on s'accorde à reconnaître que la seule facilité d'accéder, en tous temps, sur les quais,
engage la responsabilité de la Compagnie. *Sic* : Circulaire ministérielle, du 10 mars 1886. Féraud-Giraud, *op. cit.*, t. III, n° 421. Beauvais, 20 avril 1893, *Gaz. Trib.*, 27 mai 1893.

que s'il prouve s'être tenu à une distance convenable
de la bordure des trottoirs (1) ou n'avoir traversé les
voies (2) qu'après invitation par les employés de
service. C'est à ce dernier point de vue que le débat
est très vif entre voyageurs et employés ; nous aurions
tort de circonscrire le litige entre ces deux seules parties, car c'est bien plutôt l'absence d'employés qui est
la cause fréquente des accidents survenus dans les
gares. Le seul renseignement qu'obtienne le voyageur,
dans la plupart des cas, est celui du quai sur lequel il
doit se rendre pour prendre son train. D'invitation précise à passer à tel moment plutôt qu'à tel autre, le
voyageur en reçoit rarement ; ..... et pourtant, on ferme les portières ! Aussi, croyons-nous que le voyageur,
blessé dans ces circonstances ou d'autres analogues,
auquel la Compagnie refuserait des dommages-intérêts,
se basant sur l'inobservation des mesures de sécurité
qu'elle lui imposait, pourrait valablement arguer, dans
sa réplique (3), du défaut d'indications, de l'absence

(1) La Compagnie n'est pas responsable si le voyageur s'est tenu
trop près des voies. Picard, *op. cit.*, t. III, p. 495. Tribunal de la
Seine, 24 mai 1855.

(2) On a soutenu, avec une certaine apparence de raison, que les
voyageurs sont tenus de suivre, dans la traversée des voies, le chemin
indiqué par la Compagnie au moyen de passages qui facilitent la
surveillance de la Compagnie, et évitent au voyageur les accidents
provenant de l'inégalité forcée du sol. On a été jusqu'à prétendre que
le voyageur qui ne prendrait pas les passages souterrains, dans les
gares où il en existe, commettrait une infraction à l'article 61 de l'ordonnance de 1846 lui interdisant de circuler dans les gares.

(3) *Sic* : Grenoble, 14 décembre 1880, S. 1882.2.34. Féraud-Giraud,
op. cit., t. III, n° 399.

d'employés ; la Compagnie devant, en effet, prévoir que, jusqu'à l'heure fixée pour le départ du train (1), un voyageur peut se présenter pour y prendre place et par conséquent être obligé de traverser les voies (2).

Parvenu à sa destination, le voyageur court les mêmes dangers. Il doit, pour les éviter, se soumettre à la même réglementation, et s'attendre, en retour, de la part de la Compagnie, aux mêmes précautions, lorsque le quai, sur lequel il descend, est séparé, par une ou plusieurs voies, du quai principal attenant à la gare. La préoccupation des employés fera que généralement ceux-ci oublieront d'inviter le voyageur à se diriger vers la sortie. Le voyageur reste donc livré à son initiative. Nous croyons que la Compagnie serait complètement en faute, si le train d'où descendait le voyageur, étant reparti, celui-ci s'était engagé sur les voies, la liberté de la circulation pouvant être considérée comme une invitation à en profiter.

(1) Ainsi le Tribunal de commerce de la Seine a-t-il pu décider, le 31 décembre 1872 (*Bull.*, 1873, p. 293) que la Compagnie n'était plus responsable si le voyageur blessé, en traversant les voies, l'avait fait trop rapidement parce qu'il était en retard. Nous ne serons pas si affirmatif, car on peut toujours reprocher à l'employé préposé à l'accès des quais, de n'avoir pas interdit au voyageur de commettre une imprudence inutile.

(2) La Cour de cassation le 7 juin 1886 (*Bull.*, 1886, p. 181), a-t-elle bien jugé, au point de vue du fait, quand, après avoir constaté que des employés avaient été placés le long du trottoir, elle déclarait seul en faute le voyageur qui s'étant attardé dans une salle d'attente se précipitait à travers les voies.

Le voyageur mettrait quelques torts de son côté, s'il avait traversé les voies, sans s'assurer au préalable qu'il n'y avait point de danger (1), surtout s'il avait voulu le faire, alors que le train était encore en gare (gardons-nous pourtant de généraliser : un arrêt prolongé du convoi dans cette station, une correspondance que le voyageur ne veut pas manquer, sont autant de justifications à sa démarche précipitée). Mais la Compagnie serait néanmoins responsable, du chef de son employé, si celui-ci, placé de façon à apercevoir le voyageur, ne l'avait pas prévenu de ne point passer ; et, de son propre fait, pour n'avoir pas mis un employé chargé de prévenir le voyageur du danger qu'il courait.

Enfin, dans un cas comme dans l'autre, le voyageur écharpé pourrait également faire entrer en ligne de compte de la responsabilité de la Compagnie, le retard (2), la vitesse excessive, l'absence de signaux du train qui l'aurait blessé.

II

Deuxième situation : le voyageur se dispose à monter dans le train ou à en descendre.

L'article 63 de l'ordonnance de 1846 lui interdit « d'entrer dans les voitures ou d'en sortir autrement que par la portière qui fait face au côté extérieur de la

(1) Cassation, 10 novembre 1884.

(2) Cassation, 10 novembre 1884. S. 1885.1.129 ; Grenoble, 14 décembre 1880, S. 1882.2.34. — Féraud-Giraud, *op. cit.*, t. III, n° 371.

ligne du chemin de fer ». Donc, en vertu des principes
que nous avons posés antérieurement, l'infraction à cette
prescription devenant la cause d'un accident pour le
voyageur déchargerait la Compagnie de toute responsabilité (1). Les précautions les plus minutieuses qui lui
sont imposées ne pourraient l'obliger, dans la plupart
de ses gares, à mettre sur pied un personnel suffisant,
pour entourer chaque train d'une haie d'agents. Aussi
comprend-on aisément la prescription de l'article 63 ;
et la conséquence que nous en tirons, au point de vue
de la responsabilité intégrale du voyageur, n'est point
exagérée.

Mais à part ce point commun, les hypothèses que
nous étudions sont tout à fait différentes.

Aucune prescription réglementaire n'interdit au
voyageur de monter dans un train en marche (2). Il y
aurait pourtant, croyons-nous, une imprudence (3) de

___

(1) Cassation, 22 mars 1887, *Bull.*, 1887, p. 83.

(2) Donc le fait de monter dans un train en marche n'est pas punissable. Féraud-Giraud, *op. cit.*, t. III, n° 176 ; Lecot, *Code du voyageur en chemin de fer*, n° 40 ; Cotelle, *Législation française des chemins
de fer*, t. II, n° 73. — Metz, 27 janvier 1864, S. 1864.2.70 ; Cassation,
31 mars 1864, D. 1864.1.243, S. 1864.2.70, P. 1864, 920 ; Paris,
14 janvier 1869, D. 1874.5.81, S. 1869.2.102, P. 1869.463 ; Nancy,
4 août 1887, D. 1888.2.19, S. 1887.2.246, P. 1887.1.1254 ; *Le Droit* du
20 août 1887.

(3) Aussi un voyageur blessé par suite d'empêchement apporté par
les employés à son entrée dans un train en marche ne pourrait réclamer aucune indemnité de ce chef. Féraud-Giraud, *op. cit.*, t. III, n°
177 ; Picard, *op. cit.*, t. III, p. 495. Le Tribunal de Villefranche, 27 fé-

sa part, à s'élancer vers le compartiment d'un train, après le signal du départ ; et c'est peut-être ce qui diminuera la responsabilité des Compagnies. Celle-ci néanmoins est très réelle : à ses agents incombait, en effet, le devoir d'empêcher que le voyageur ne commît cette imprudence ; c'était à eux d'interdire absolument l'accès du train au voyageur arrivé en retard.

La Compagnie encourt de plus, par ce seul fait, la pénalité de l'article 21 de la loi de 1845. Elle a, en effet, contrevenu à l'article 26, alinéas 3 et 4 de l'ordonnance de 1846. Mais, en suivant la règle qui nous a été tracée par M. Demolombe, nous croyons que le voyageur ne pourrait arguer de cette infraction pénale pour réclamer une indemnité intégrale à la Compagnie ; car il n'y a point, ici, conséquence de cause à effet entre le fait de l'ouverture de la portière après le départ du train, et l'accident occasionné au voyageur.

L'article 63, 4e alinéa, défend formellement au voyageur de descendre avant l'arrêt complet du train. Si donc, le voyageur, contrevenant à cette prescription, subit, de ce fait, une blessure, la Compagnie pourra opposer à la demande en dommages-intérêts, pour s'en disculper complètement, l'infraction pénale que le voyageur a commise (1).

___

vrier 1874, *Bull.*, 1886, p. 109 a décidé que ce fait constituait un cas fortuit que les Compagnies pouvait valablement alléguer à leur décharge.

(1) Cassation, 22 mars 1887, *Bull.*, 1887, p. 83.

Le voyageur qui a pris ses précautions pour descendre, et qui se blesse, par suite du mauvais état de la gare ou de ses dépendances, peut-il intenter contre la Compagnie une action en dommages-intérêts ? Deux décisions judiciaires du Tribunal de Compiègne, 20 décembre 1882 (1) et de la Cour de Grenoble, 10 mai 1883 (2), ont reconnu ce droit au voyageur. Mais les circonstances qui entouraient chacune de ces décisions judiciaires ne nous permettent pas de formuler une règle générale.

Plaçons-nous, au contraire, dans les conditions normales, et demandons-nous si, dans ce cas, la Compagnie est responsable de l'accident survenu à un voyageur dans sa descente du train ? Ce qui revient à peu près à dire : les Compagnies sont-elles tenues d'établir des trottoirs assez longs pour permettre aux voyageurs d'un train, régulièrement constitué, de descendre en toute sécurité ?

La Cour de Douai, le 23 janvier 1883 (3), ne voulut point imposer cette obligation à la Compagnie du Nord, se basant en ceci sur un argument de droit : car aucun article ne prescrit cette mesure ; et sur un argument de fait : puisque, disait-elle, « le plus souvent les quais ont une longueur inférieure à celle des trains sans qu'aucune loi ni aucun règlement s'y oppose, les plans

(1) Compiègne, 20 décembre 1882, *Bull.*, 1883, p. 44.
(2) Grenoble, 10 mai 1883, *Bull.*, 1884, p. 42.
(3) Douai, 23 janvier 1883 *Bull.*, 1883, p. 38.

et dimensions des dits quais ayant, au contraire, reçu préalablement l'approbation de l'autorité administrative ».

Nous reconnaissons volontiers qu'aucun texte ne vise l'établissement de trottoirs dans les gares. Et pourtant l'obligation pour le mécanicien d'arrêter le convoi « au point où les voyageurs doivent descendre » n'implique-t-elle pas pour la Compagnie, celle de lui préciser cet endroit, en établissant, comme points de repaire, des trottoirs assez longs pour lui permettre de se conformer aux prescriptions de l'article 37, 3ᵉ alinéa de l'ordonnance de 1846 ?

Mais passons ; car si l'autorité administrative n'a point mis en demeure les Compagnies de traiter les voyageurs avec certains égards, il n'est pas juste de rejeter l'incurie des uns sur l'inertie des autres. Et de ce qu'aucun acte législatif ou gouvernemental ne soit venu imposer aux Compagnies de chemins de fer l'obligation d'assurer la sécurité et la libre circulation des voyageurs, il ne s'ensuit nullement que celles-ci n'aient le devoir, non pas moral, mais juridique (nous l'avons dit en exposant notre système), de prendre toutes les mesures de prudence propres à assurer une sécurité plus complète au voyageur. Et voici pourquoi nous conclurons avec un arrêt de la Cour de Rennes du 13 février 1869, un jugement du Tribunal de Lille du 17 novembre 1882 (1) et surtout avec un arrêt de la Cour

____

(1) Lille, 17 novembre 1882, *Bull.*, 1883, p. 37.

d'Aix du 12 décembre 1887 (1) que « déposer le voyageur en deçà ou au delà du but assigné, le faire descendre de voiture dans des conditions irrégulières, périlleuses ou même simplement incommodes ; lui imposer la nécessité de faire à pied sur du ballast, sans distinction d'âge, de sexe, d'état, de forces et de santé, un trajet quelconque qu'il n'aurait pas à faire si on le déposait contre le quai ou le trottoir de la gare de destination, c'est de la part des transporteurs manquer à l'obligation ci-dessus rappelée et devenir responsable du préjudice résultant de cette inexécution, depuis le plus petit inconvénient éprouvé jusqu'aux lésions plus ou moins graves et leurs conséquences ».

III

Troisième phase des accidents de chemins de fer. Le voyageur est blessé ou meurt dans une voiture. Nous pouvons, ce nous semble, distinguer deux situations : suivant que le sinistre est personnel au voyageur ou la conséquence d'un accident de matériel.

I. — La série des premiers est assez limitée. On est surtout témoin d'accidents survenus à un voyageur qui s'est penché en dehors de la portière. Nous croyons que, dans ce cas, soit que le voyageur ait eu la tête contusionnée par la rencontre d'un obstacle placé le long

______

(1) Aix, 12 décembre 1887. D. *Rép. Supp.*, V° *Commissionnaire*, n° 96, p. 709, note 1. — *Sic* Picard, *op. cit.*, t. III, p. 493.

de la voie, soit qu'il ait été projeté hors de la voiture,
par suite du défaut de fermeture de la portière, dans
l'un et l'autre cas, croyons-nous, le voyageur ne pourra
rien réclamer à la Compagnie, ayant commis une contravention à une prescription pénale; un doute ne pouvant s'élever que lorsque le voyageur établirait que la
Compagnie serait également passible des peines édictées par l'article 21, pour n'avoir pas fermé la portière.

Comme suite logique à ces obligations, nous admet-
trons que la Compagnie est entièrement responsable,
au point de vue civil et pénal, si le voyageur parvient
à prouver que lui ou son enfant, le cas serait plus vrai-
semblable, est tombé sur la voie ferrée, par suite du
défaut de fermeture de la portière, sans toutefois qu'il
se soit penché au dehors, seul fait visé par l'article 63(1).

Nous n'insisterons pas sur les autres accidents et
nous arrivons de suite aux attentats dont le voyageur
peut être victime dans un compartiment de chemins de
fer.

Leur nombre en est relativement restreint; mais
l'éclat que produit généralement chacun d'eux, par la
situation de la personnalité qui en est victime, suffit à
expliquer la préoccupation particulière dont ils ont été
l'objet de la part du pouvoir législatif ou exécutif. Sans
avoir la prétention d'énumérer les différentes précautions et garanties dont on a enveloppé le voyageur

____

(1) Paris 14 août 1884, *Gaz. Trib.*, 23 août 1884.

placé dans son compartiment, disons simplement qu'elles ont été inspirées du désir de ne point isoler le voyageur des personnes de la même voiture (par l'établissement d'un marche-pied courant tout le long de la voiture — de jours situés dans les cloisons séparatives (1)—de l'éclairage intérieur des compartiments)(2), en communication aussi rapide que possible avec les agents du train (par l'établissement de la sonnette d'alarme) (3).

Supposons que, malgré toutes ces garanties, un voyageur ait été frappé en route par un malfaiteur. Pour les auteurs qui sont partisans de la responsabilité contractuelle basée sur une promesse générale de sécurité et entraînant comme conséquence un renversement de preuve, il semblerait que la victime ou ses ayants droit devraient s'attendre à voir la Compagnie ne leur opposer que le fait d'un tiers constituant un cas de force

(1) Circulaires du 30 juillet 1880 et du 10 juillet 1886, celle-ci motivée par l'assassinat de M. Barrême, Préfet de l'Eure.

(2) Article 24, 2° de l'ordonnance de 1886.

(3) Article 23 de l'ordonnance de 1846. Circulaires ministérielles des 18 août 1857, 8 octobre 1857, 13 janvier 1860, 7 octobre 1863, 1er février 1864, 21 avril 1865, 29 novembre 1865, etc. Une des plus récentes, motivée par le nombre des attentats criminels (on en compte 25 de 1860 à 1886) et surtout par l'importance sensationnelle des plus récents (l'accident de Flers et l'assassinat de M. Barrême), fut rendue le 10 juillet 1886, sur l'avis d'une commission nommée par le Ministre des Travaux Publics, et présidée par l'inspecteur général des ponts et chaussées. Cette circulaire enjoignait aux Compagnies de pourvoir, avant le 1er janvier 1888, tous les trains de voyageurs, sauf les trains mixtes, d'un système d'intercommunication avec signaux d'alarme.

majeure. M. Sainctelette (1) est le seul auteur qui leur accorde cette satisfaction. Les autres, et ils sont nombreux (2), permettent à la Compagnie de se retrancher, pour écarter toute responsabilité, derrière l'application stricte des Règlements. C'est cette décision qu'ont adoptée la Cour de Paris le 16 décembre 1873 (3) et la Cour d'Aix le 5 juillet 1887 (4).

Pour nous qui plaçons la victime d'un accident de chemins de fer dans la situation de demandeur au procès, ayant à prouver l'obligation spéciale dont elle invoque l'exécution à son égard, la question qui se pose est ici toute d'appréciation. Nous croyons que la Compagnie pourra répondre aux exigences de la victime, invoquant l'absence de mesures de précautions plus impérieuses, d'abord par une constatation de fait qui portera sur le bon fonctionnement des signaux d'alarme et sur l'observation stricte des Règlements imposés, et ensuite par le soin de la Compagnie à adopter les plus récentes améliorations, et l'absence de modes techniques de précaution plus perfectionnés ; sans que le voyageur puisse prétendre à une surveillance active, de la part des agents, pendant toute la durée du transport.

(1) Sainctelette, *op. cit.*, p. 100.
(2) Lamé Fleury, *op. cit.*, p. 910. Sourdat, *op. cit.*, t. II, n° 1058 *ter*. Ruben de Couder, *op. cit.*, t. II, V° *Chemin de fer*, n° 28. Féraud-Giraud, t. III, n° 424. Picard, *op. cit.*, t. III, p. 489. Verne de Bachelard, *op. cit.*, Laurent, *op. cit.*, t. XX, n° 450. Couche, *op. cit.*, t. II, n° 10.
(3) Paris, 16 décembre 1873, S. 1874. 2. 216, D. 1874.2.126.
(4) Aix, 5 juillet 1887, S. 1888. 2. 230, P. 1887.1.1127.

II. — A. — Nous avons dit en outre que le sinistre peut être la conséquence d'un accident de matériel. Ne croyons point qu'ici surtout la logique de notre système n'entraîne des conséquences préjudiciables aux intérêts du voyageur. Dans combien de circonstances, au contraire, la preuve de la faute de la Compagnie ne résultera-t-elle pas de l'accident lui-même ? C'est un train qui sort brusquement du rail : l'enquête administrative n'établira-t-elle pas que cet accident est dû à la vitesse excessive du convoi (1), au mauvais établissement du ballast, à la rupture d'un rail (2), à la désorganisation des voies (3) ? C'est une erreur d'aiguilleur (4) ou la fausse manœuvre des disques et signaux réglementaires (5), l'employé et la Compagnie pourront être mis tous deux en cause. C'est une collision entre deux trains, la Compagnie est responsable de les avoir engagés tous deux sur une même voie (6). C'est un train qui tamponne un autre, le conducteur du train tamponné était en faute pour n'avoir pas couvert son

(1) Féraud-Giraud, *op. cit.*, t. III, n° 370. Laurent, *op. cit.*, t, XX, n° 472. Bédarride, *op. cit.*, t. II, n° 433. Cassation, 7 mai 1868, S. 1869. 1.95, P. 1869.191, D. 1869.1.72 ; Rennes, 13 février 1869, D. 1872.2. 149 ; Grenoble, 8 février 1878, S. 1879.2.242, P. 1879.996, D. 1879.2. 111. — L'article 37 de l'ordonnance de 1846 pourra être, maintes fois, utilement invoqué.

(2) Bruxelles, 23 janvier 1884, *Pas. Bel.*, 1884.2.313.

(3) Féraud-Giraud, *op. cit.*, t. III, n° 396.

(4) Cassation, 26 juillet 1872, D. 1872. 1. 285.

(5) Cassation, 7 mai 1868.

(6) La collision entre deux trains provient toujours de la faute d'un agent. Féraud-Giraud, t. III, n° 401 ; Bédarride, t. II, n°s 441 et 442.

train, le mécanicien du train tamponneur pour n'avoir pas obéi au signal d'arrêt du disque, la Compagnie pour avoir méconnu les injonctions du Ministre lui prescrivant l'emploi d'un frein perfectionné (1), etc.

L'accident de matériel, pour continuer notre distinction, au lieu d'atteindre le train tout entier, pourrait aussi être afférent à la seule voiture dans laquelle se trouvait le voyageur. La Compagnie de chemins de fer serait évidemment responsable de ne s'être point conformée à l'article 13 de l'ordonnance de 1846, en ne faisant point autoriser par l'administration la mise en circulation de ce compartiment (2). Mais cette formalité, une fois accomplie, ne l'empêcherait pas d'être déclarée responsable de la mauvaise construction des voitures ou de sa négligence à les tenir en état (3). La

(1) L'accident d'Appilly, consacre à ce dernier point de vue, la responsabilité évidente de la Compagnie du Nord. Il a été prouvé, en effet, que le choc, produit par la rencontre de l'express avec la machine de manœuvre, avait été aggravé par l'absence de frein continu, mesure prescrite à cette Compagnie par de nombreuses circulaires (Voir, à cet égard, les explications que nous avons antérieurement données en parlant des prescriptions imposées aux Compagnies et de le responsabilité de l'Etat).

(2) Cassation, 8 janvier 1894, D. 1894. 1. 275.

(3) Sourdat, *op. cit.*, t. II, n° 977. Paris, 20 juin 1836, D. 1836. 2. 132. Cassation, 9 août 1837, D. 1840. 1. 353. Douai, 20 décembre 1839, D. 1841. 2. 30, S. 1840. 2. 471. Pau, 30 juillet 1892, S. 1892. 2. 316.

Dans le même ordre d'idées, on a déclaré les Compagnies de chemins de fer responsables de leurs modes d'attache. Féraud-Giraud, *op. cit,*, t. III, n° 370. Le tribunal civil de Bourges a, le 19 février 1872 (D. 1872. 2. 76), reconnu les Compagnies responsables de la

question de la responsabilité de la Compagnie à cet égard se pose plus habituellement sous cette forme : la rupture d'un essieu, de voiture, d'un bandage de roue, etc., constitue-t-elle un cas fortuit ou une faute de la Compagnie ? La solution de cette question, croyons-nous, est beaucoup plus du domaine de la technique que de celui de la dialectique. Nous dirons néanmoins que le voyageur pourra incriminer à la Compagnie le fait d'avoir lancé, dans un convoi, une voiture dont les essieux ou les roues étaient en mauvais état. Et si la Compagnie se lève, pour alléguer un cas fortuit, on pourra lui opposer ou le défaut de surveillance, ou le renouvellement trop espacé, ou les modes d'expérimentation ou de vérification défectueuses (1).

B. — Mais la Compagnie ne pourrait-elle pas invo-

rupture des boulons d'attache de la locomotive au tender alors que le boulon était de vieille date et que ce fait eut été constaté par une vérification réglementaire du matériel.

(1) Pour le cas de rupture des essieux, *Sic* : Féraud-Giraud, *op. cit.*, t. III, n° 394 ; Ruben de Couder, *op. cit.*, t. II, V° *Chemin de fer*, n° 25 ; Tribunal de commerce de la Seine, 7 mars 1862, *Journal des Tribunaux de commerce*, 1862, p. 525 ; et du 30 novembre 1865, *Journal des Tribunaux de commerce*, 1866, p. 311 ; Tribunal de commerce de Dijon, 20 novembre 1866, *Journal des Tribunaux de commerce*, 1867, p. 179 ; Tribunal de commerce de Nevers, 1er avril 1867, *Journal des Tribunaux de commerce*, 1868, p. 157. — *Contrà* : Tribunal de commerce de la Seine, 16 juillet 1870, *Journal des Tribunaux de commerce*, 1871, p. 12.

Pour le cas de rupture du bandage des roues, *Sic :* Bédarride, *op. cit* , t. II, n° 440 ; Sourdat, *op. cit.*, t. II, n° 1058. Paris, 27 novembre 1866, S. 1867.2.320 ; Bourges, 19 février 1872, D. 1872.2.76.

quer certaines causes d'exonération ? Sans avoir la prétention de signaler à cet égard toutes les hypothèses intéressantes, en voici quelques-unes qui nous ont paru offrir davantage ce caractère.

Serait-il loisible à la Compagnie d'arguer du fait que la victime d'un accident se tenait debout, pour attribuer, à cette circonstance, une gravité plus importante de ses blessures, une indemnité moindre à payer. Mais quel manque de précision de notre part : Debout ? La Compagnie pourrait-elle reprocher à un voyageur de s'être levé avant l'arrivée en gare, afin de se préparer à descendre du train ? Evidemment non. Il faut donc supposer l'hypothèse d'un voyageur qui s'est tenu debout sans motif. Ce voyageur n'a pas commis une infraction à un texte légal, a-t-il commis une imprudence, en n'occupant point la place qu'il avait choisie ? Le voyageur est-il obligé de se tenir constamment assis ? Nous ne le croyons point et nous ne pourrions l'accuser d'imprudence, que si la voiture, dans laquelle il se trouvait, était une de celles dont la construction même rendait l'usage plus périlleux : telle la plate-forme des voitures dans la banlieue de Paris (1).

Mais si le voyageur se tient debout, c'est que généralement il s'est placé dans un compartiment complet avant son arrivée. Tâchons de déterminer les conséquences attachées à cette situation. Le voyageur ne

______

(1) Picard, *op. cit.*, t. III, p. 495. Tribunal de la Seine, 2 mai 1868.

commet pas de délit (1); l'article 65 n'adresse, en effet, son injonction qu'aux Compagnies de chemins de fer. On ne peut donc élever contre celui-ci qu'un grief d'imprudence (2). Mais il est non moins certain que la Compagnie est en faute pour avoir laissé monter un nombre de voyageurs plus considérable que celui indiqué par l'article 14 de l'ordonnance de 1846. Néanmoins si le fait de la surcharge de la voiture n'est point la cause déterminante de l'accident, le voyageur verra opposer à sa demande en indemnité l'imprudence qu'il avait commise.

Terminons par une hypothèse que les Tribunaux n'ont pas eu aussi souvent à examiner, mais qui n'en est pas moins usuelle. Nous faisons allusion à la situation d'un voyageur monté dans une classe supérieure à celle à laquelle son billet lui donnait droit. La Compagnie ne pourrait opposer à sa demande en dommages-intérêts l'infraction qu'il a commise, en montant dans un compartiment dont l'accès lui était interdit (3), parce qu'il n'y a pas, entre ce délit et l'accident, rapport de causalité et de conséquence qui doive faire remonter la raison de l'accident à la faute du voyageur. La Com-

(1) Consulter à cet égard un arrêt de Lyon du 17 janvier 1844 (S. 1844.2.402) et le commentaire qu'en donnent MM. Sourdat, *op. cit.*, t. I, n° 660 et Demolombe, *op. cit.*, t. XXXI, n° 507.

(2) Larombière, *op. cit.*, t. V, article 1382, n° 30 ; Demolombe, *op. cit.*, t. XXXI, n° 506 ; Turin, 26 août 1809, S. 1810.2.138 ; Riom, 11 mai 1851, S. 1852.2.356 ; Lyon, 16 janvier 1862, D. 1863.3.529.

(3) *Sic*: Douai, 20 décembre 1839, S. 1840. 2. 471.

pagnie ne serait pas même admise à prouver à sa décharge que le compartiment dans lequel aurait dû se placer le voyageur était intact, la Compagnie s'étant engagée envers chacun des voyageurs, quelle que fût la place
qu'il occupât, à prendre les précautions les plus minutieuses qui devraient détourner toute chance possible
d'accident.

Vu :

Le professeur,

président de la thèse,

D. DANJON.

Vu :

Le doyen de la Faculté,

EDMOND VILLEY.

Vu et permis d'imprimer :

Le Recteur de l'Académie de Caen,

E. ZEVORT.

TABLE DES MATIÈRES

PREMIÈRE PARTIE.

CHAPITRE PREMIER. — **Le Contrat.**

CHAPITRE SECOND. — **Tarifs et billets.**

CHAPITRE TROISIÈME. — Obligations de la Compagnie.

CHAPITRE QUATRIÈME. — Obligations du voyageur.

DEUXIÈME PARTIE.

www.ingramcontent.com/pod-product-compliance
Lightning Source LLC
LaVergne TN
LVHW051050060726
842525LV00003B/592